나는 단대신문 기자다

나는 단대신문 기자다

타커스

(1) 檀紀四二八一年三月一日 檀大學生新聞 (第一號) (月刊)

檀大學生新聞

創刊辭

檀國大學設立의意義

健全한國家發展은 健全한國民養成에있다

學長 張道斌

檀國大學을세운고나서

—國家民族의再興에寄與—

理事長 張炯

檀國大學設立趣旨書

祝辭

우리學園뱉내는 꽃다발되어주오

校主 朴正淑

教授理事陣容紹介

檀國大學 主要日誌

祝創刊 檀國大學職員一同

榮光印刷所 李朱天

東洋帽子店 洪性瓚

萬麗文化社

法政社

檀國大學々生會

文理學部 金泳斗

단대학생신문 창간호(1948년 3월 1일 자)

檀大新聞

外交史上으로본 우리나라의過去現在

學長 張道斌

學友會野遊會

趙校主의一周忌

墓前에서校職員새決意

現代政黨의性格

副學長 金正實

一. 政黨概念의變化

二. 新政黨運動의展開

敎授陣容의紹介

哲學의現實歸還

復興하는現代哲學의特性

講師 金基錫

난내신분 장간호(1948년 10월 31일 자)

檀大學報

第二號 (一)

奇緣에 意義더욱 깊다

하루에 紀念式 세번

開天節이자 開校日、校主一周忌

◇開天節慶祝式

◇檀大創立一周年

◇校主一周忌

感激의 三大紀念行事

▲寫眞은 開校紀念式場

憲政公論

副學長

大衆과 輿論

(輿論) (國民) (支持) (言論)

數物科選科特設

八日부터梨花洞分校서開講

張道斌學長의 回甲宴

本大學主催로 廿三日盛大擧行

(地盤) (判斷)

開校紀念運動會

中央中學校庭의 壯觀

단대학보 제2호(1948년 11월 30일 자)_제호를 "단대학보"로 변경

(1) (檀紀4287.8.2許可番號278號) 檀紀四二九四年四月一日 (土曜日) 檀大新聞 THE DAN DAI SHIN MOON (第126號)

檀大新聞

實力의 판가름 大學入試

例年보다 應試者 증가 平均三對一

自信·焦燥뒤에 喜悲双線=合格者도發表

首席은 權榮煥君차지

四年間 登錄金免除

奬學生選拔, 柳(2席)李(3席)君도

音樂·辯論班을 新設

自治委서 希望者모집

社說 大學生과 秩序

—新學期를 맞이하여—

後任에 池東植교수

學生課長 更迭

協同精神으로 學風樹立하자

本社主催 1.2부간부 座談會

連續講座開講 三日부터

劉基天博士등 초빙코

各部長任命

自治委서 一部

「就職相談係」新設

求職 求人등 알선하기로

登錄金10日까지

新入生은來五日까지

學生手帖 學生카-드 만들어

圖書部 副館長 金容浩 敎授

籠球·春季聯盟戰

本校팀 出戰 명연합

焦土에 푸른동산 만들자

— 學校주변에 植木운동전개 —

女學生會선 꽃밭 만들기로

校歌불러 氣風이루자

全校生 누구나 부르도록 촉구

學保者申告!

15日까지

兵事

檀大漫評

단대신문 제126호(1961년 4월 1일 자)_제호를 "단대신문"으로 변경

檀大新聞

第900號 週刊 The Dan Dae Shinmoon 1993年 4月 27日(火曜日)

새 세상을 향해 날아오르라!

단대신문 지령 900호 기념

사진:최우일(사진작가·단대출판부)

지령 9백호 기념 특집

지 면 안 내

- 3면 - 학술기획 과학기술혁명과 현대자본주의의 전망
- 5면 - 장충식총장 특별 인터뷰
- 8~9면 - 특집기획 현시대 젊은이들의 의식을 진단한다.
- 11면 - 단편소설 유리로 만든 집

기념사

열린 의식의 통로를 통한 지성의 나침판 될터

주간 김수복

단대신문이 1948년 3월 1일 '단대학생신문'으로 창간된 이래, 45년의 역사적 격랑을 거쳐 이번호로 지령 9백호를 기념하게 되었습니다. 지령 9백호에 이르기까지 숱한 내외적 곡절을 거듭하면서도, '청론직필'의 정신과 '어둠 속에서도 빛을 지향한다'는 社是的 傳統의 역사적 맥이 큰 힘이 되었습니다. 또한 오늘이 있기까지 독자 여러분의 날카로운 비판과 애정어린 성원도 자양분이 되었습니다. 그리고 대학이 곤경에 처했을 때도, 적극적인 지원과 신문제작의 자율성을 보장해 줌으로써 대학언론으로 '홀로서는'데 큰 용기와 힘을 불어넣어 주었습니다. 이제 단대신문은 이러한 여러분의 후의를 바탕으로 이번 9백호를 기점으로 더욱 새로운 대학신문으로 거듭나고자 합니다.

새로운 대학신문으로 거듭나

지금 우리 사회는 '유리로 만들어진 세상'에 비유되고 있습니다. 사회적 인간으로서 자기를 감출 수 있는 비밀공간은 점차 좁아들고, 우리는 사회적 제도나 상식의 거울 앞에 노출되고 있습니다. 이러한 사회의식의 변화는 우리 각자에게 자정의식을 강하게 요구하고 있습니다.

따라서 단대신문은 이러한 민주화로의 사회의식의 변화에 따른 자기정화의식을 새롭게 인식하고자 합니다. 구시대적 발상이나 닫힌 이념의 굴레를 벗어나, 활기차고 열린 의식의 통로를 통하여 우리 사회의 거시적 전망을 두루 살펴보는 지성의 나침판이 될 수 있는 여러분의 광장이 되고자 다짐합니다. 한쪽에만 고착되어 시선을 주게되면 사시가 되고 만다는 사실을 우리는 알고 있습니다. 우리는 지성의 사시현상을 거부하면서, 합리성과 보편성을 소중하게 생각하는 신문이 되겠습니다.

그동안의 안일한 기획과, 치밀하지 못한 편집, 기사작성의 편중성과 기사의 오자 등과 같은 제작 관행을 자성하면서, 성실한 기사 작성과 보도 자세에 더욱 힘을 쏟겠습니다. 이러한 자성과 함께 대학 사회의 새문화가 창조될 수 있는 온상이 될 수 있도록 적극 노력하겠습니다. 여러분의 열린 의식을 최대한 수용하는 공기로서의 역할과, 새문화의 징후를 예감케하는 활기찬 노력들을 현장감 있게 소개하겠습니다.

단대신문은 지금 세계가 새로운 질서로 재편되고 있는 국제적 정황을 중시하고 있습니다. '지구촌 시대'가 지니는 공간적 의미를 넘어서서, 지금 세계는 새로운 '민족 국가'시대로 접어들고 있습니다. 독일 통일을 비롯하여, 소련연방의 해체를 통한 민족 독립국가의 부상과, 동구국가들의 내전 등과 같은 세계의 곳곳에서의 움직임은 민족국가로서의 재인식이 강화되고 있습니다. 따라서 세계를 알지 않고는 세계 변화의 소용돌이를 주체적으로 대응할 수 없습니다.

대학 또는 국내의 정보로서는 급변하는 세계 이해에 도달할 수 없습니다. 하루하루가 다르게 사물을 해석하는 시각은 새로워지고 있습니다. 따라서 저희 단대신문은 세계의 움직임에 주체적으로 대응하고자 하는 적극적인 노력을 기울이고자 합니다.

독자의 거침없는 질정요구

이제 9백호 기념을 맞이하는 역사적 시점에서 단대신문은 그동안의 세로판 편집에서 가로판 편집으로 전환하여 새로운 대학신문의 전통을 확립하고자 합니다. 가로판 편집은 한자공용시대에 적합한 판형이라 할 수 있습니다. 지금 우리의 생활문화 정서는 점차 한글 전용의 흐름으로 변화되고 있다고 할 수 있습니다. 제자는 단대신문의 역사성을 그대로 이어간다는 의미에서 종전의 제자를 그대로 사용하기로 했습니다. 가로판 시대로의 전환에 따르는 시행착오를 최소화하여 새 단대신문으로의 역사적 전통을 창조할 수 있도록 독자여러분의 거침없는 질정을 바라겠습니다.

저희 단대신문의 9백호의 오늘이 있기까지의 모든 기쁨을 독자 여러분께 드리며, 저희는 새로운 대학신문으로 거듭날 수 있도록 최선의 노력을 다할 것을 다짐합니다.

단대신문 제900호(1993년 4월 27일 자)_전면 가로쓰기를 시작한 신문

檀大新聞

本紙 紙齡 500號 突破!

1948년 3월 1일「檀大學生新聞」으로 출발

大學文化形成한 檀國歷史의 산證人

責任있는 知性人의 代辯紙 되라

紙齡 500號를 맞는 檀大新聞에 보내는 메시지

格調 높은 內容 世界로 指向하길

大學言論의 先驅者적 역할담당

新聞의 使命 다하기 위해서 努力

437

檀大新聞

1000호 주요기사

최초의 신작로 연군 가도

▲ 단대신문 제500호(1977년 9월 15일 자)

▼ 단대신문 제1000호(1998년 12월 1일 자)

신문사의 모습

PRESS
檀大新聞社

기 자 증 No.101
PRESS
상 기 자 는 본 사 기 자 임 을 증 명 함
단 대 신 문 사
주 간 김 상 배

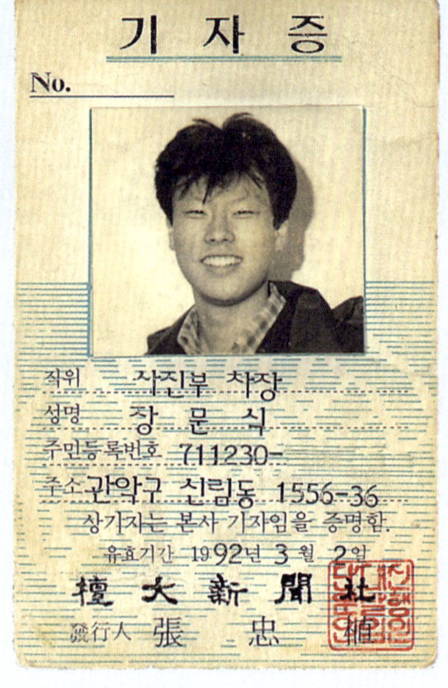
기 자 증
No.
직위 사진부 차장
성명 장 문 식
주민등록번호 711230-
주소 관악구 신림동 1556-36
상기자는 본사 기자임을 증명함.
유효기간 1992년 3월 2일
檀大新聞社
發行人 張 忠 植

▲ 1968년의 단대신문사(옛 상경대)
▼ 1976년 9월 14일, 단대신문사 이전 기념식(옛 학생회관)

▲ 1978년 12월 편집회의

▲ 2001년도 신문사 모습(옛 이부대)
▼ 죽전캠퍼스 신문사 모습

▲ 1977년 3월, 학생회관 610호

▲ 1968년 2월 28일, 졸업식에서 공로상 수상 기념

▲ 1976년 5월 5일, 연수회
▼ 전국 대학신문 배구대회에 참가

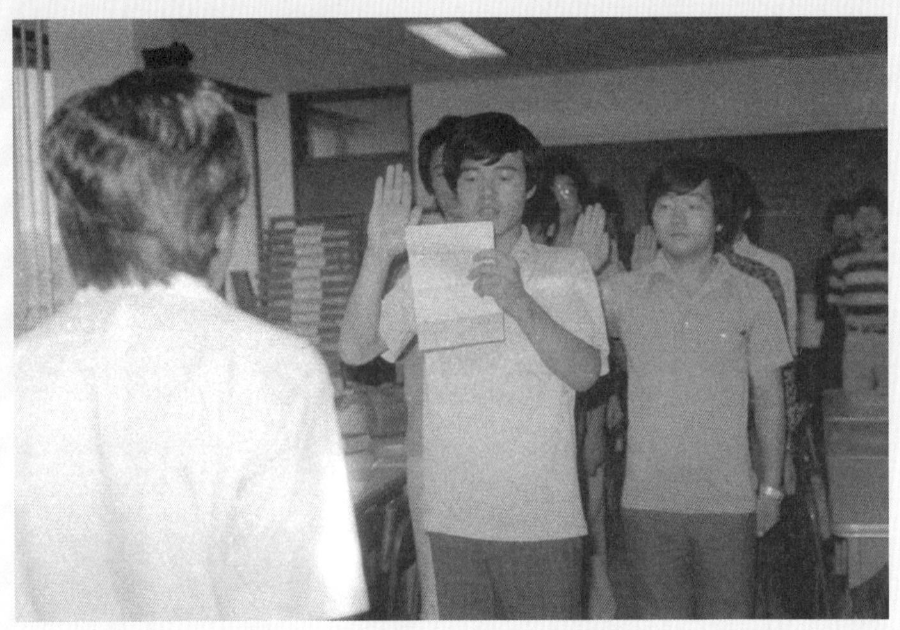

▲▼ 1977년 7월 27일, 이취임식

▲ 1977년 2월 26, 29기 졸업축하연
▼ 1978년 교내 매스컴 체육대회 출정식

▲ 1979년 35기 퇴임식

▲ 역대 사진부 기자(1987년 동우회 야유회)

▲ 수선재 입소

▲▼ 1985년 졸업식

▲ 1985년 졸업식
▼ 1988년 3월 이취임식

▲ 1989년 이취임식(빠따 졸업식)
▼ 1992년 이취임식

▲ 1990년 이취임식
▼ 1989년 동우회 체육대회

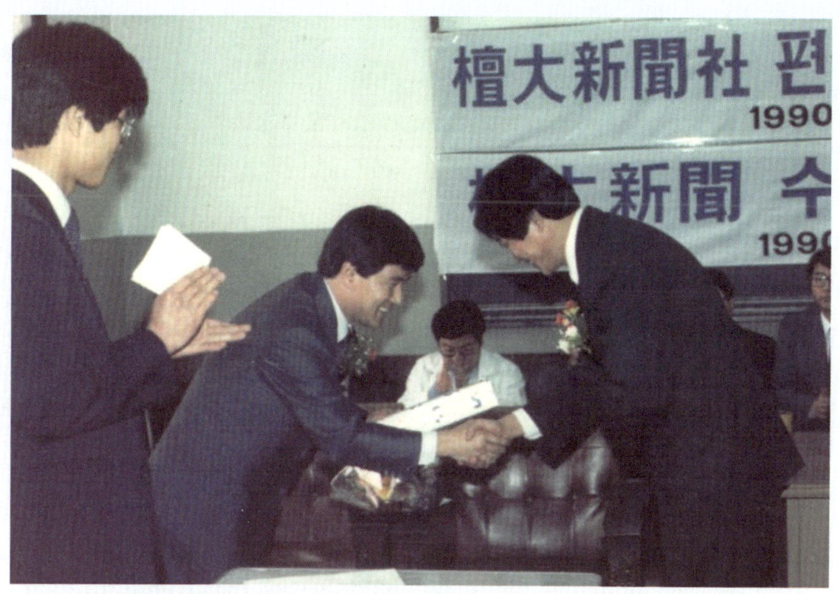

▲ 편집국장 이취임식
▼ 1993년 이취임식

▲ 1957년 10월 26일, 단대학보 주최 설립자 좌담회
중앙의 여성부터 우로, 박정숙 여사, 장형 설립자

▼ 1969년 10월 27일, 지령 300호 교수 특집 좌담

▲ 1977년 9월 15일, 지령 500호 발간 축하 현수막
▶ 1977년 9월 3일, 499호 모음

▲▶ 1977년 11월 3일, 보도사진전
▶ 1977년 11월 3일, 보도사진전. 박정숙 여사.

70년대

70년대

▲ 1977년 11월 3일, 보도사진전

▼ 1982년 5월 24일, 제19회 한남축전 보도사진전(연판 전시)

▲ 1982년 2월 19일, 창간 34주년 기념 좌담회
▼ 1983년 11월 12일, 단대신문 문학상 시상식

▲▶1988년 3월 19일, 창간 40주년 기념 리셉션

▼ 1998년 12월 17일, 창간 50주년 및 지령 1천호 기념식

▲ 1970년 연수회(계룡산)
▼ 1971년 연수회(전등사)

▲ 1972년 연수회(수덕사)
▶ 1979년 연수회(남한산성)
▼ 1983년 연수회

▲▼ 1985년 연수회

▲ 1989년 연수회
▶ 1990년 연수회
▼ 2000년 연수회

추억의 연수회와 송년회

▲ 2015년 5월 30일, 안동
▼ 2016년 5월 21일, 경주

▲ 2016년 5월 21일, 경주
▼ 2013년 12월 12일, 송년회, 세종호텔

역사의 수레바퀴가 70번을 돌아갔다는 것은 연륜과 전통을 꽤나 쌓았다는 의미일 것입니다. 1948년 3월 단국대학의 개교와 동시에 학생들이 주축이 되어 〈단대학생신문〉을 창간한 것은 시대를 앞서가고자 했던 지혜와 통찰을 바탕으로 학교와 학생에 대한 사랑이 함께 했기 때문일 것입니다.

창간 이후 오늘의 〈단대신문〉은 대학언론으로서 대학사회를 이끄는 문화 창달의 기수가 되었고, 대학을 넘어 이 사회의 귀와 눈이 되었으며, 단국인의 목소리를 대변하는 지성지로서 역할을 다해 왔다고 자부합니다.

이것은 신문 제작의 주인공으로서 사명감과 책임감으로 똘똘 뭉친 '단대신문 기자'가 있었기에 가능했습니다. 단대신문 쟁이(기자)들은 슬픔과 기쁨과 눈물과 희생을 녹여 활자를 만들었고, 그 활자를 주조하여 동판과 지형을 만들고 연판을 돌려 신문을 만들었습니다. 잘못되면 사랑의 매도 맞아가며 만든 신문입니다. 그래서 더 그리운 것일까요? 그 곡진했던 세월이 흘러 이제 어느덧 70년이 되었습니다.

그동안 200자 원고지를 메워가며 쌓았던 쟁이들 간의 유대와 결속은 끈끈한 정이 되었고, 이 정들이 다시금 모여 오늘의 〈단대신문사동우회〉로 발전해 왔습니다. 세월이 흐르다 보니 나이와 기수 차이가 크게 나지만 따뜻한 형제애로 살아갈 수 있는 것은 활자의 마력에 빠져 신문쟁이로서 학점도 연애도 건강도 뒷전에 누었던 젊은 시절의 비슷비슷한 애환과 고통이라는 공통분모와 값진 기억이 있기 때문일 것입니다. 하지만 잃은 것보다 얻은 것이 더 많았습니다. 이 마음이 오늘을 살아가는 단대신문 쟁이들의 힘의 원천일 것입니다.

시대마다 단대신문에 몸담았던 옛 쟁이들은 이제 어느덧 늙어가고 있습니다. 안타깝게도 앞서간 분들도 점점 많아지고 있습니다. 하여 더 늙기 전에 지난 공통분모를 다시 모아 책으로 엮어보자는 것이 이 책을 만든 동기입니다.

이 책은 동우들이 정성껏 모은 기금으로 만들었습니다. 그저 감사할 따름입니다. 또한 이 책은 많은 동우들의 글 참여와 편집위원들의 노고가 함께 모여 발간되었습니다. 기쁨은 크지만, 마치 일기장을 펼치듯 마음은 부끄럽고, 혹시나 동우들의 기대에 못 미칠까 두렵기만 합니다.

부디 오늘 70년사에 더해 단대신문 100년사, 우리의 모교 단국대학의 100년사가 큰 자부심으로 거듭되길 기원할 뿐입니다.

2018년 3월 14일

단대신문사동우회 회장 김홍도(36기)

단대신문의 고백

—창간 70주년에 부쳐

김수복

우리 하늘 향해
부끄럽지 않기를 기원했던 날들이 있었다
어느덧 70년이 흘러 다 같이 늙어간다
단대신문이여,
우리는 아직 젊다

아득한 미래에도,
그 먼 1948년 3월 1일에도
국운을 염려했던 푸른 하늘은
우리를 뜨겁고, 눈물겨운 영광으로
구국 자주 자립의 의지로
기쁘고 사랑스러운 가슴으로 살게 하였다

가슴에 비치던 새벽 햇살은 정겨웠다
시대에 맞서 정론을 펼쳤던 새벽은 정의로웠다
우리는 태양의 얼굴에서 음지를 보았고

음지에서 햇살의 평화를 꿈꾸었다

돌을 던지면 돌을 받아 안아서
진실과 공론의 탑을 세웠다
바람이 불면 바람이 되어서
자유와 정의의 깃발을 들었다
우리는 부끄럽지 않은 하늘이 있다
우리는 영광스러운 그늘에서도
꽃을 피우고 웃음을 짓는
광장이 있다

모여앉아 격론을 벌였던 우리의 그 눈빛
그 분노, 그 격정,
그 뜨거웠던 활자들
이제 사랑한다 사랑한다 사랑한다는 말로
서로 강물이 되어 빛나는 바다루 가자
단대신문 그 70년, 그 정론의 목소리들이
새벽하늘의 별로 빛나게 하리라

(30기, 시인)

차례

3부 활자의 기억과 노래

4부 단대신문 연혁과 동우 명단

PRESS

1부

단대신문 70년의 발자취

운명을 따르는 시간은 불가능을 가능으로 바꿀 것이다.
척박하고 불모지였던 시절에
두려움 모르고 빈 시간들을 채워 70년을 만들었다.
웹 스페이스가 종이보다 더 각광 받는 시절이지만
열정을 바쳐 만든 신문의 내면을 속속들이 훑어봤다.

_김남필 동우(41기)

1장

창간에서 4월 혁명 시기까지

나무들이 모인다. 숲이 되었다. 그리고 길이 열린다. 그 길 위로 숱한 사람들이 지나간다. 발길에 패이고, 먼지와 나뭇잎에 덮여 날마다 해마다 길은 새로워진다. 길에는 자취가 남지만 사람은 지나갈 뿐 희미한 추억의 그림자만 남는다. 그러나 숲은 선명히 기억한다. 나무들에게 각인되어 있다. 그들의 감성과 지성, 그들의 기쁨과 슬픔, 때로는 비틀거리고 때로는 주저앉고, 때로는 질주하며 부르짖는 외침과 환호와 탄식과 독백들마저……. 숲에 있는 나무들은 이렇게 시간에 맞서며 노래한다.

우리들 눈물의 새벽별

봄날 새벽 우리들 어깨 위로
별들이 내려앉는다.
무리지어 열면 희망의 나라 속으로
뜨겁게 날아오르는 새벽길이여

이제 우리들 깊은 가슴 속 풀어두었던
수만 갈래의 지나온 길들과
수만 가지로 휘드러진 다정큰나무숲과
수만 수천 무리지어 어우러진 새벽별이 되는 우리들 활자들이여

비뚤어 누워서도 정의를 외치고
모로 치받아 서서도 정론을 펼치고
거꾸로 서서도 바로 보고 걸으며
어둠에 묻혀서도 절망하지 않는
우리는 눈물의 새벽별

잠든 세상을 깨워 일으켜
희망과 화해의 나라를 세우는 봄날 새벽
우리들 어깨 위로 앞서가는
마흔 구비의 새벽길이여

비뚤어 누워서도 정의를 외치고
모로 치받아 서서도 정론을 펼치는
새벽별이 되는
檀大新聞이여
우리들 눈물의 황제여

김수복 동우(30기), 단대신문 창간 40주년 기념시 전문

그 거대한 활자의 숲에 각인된 '눈물의 새벽별'들은 어디에서 시작되어 어디로 가고 있을까? 70년 동안 이어진 새벽별들의 노래, 거대한 활자들의 숲에 남겨진 그들의 노래와 그 노래가 울려 퍼졌던 새벽길을 날줄로 엮어본다.

우리나라 대학신문의 실마리와 한계

신문사학자들은 대학신문의 첫발을 미국 대학에서 찾는다. 미국 뉴햄프셔주의 다트머스대학(1759년 개교)이 1799년에 주간지로 간행한 〈다트머스 가제트(*Dartmouth Gazette*)〉가 그 효시이다. 뒤이어 예일대학이 1806년에, 하버드대학이 1810년에 주간지로 대학신문을 창간했다. 이들 신문들은 본격적인 뉴스 보도가 주 내용이기보다 학생들의 인문교양, 문예지의 성격이 강했다.

저널리즘을 표방하는 본격적인 대학신문은 미주리대학이 1908년 9월에 창간한 *The University Missourian*을 최초라고 인정한다. 미주리대학이 최고 수준의 저널리즘 전문교육을 강조하는 만큼 해당 학부의 실습지로 창간되어 대학과 지역을 아우르는 지역신문(local paper)으로 자리 잡았다. 석간, 일간지로 유료배포를 했는데 *The University Missourian*의 성공은 다른 대학들을 자극해 1910년대부터 대학신문이 보편화되었다고 한다.

이 같은 흐름은 일본으로 이어져 1915년에 게이오대학이 일본 최초의 대학신문을 창간하고 동경제국대학, 와세다대학 등이 동참했다. 1930년 중반에는 일본 전국에서 50여 종의 대학신문이 나온 것으로 보인다.

그렇다면 한국의 대학들은 언제부터 대학신문을 펴내기 시작했을까?

한국신문연구소가 펴낸 『한국신문백년: 사료집』(1975)에는 평양에 있던 숭실대학이 1919년에 〈숭대시보〉를 펴낸 것을 최초의 대학신문으로 기록하고 있다. 그러나 차배근 교수(서울대 사회과학대)는 실제 신문이 남아 있지 않고, 이 신문을 봤다는 증언도 없다는 점에서 존재 자체를 회의적으로 보기도 한다.

따라서 실물이 남아 있는 최초의 대학신문은 일제 강점기 연희전문학교가 1935년에 펴낸 〈연전타임스〉이다. 이 신문은 대학 측이 발간한 신문이라기보다는 당시 연희전문에 설치된 3개 학과의 학생회가 학생들의 연대와 공동관심사를 다루기 위한 '학생신문'으로 창간한 것이다. 이후 경성제국대학도 학생회를 중심으로 〈성대학보(城大學報)〉를 창간했다.

이처럼 빈약했던 대학신문은 해방과 함께 대학 설립이 붐을 이루고, 고등교육의 확대가 이뤄지면서 본격적인 창간 열기를 맞게 된다. 해방 후 최초의 대학신문은 〈연전타임스〉의 후신으로 나온 〈연희타임스〉이다. 1946년 2월 발행한 12호와 20호(1950년 3월)가 있는 것으로 보아 시기는 알 수 없지만 속간한 것으로 보인다.

경성제국대학에서 해방과 함께 '제국'이라는 글자를 빼고 문을 연 경성대학도 1946년 3월에 〈경성대학예과신문〉을 창간했다. 이들 신문들은 대학의 부속기관으로서 편제를 갖추고 재정 지원을 받은 신문이라기보다는 학생회가 중심이 되어 발행하는 학생신문이었다.

1947년 들어 중앙대학교의 〈중대학보〉(6월), 고려대학교의 〈고대

檀大學生新聞

創刊辭

檀國大學設立의意義

健全한國家發展은 健全한國民養成에있다

檀國大學을세운고나서

—國家民族의再興에寄與—

祝辭

우리學園빛내는 꽃다발되어주오

檀國大學設立趣旨書

祝創刊

檀國大學職員一同

金泳斗

단대신문의 전신인 단대학생신문의 창간호(1948. 3. 1). 해방 뒤 4년제 대학으로 확대 또는 신규 설립한 대학들은 새롭게 대학신문을 창간했는데 우리 대학은 6번째로 신문을 선보였다.

신문〉(11월), 국학대학의 〈국학학보〉(12월)가 뒤를 이어 창간했다.

해를 넘겨 1948년에도 대학신문 창간이 줄을 이었다. 첫 스타트는 우리 대학이 끊었다. 우리 대학은 〈단대학생신문(檀大學生新聞)〉을 같은 해 3월 1일 자로 창간했다. 해방 뒤 여섯 번째로 창간된 대학신문인 셈이다. 경성대학 대신 국립대학으로 재설립한 서울대학교도 같은 날짜에 〈서울대학신문〉을 선보였다. 이어서 부산의 수산대학이 〈수대학보〉, 동아대학이 〈동아대학신문〉(6월)을 펴냈다. 자료에 따르면 이후 대학가의 신문 창간 작업은 뜸해져 1949년에는 한 종도 없었고, 1950년 4월에 동국대학교가 〈동대신문〉을 펴낸 뒤 한국동란의 발발과 함께 전면적인 휴지기에 들어갔다.

1945년 광복 이후 1950년까지 창간한 대학신문은 단과대학신문까지 포함하면 총 15종에 이른다. 이 가운데 단과대 기관지를 빼고 전 학생과 교직원을 대상으로 한 대학신문을 꼽으면 9개 신문이다. 1947년 12월, 당시 남조선과도정부 문교부는 해방 후 열풍처럼 몰아닥친 대학설립 운동이 적정 수준을 넘어 부실대학, 이름뿐인 대학을 양산하고 있음을 우려해 정부가 공인하는 20개 정규 대학을 공표한다. 나머지 비인가 대학은 유령학원으로 간주해 앞으로 일소한다는 방침도 밝혔는데, 국공립대학을 제외하고 공인된 사립대학은 단국대를 비롯한 12개 대학이었다.

이 같은 해방 직후의 혼란상과 열악한 교육환경 속에서 전체 학생들을 대상으로 한 기관지를 펴낸다는 것은 쉬운 일이 아니었을 것이다. 20개 대학이 정식 인가를 받은 대학이었음에도 9개 대학만이 공식 대학신문을 발간할 수 있었다는 것은 당시 우리 대학 학생회와 대학의 운영체제, 문화 역량이 다른 대학에 비해 안정적이었음을 짐작할 수 있다.

한편, 우리나라 대학신문의 탄생 과정에는 태생적 한계도 잠재해 있다. 대학신문의 기원이라 할 미국 대학의 경우를 보면 처음에는 대학 학생자치기구의 인문, 문예교양지로 등장해 이후 학부(학과)의 저널리즘 실습을 겸한 지역사회신문(community newspaper)으로 확장했다. 이 과정에서 대학 학사운영을 담당하는 대학당국이 신문 발행에 필요한 재정을 책임지는 대학신문(university paper)과 학생회가 자체 경비로 충당하는 학생신문(student paper)으로 존재 형태를 달리하게 되었다.

우리나라의 경우는 미국의 대학신문과는 다른 궤적을 갖고 있다. 해방 직후 창간한 9개 대학의 신문 발행 주체는 '학생회' 혹은 학과들의 연합단체였던 것으로 추정된다. 발행인, 편집인이 교수와 학생, 혹은 학생회 간부들로 명기되어 있기 때문이다. 〈단대학생신문〉 역시 편집인은 당시 학생회 문화부장인 박종만(朴鍾晩) 동문이 맡았으며 '발행소'도 단국대학 학생회 문화부로 나와 있다. 아마도 이는 당시 대학의 운영체제가 개교 초기인 만큼 '학사(학생선발, 교육 및 학적 부여)'를 관리하기도 벅찼기 때문으로 해석된다.

반면에 재정적으로 신문제작 경비를 학생회가 독립적으로 조달한 것은 아닐 것이다. 당시 모든 대학들은 해방 뒤 대학 설립을 인가받아 첫 학생 선발을 마치고 학생회를 구성한 직후였다. 학생회 역시 학생회비나 신문 구독료를 거두어 관리할 만한 여력이 없었다. 각 대학들의 신문들이 발행주기를 월간으로 정하고, 그나마 정기적으로 간행하지 못하여 중단하는 일이 잦은 것이 이 같은 상황을 반증하고 있다. 제작은 학생이, 재정은 학교당국이 책임지는 '반(半) 대학, 반(半) 학생 신문'이라는 어정쩡한 체제가 한국 대학신문의 태생적 특성이었다.

이 같은 한계는 이후 반백 년의 연륜이 넘었음에도 여전히 대학신문들의 정체성을 혼란시키고, 편집권을 둘러싼 갈등과 대학신문의 위기를 불러오는 원인으로 작용하고 있다.

창간호의 면모와 정신

앞에서 밝혔듯이 단대신문의 전신인 〈단대학생신문〉은 1948년 3월 1일 창간했다. 제호는 한반도 지도의 아웃라인 바탕에 한자로 "檀大

(1) 檀紀四二八一年三月一日 檀大學生新聞 (第一號) (月刊)

檀大學生新聞

創刊辭

檀國大學設立의意義

健全한國家發展은 健全한國民養成에있다

學長 張道斌

檀國大學을세운고나서

—國家民族의再興에寄與—

理事長 張炯

단대학생신문 창간호의 제호와 머리기사 부분. 창간호에는 창간사 외에도 단국대학 설립 취지문, 범정 장형 선생, 아정 박정숙 여사의 축사, 혜당 조희재 여사의 인간적 면모와 육영 의지 등이 실려 있다. 한국전쟁 와중에 대학 역사 자료가 거의 망실된 사정을 감안하면 우리 대학 개교 전야와 직후의 생생한 면모를 실감하게 하는 소중한 사료이다.

學生新聞"을 세로로 배치했다. 창간호는 당시 다른 대학과 마찬가지로 월간, 타블로이드판, 세로짜기로 인쇄했다. 전체 4개 면으로 구성한 창간호 주요 내용은 다음과 같다.

▲ 1면: 창간사(작자 미상), 단국대학 설립의 의의(장도빈 학장), 단국대학을 세우고 나서(장형 이사장), 단국대학 설립 취지서, 창간 축하 광고

▲ 2면: 논설 및 에세이(김정실 부학장, 장훈 사무장, 백원강 학생과장, 김태명 도서과장)

▲ 3면: 단국대학 탄생기 특집, 교외 필자 논문(김원숙)

▲ 4면: 문예면(수필, 꽁트, 시) 및 체육부 및 문화 기사, 학생회 임원 명단, 편집자 칼럼(잔등) 게재

창간호에서 가장 주목할 만한 기사는 창간사이다. 필자 미상인 이 논설은 당시 강화되는 민족분단의 상황과 가혹한 경제상황 속에서 독립국가를 만들어낼 사명이 대학인에게 있음을 강조하고 있다. 동시에 이를 해결할 각성에 힘쓸 것임을 당부하고 있다. 학생의 역할을 새로운 역사 창조를 위한 개척자로 보는 현실 참여형 가치관이 강조되고 있는 창간사는 달리 보면 대학신문 학생기자들이 대학신문에 대해 갖고 있는 전통적 인식이기도 하다. 현대 표기법과 맞춤법에 맞춰 창간사를 정리한다.

우리가 고대하는 단국대학생신문 창간을 보게 된 것은 학우 제형과 더불어 기뻐하는 동시에 그 사명이 중대함을 새삼스럽게 명심

하는 바이다.

악독한 일본제국주의의 식민지 교육 철권(鐵拳) 밑에 신음하던 우리들이 위대한 민주주의 연합국의 승리로 말미암아 찬란한 오천 년 우리 민족문화를 찾고, 진실한 조선의 과학을 자유스럽게 탐구하고 창조할 것이라고 환희작약하였던 것도 일막(一幕)의 희극이라고 할까? 우리가 천추지간(千秋之間)에 갈망하던 독립민주국가를 아직까지 전취(戰取)하지 못하고 삼팔경계선은 미묘한 전후 세계문제를 그리워하던 애인을 만난 것처럼 꼭 품에 안고 반갑지 않은 엄연한 현실로서 존재하고 있으며 민족 대중은 살인적인 경제파경에 얽매여 생사지경에 방황하고 있지 않은가?

여기에 있어서 우리 단국대학 천여 학생은, 아니 조선의 청년 학도는 무엇을 어떻게 할 것인가가 문제이다. 그러나 이 문제에 대한 해답보다도 누가 해답할 것인가가 선결문제이다. 누가 해답할까? 인식 존재, 객관, 주관, 사회과학, 원자탄? 아니다. 오로지 유형 무형적으로 발전하여가는 역사만이 해답할 것이다.

그러면 우리 학도들은 무엇을 어떻게 할 것인가? 우리 조선의 학도들은 여하(如何)한 연구실에서, 즉 연구하는 장소가 문제되는 것보다도 무엇을 연구하며 어떻게 소화시키는가가 중대한 문제일 것이다. 다시 말하면 모든 사상(事象)을 피상적으로 혹은 측면적으로만 파악하여 구체적 또는 전체적이라고 할 것인가, 구체적 또는 전체적으로 파악하여 피상적 혹은 측면적이라고만 할 것인가가 문제되는 동시에 파악한 것을 직감적으로 혹은 반추적(反芻的)으로 실천하느냐, 않느냐가 문제될 것이다.

만약 오늘날 조선 학도에 있어서 학생은 오늘을 위한 것이 아니라 내일만 위한 존재라고 자인하는 자가 있다면 그는 최대적 과오를 범하고 있다는 것을 자각하여야 할 것이다. 왜 그러냐 하면 학생은 그 민족의 역사를 가장 과감하게 정확히 창조, 발전시키는 자인 까닭이다. 특히 복잡미묘한 환경에 놓여있는 우리 조선 학도는 더욱 그러할 것이다. 우리는 현하(現下) 조선 민족 대중이 무엇을 외치고, 아우성 소리치고 있는가를 정직히 파악하고, 그 요망과 기대에 대하여 주저없이 행동하여야 할 영광을 등에 지고 있지 않은가? 그러므로 '열(熱)과 힘'은 청년의 상징이라고 하나 냉정한 자기반성을 망각하여서는 안 되며 허영과 자기만족에 도취하여서는 암흑한 함정에 빠지는 것을 상기하여야 하겠다.

조선의 학도여!

민족의 생명아!

모든 죄악을 일축하고 꿈에서 깨어 약동하여라. 굳세게 대지를 밟고 창공을 향하여라. 아름다운 조국 재건을 위하여! 우리의 민주주의 조국 없이는 정치도, 문화도, 예술도 존재할 수 없으며 필요하지도 않다는 것을 누가 부정할까?

조선의 아들이여!

민족의 딸이여!

우리들 학도를 견제하고 조롱하는 자는 누구냐? 그는 전진하는 역사에 역행하는 과학이며 맹목적인 순간이 아닐까? 조각배는 거대한 해양을 항행할 수는 없을 것이다. 파동 많은 높은 봉오리 위에 태연스럽게 우뚝 선 우리 단국대학은 무거운 이 땅을 등에 지고 어디에 가나 영원히 자랑스럽게 빛나고 무한한 미래에 계속될 것이다. 이러한 의미에 있어서 우리 단국대학학생신문은 조선 학도의 등불이 되고 햇빛이라고 하겠다.

창간사는 조국이 처한 엄혹한 현실을 남북분단과 경제파탄이라고 압축하고 있다. 이를 해결할 책임이 단국인에게 있고 조선 학도들과의 연대가 필수적임을 강조하고 있다. 특히, 현실을 극복하는 데 있어서 인식론에 매몰되기보다 지속적인 실천력을 유지해야 한다는 당부를 하고 있다.

주목할 만한 것은 민주주의 체제에 대한 확신이다. 문화가 번성한 독립 국가를 만들 길이 민주주의가 살아있는 조국에 있다는 것을 거듭 강조하고 있다. 결국 〈단대학생신문〉은 대학인들에게 민주주의 가치를 확산하고, 이를 고양하는 실천의지를 북돋겠다는 결연한 의지를 선언하고 있다. 창간사에는 단국대학의 창학 정신(구국, 자주, 자립)에 담긴 민족애를 기반으로 통일지향, 문화지향의 민주사회 건설이 청년 대학인의 사명이고, 그 횃불의 역할을 단대신문이 자임한다는 결의를 담고 있다.

殘燈

新刊紹介

金泰明先生著 中國語基礎讀本

近刊 獨逸語基礎讀本

서울 大潮社發刊

六大學리ー그戰에 李昌順君 三着

學生會幹部 面貌들

서울市鍾路一街三九番地

和洋菓子 各種果物 高級酒類

華麗商會

電光 八一番

단대학생신문 창간호 4면에 실린 칼럼 "잔등(殘燈)". 오늘날 단대신문 부장들의 칼럼인 "백색볼펜"과 성격이 비슷하다. 칼럼 아랫단을 보면 학생회 간부 명단이 있다. 초대 학생회 임원들인 셈이다.

창간호의 4면 하단 마지막에는 "잔등(殘燈)"이라는 편집자 칼럼, 혹은 제작 후기 성격을 가진 고정란을 만들었다. 창간호답게 잔등 칼럼에는 첫 신문을 펴내며 겪은 고초를 따뜻한 필체로 풀어내고 있다. 신문동(新聞童, 창간호를 옥동자처럼 아기에 비유하고 있음)을 난산했는데 삼중고를 겪었다면서 첫째, 방학으로 인한 원고 모집난, 둘째, 신문용지 품귀로 인한 용지입수난, 셋째, 정전 유행으로 인한 인쇄작업난을 꼽고 있다. 그렇지만 1천 5백여 독자가 손들어 환영해줘 금지옥엽으로 무럭무럭 자랄 터이니 편집자는 유모(乳母)의 역할을 다할 것이라는 약속을 하고 있다. 비록 촌철의 짧은 글이지만 개교 초기와 겹쳐 편집체계가 미흡한 현실, 종이와 전력이 악화되어 신문제작이 더욱 힘들었던 신생 대한민국의 현실 속에서 성의를 다하려는 대학신문 기자의 애환이 전해진다.

檀大新聞

단대학보 시대의 개막과 한국전쟁

〈단대학생신문〉은 신문 발행 기간을 월간 발행 공약대로 4월 1일, 제2호를 발행했다. 제2호에는 당시 미군정청의 오천석 문교부장이 〈단대학생신문〉의 창간을 격려하며 "학술연마의 벗이 돼라"는 제하의 축사를 기고했다.

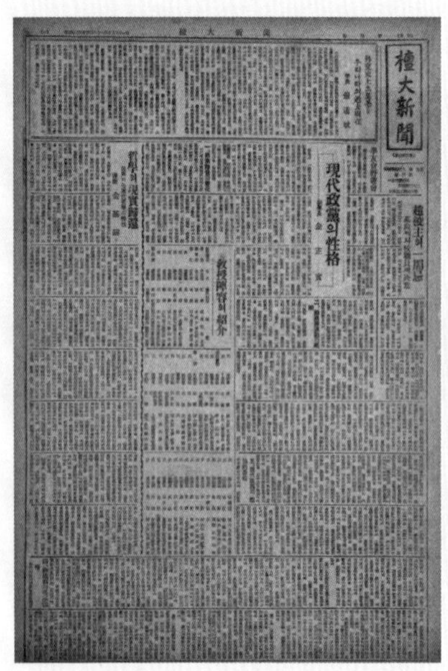
檀大新聞

現代政黨의 性格

단대학생신문과 단대학보의 중간에 나타난 단대신문의 1면

제2호를 발간한 〈단대학생신문〉은 5월부터 모습을 찾을 수 없게 된다. 이후 같은 해, 1948년 10월 31일 자로 〈단대신문〉이 새롭게 창간된다. 5월 이후 10월까지 〈단대학생신문〉 3호 등을 발간했는지 여부는 알 수 없다. 당시 재직자의 증언이 없고, 보관된 신문도 없기 때문이다. 한 가지 주목할 사실은 〈단대신문〉이 단순히 〈단대학생신문〉의 제호를

변경하는 정도의 교체가 아니라 새롭게 창간했다는 사실이다. 10월 31일 자 〈단대신문〉은 신문 호수를 창간호로 제시하고 있다. 발행 주체도 기존 학생회 임원이 아니라 김정실 당시 부학장이 편집인 겸 발행인을 겸직하고 있다. 겸직을 떠나 발행인이 '학생'에서 '부학장'으로 변경했고, 발행소도 단국대학 학생회 문화부가 아니라 '서울시 종로구 낙원동 282 재단법인 단국대학'으로 바꾸면서, 새롭게 창간호라고 명기했다는 것은 〈단대신문〉이 단국대학교의 공식 기관지로 변경했다는 점을 시사하고 있다. 기간 중에 어떤 일이 있었는지 파악할 수 있는 어떤 사료도 없지만 아마도 대학이 개교 1주년을 맞이하면서 관리 체계도 안정되어 대학 공식 신문을 대학당국이 책임져야 한다는 결론을 내린 듯하다.

외형에서 〈단대학생신문〉과 〈단대신문〉의 큰 차이점은 없다. 타블로이드판 4면에 월간 발행으로 학술적 내용이나 학교 소식을 주로 싣고 있다. 그러나 면별 주요 기사를 살펴보면 큰 변화가 있음을 알 수 있다.

▲ 1면: 장도빈 학장의 "외교사상으로 본 우리나라의 과거 현재"라는 논설을 톱으로 올리고 김정실 부학장, 김기석 교수의 논문을 게재함

▲ 2~3면: 교외대학(校外大學) 설립취지, 주요 강좌, 변호사 시험 합격 수기

▲ 4면: 문예(수필, 기행문, 꽁트, 시)

일반적인 학생활동 보도 대신에 논문 중심의 학술적 기능을 강화

하고 당시 대학 운영에 있어서 역점 사업이었던 교외대학(통신교재를 통한 원거리 교육)을 홍보하는 데 주력하고 있음을 감지할 수 있다.

이후 〈단대신문〉 창간호를 낸 지 한 달 만에 〈단대학보〉 제2호가 등장한다.

이 신문 4면에는 다음과 같은 사고(社告)가 실려 있다.

> 본 대학에서 월간으로 발행중인 〈단대신문〉은 이번에 당국의 지시에 의하여 11월에 발행한 제2호부터는 그 제호를 〈단대학보〉로 개정하였다.

제호는 달라졌지만 면 구성체제는 크게 달라지지 않았다.

그 다음 달인 12월 17일 자로 발행된 〈단대학보〉 제3호 이후 돌연 신문 발행이 중단된다. 이유는 알 수 없지만 낙원동 소재 교사에서

檀 大 學 報

檀大學報

奇緣에 意義더욱깊다

하루에 紀念式세번

開天節이자開校日, 校主一周忌

感激의 三大紀念行事

憲政公論

大衆과輿論

數物科選科特設

단대신문 발간 한 달 뒤 제호를 바꾸어 발행한 단대학보 1면의 머리 부분

새로이 신당동 교사를 마련하여 이주하는 일에 주력하느라 대학당국이 대학신문을 발간할 경황이 없었던 것으로 짐작된다.

공교롭게도 이후 한국전쟁이 발발하면서 〈단대학보〉는 무기한 휴간에 들어간다. (주: 이 기간 중 신문 제호와 발행체제의 변화, 지령의 정확한 파악은 2015년까지만 해도 불가능했다. 교내에 보관된 신문이 없었고 국립도서관 등에도 찾을 수 없었기 때문이다. 그러던 중 단국대 사학과 대학원생 오대록 군(현 독립기념관 연구원)이 〈단대학생신문〉 제2호, 〈단대신문〉 창간호, 〈단대학보〉 제2호를 한국연구원에서 발굴했다. 이것이 김명섭 동우(25기)에게 전해져 2015년 송년회에서 동우들에게 선 보이게 되었다.)

〈단대학보〉가 복간한 시기는 7년 만인 1954년 4월 20일이다. 한국전쟁 중에 부산에서 피난학교를 운영하다가 신당동 교사로 복귀한 시기는 1953년 8월 31일. 전쟁 직후의 참담한 경제난과 대학의 어려움을 고려할 때 〈단대학보〉 복간에 대학당국의 강력한 의지가 뒷받침했음을 알 수 있다.

서울 복귀 뒤 발간한 〈단대학보〉 제4호는 적잖은 변화가 있었다. 우선 설립자이자 이사장으로 재직 중이던 범정 장형 선생이 발행인을, 이훈구 학장이 편집인을 맡았다. 발행소(발행처)도 재단법인에서 '서울특별시 성동구 신당동 292-10 단국대학 내 단대학보사'로 바꿨다. 기구 설치 과정이 어땠는지에 대한 기록이 없지만 대학신문 발행을 전담하는 부서를 신설했음을 알 수 있다. 복간호는 단대신문의 편집체제 발전 과정에서 특별한 위치를 갖고 있다.

우선, 판형을 기존 타블로이드판에서 현재 규격과 같은 배대판(倍大板)으로 확대했다. 판형의 변화는 자연히 기사(정보)량의 확대를 가져온다. 이를 수용할 레이아웃이나 지면 배치 등도 전면적으로 손질을 해야 한다. 당시 편집진은 이에 따라 "사설"을 고정란으로 신설했다. 지면 배치도 변화가 있었는데, 1면에 사설 및 학내 보도기사, 2면에 교수 논문과 에세이, 3면에 기획기사 및 논단, 4면에 학생 문예작품을 실었다. 이 같은 체제는 이후 1961년 3월, 〈단대신문〉으로 제호 변경 및 혁신 작업을 할 때까지 지속되었다.

그리고 외형만이 아니라 신문사로서의 운영도 변화가 이어졌다. 1955년 5월부터 독자의 기고에 원고료를 지급한다는 것을 공식화하고, 이를 홍보하기 시작했다. 〈단대학보〉 제5호의 "사고"를 보면 "진실하고 책임 있는 언론으로 학생의 요구에 부응하고자 원고료를 결정했다"면서 필자별 원고료를 공표했다.

▲ 교수 및 사회인사: 1매 당 200환

▲ 학생: 논문 및 평론 1매당 50환, 시 편당 500환, 컷(삽화) 1행(신문 기사 한 줄)당 20환

참고로 당시 쌀 1말(8kg)이 2,800환이었으므로 교수가 원고지 20매를 기고하면 쌀 1.5말 정도를 살 수 있는 정도였다. 오늘날의 원고료에 비해 교수와 학생 차이가 상대적으로 크다는 점도 특기할 일이다. 판형의 변화, 원고료 지급 등에서 알 수 있듯이 〈단대학보〉의 등장은 대학신문이 학생들의 자치 활동에서 벗어나 학내 저널리즘 미디어로서 공식적인 위상을 굳히는 시기에 진입했음을 시사하고 있다.

한편으로는 최초로 지면에 "만평(漫評)"이 등장하기도 했다. 비록 비중은 작지만 지면에 만평을 게재하는 것은 문장으로 기사를 만드

는 일보다 어려운 일이다. 이를 감당할 전문 기자, 또는 전담 인력을 운용하고 있다는 면에서 '학보사 운영체제'가 어느 정도 기틀이 잡혀 있었음을 알 수 있다.

단대학보 제5호에 게재된 만평. 1955년에 우리 대학 고유의 교복과 교모가 제정되었음을 알 수 있다.

언론사로서의 제작 체제 안정과 기능 확대

신문의 제작을 담당하는 학생기자의 이름이 처음으로 등장한 단대학보 제13호의 판권

〈단대학보〉 제13호(1955. 12. 15)부터 신문 판권 표시에 작지만 의미 있는 변화가 보인다. 발행인, 편집인 외에 편집부장과 총무부장의 이름이 등장한다. 이두영 편집부장(문학부 영문학), 김유봉 총무부장(학적불명)이 그들인데 이들은 교수나 직원이 아닌 학생이었다. 지면에 나타난 최초의 학생기자인 셈이다. 학생기자로서 이들은 〈단대학보〉를 실질적으로 제작한 실무진이고 편집자 역할을 전담했을 것이다. 지면을 살펴보면 이들 외에 채광국 취재부장(문학부 국문학), 이진우 기자(문학부 국문학)가 등장한다. 실제 학생기자 모집 공고가 처음 나온 것은 1957년 9월이니 이들이 사실상 〈단대학보〉 기자의 전부였을 것이다.

단대신문 편집국장과 주간을 지낸 김상배 동우(전 주간, 현 단국대 초빙교수)의 회고를 들어보자.

> 이두영 부장은 저보다 2년 정도 선배였어요. 일제 치하에서 동아일보 폐간으로 이뤄진 손기정 선수의 일장기 말소 사건이 있었는데 이 사건을 주도한 이길용 기자가 부친이었습니다. 부친의 영향을 받아서인지 신문에 대한 상식과 재능이 풍부했어요. 취재부장을 지낸 채광국 동우도 노력형 수재였어요. 나중에 중앙일보와 서울신문에서 부장을 지냈죠. 이진우 동우도 제가 국장이 되고 나서 총무부장으로 함께 생활하기도 했는데 호인이었습니다.

이두영 편집부장은 졸업 뒤에 단대신문 편집국장으로 발령받았는데 '학생기자'에서 '신문제작 담당 직원' 대우를 받은 것으로 보이지만 그 뒤의 자취는 찾을 수 없다. 채광국 취재부장은 중앙일보에 입사해 조선일보 편집부 차장, 중앙일보 편집부장, 서울신문 편집국장 대리 등을 역임했다. 서울신문 재직 시, 한국 신문 1백 년의 대혁명이라는 컴퓨터 편집, 제작 시스템(CTS)을 한국 최초로 구축하는 데 성공해 한국신문상(1984)을 수상하기도 했다.

기획, 취재, 제작을 전담하는 학생기자들이 신문 전면에 나섰다는 것은 단대신문이 대학의 공식 미디어로 자리 잡았음을 의미한다. 학생회－학교－학보사로 대학신문의 제작 주체가 변화하는 과정은 달리 보면 대학당국의 기능이 '교학관리'에 집중되다가 '대학문화', 특히 학생과 대학 본부를 잇는 소통의 필요성이 커진 결과가 반영된 것이기도 할 것이다.

全國大學 學生作品懸賞募集

本社 主催 第一回

要綱

一、論文・評論 五〇枚 內外(人文科學・社會科學・自然科學)◇當選作各 一篇賞狀及賞金各二萬圜

二、短篇小說 六〇枚內外 當選作一篇賞狀及賞金一萬五千圜

三、詩・時調 當選作各一篇賞狀及賞金 各五千圜

四、隨筆 꽁트 廿枚內外・當選作各一篇賞狀及賞金 各五千圜

檀大學報社

1955년 12월 15일 자 단대학보사 “사고”

실제로 한국전쟁의 불길이 잦아들면서 우리 대학은 새로운 발전의 전기를 만들고자 노력하고 있었다. 그 노력의 핵심은 신당동 교사를 대신할 새로운 캠퍼스의 신축이었다. 이를 위해 장형 이사장은 서울 안에 있는 후보지 10여 군데를 답사하던 중 국방부 소유인 구 한남동 부지(1957~2007)를 선택하여 1956년 9월에 매매 계약을 마쳤다. 이에 앞서 같은 해 2월에는 개교 9년 만에 교가(장도빈 학장 작사, 김동진 작곡)를 제정하기도 했다.

이러한 대학 운영의 안정화 추세는 〈단대학보〉에도 영향을 미쳤다. 학생기자들이 제작 전면에 나서는 동시에 부대사업을 신설했다. 창간 8년 만에 최초로 전국 대학생을 대상으로 한 학술, 문학 작품 공모전을 실시한 것이다. “제1회 전국 대학 학생작품 현상모집” 제하의 공모전은 논문 및 평론(인문, 사회, 자연), 단편소설, 시 및 시조, 수필 및 꽁트 분야별로 당선작 1편에게 5천 환~2만 환의 상금을 주기로 했다. 당시 하숙비는 쌀 6말(1말은 2,800환)이었다. 논문이나 평론 당선금은 1개월 하숙비가 넘는 금액이었다.

당시는 전쟁 직후라서 대학을 비롯한 모든 분야에서 재정이 쪼들리는 상황(1955년도에는 쌀을 배급제로 돌려야 할 정도였음)이었다. 끼니를 잇기 어려웠던 시절에 대학신문이 전국 대학생들을 대상으로 학술, 문학 작품을 공모하는 사업을 신설하려면 ‘신문기자’의 의욕만으로 될 일은 아니었다.

한남동 캠퍼스를 마련하기 위해 재정난에 시달렸던 대학당국에서도 '재학생'만이 아니라 '전국 대학생'들의 문예중흥을 돕겠다는 의지가 있었기에 가능한 일이었을 것이나. 이러한 의시는 대학은 교육과 연구라는 사명에 더해 문화진흥이 또 하나의 존재 목적이라는 각성의 결과이기도 하다. 불행히도 이 사업은 의욕에 비해 제대로 결실을 맺지 못해 당선자 없이 무산되고 말았다.

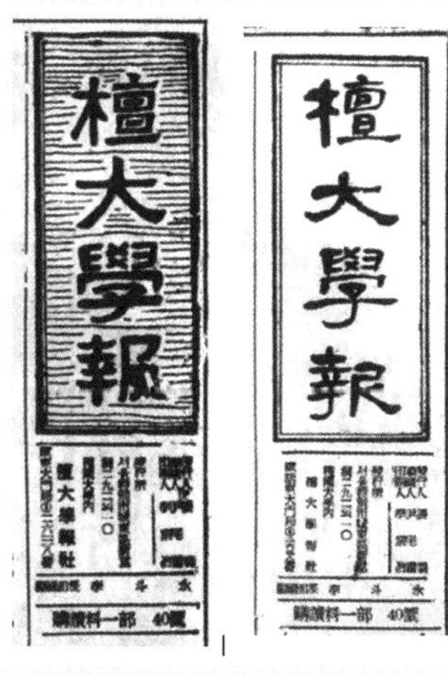

변경 전과 후의 제호

〈단대학보〉의 발행 체계가 안정되고 부대사업까지 시행할 정도에 이르자 제14호(1956. 2. 15)부터 신문 구독료를 신설했다. 구독료는 1부에 40환이었다. 큰 돈은 아니었지만 대학당국이나 학보사 입장에서 늘어나는 사업 규모의 뒷감당을 위한 고민의 결과였다고 보인다.

제20호(1956. 6. 1)부터는 언제인지는 불분명(중간에 멸실 신문이 있음)하지만 발행일이 매월 15일에서 1일로 변경되었다. 제호 역시 새로운 제자(題字)를 장착하고 디자인도 변경했다.

또한 창간 이래 처음으로 "사령"을 공지했는데, 편집위원으로 한태윤(韓泰潤) 교수, 이하윤(異河潤) 교수를 임명했고, 김명복(법정대 법학과 1)을 기자로 발령했다. 당시에 기자들 외에도 대학당국의 입장에서 편집 방향을 지도할 별도의 편집위원회가 존재했음을 알 수 있다.

〈단대학보〉 제33호(1957. 1. 15)에서는 최초로 "신춘 현상 학생작

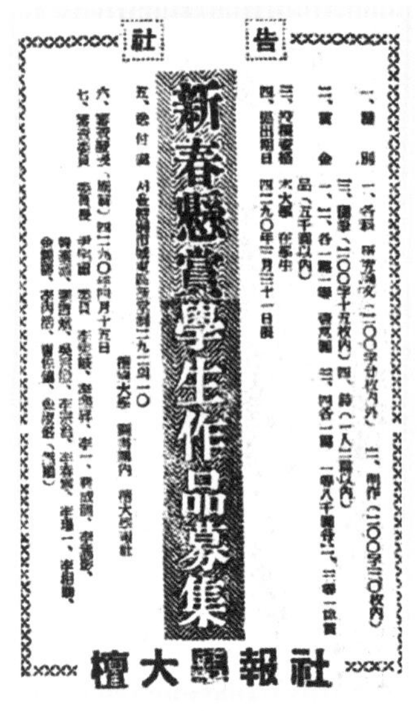

社告

新春懸賞學生作品募集

檀大學報社

품 공모" 사업을 실시했다. 1955년에 실시한 전국 대학생 공모전이 성공적 결실을 맺지 못하자 이번에는 '교내 재학생'을 대상으로 학술, 문학 작품을 공모한 것이다. 공모 분야는 각 학과별 연구논문(200자 원고지 20매 내외), 창작(소설을 뜻하는 듯, 30매 내외), 수필(15매 내외), 시(1인 2편 이내)이며, 각 분야별 1등에게는 1만 환의 상금을 지급한다고 공지했다. 2년 전 공모전에 비해 응모 자격을 우리 대학 재학생으로 국한한 것, 상금 규모를 축소한 것이 이색적이다. 규모는 줄었지만 심사위원들은 윤택중 당시 학장, 장도빈 초대 학장, 이종흡 부학장 외 편집위원 등을 망라하고 있어 거교적 사업임을 알 수 있다. 이 공모 사업은 오늘날까지 "단대신문 학술문학상"으로 이어져 오고 있다. 제작 신문의 멸실 때문인지는 모르지만 1회 행사임에도 수상자 명단은 따로 알 수 없다. 이후 2회까지 진행된 뒤 다시 중단되었다.

제33호에서 주목할 만한 일은 창간 이후 최초로 '견습기자'를 모집한다는 공고를 낸 것이다. 공고는 "다가오는 신학기를 기하여 좀 더 학보의 내용 충실을 목적으로" 견습기자를 뽑는다는 취지를 설명하며 다음과 같이 안내하고 있다.

▲ 지원자격: 본 대학생(특히 1, 2학년생을 환영함)

▲ 시험일시: 1957년 3월 10일

▲ 제출서류: 지원서 1통, 사진 3매

▲ 시험과목: 구두시험, 논문

▲ 기한: 1957년 3월 5일

기자의 응시자격이나 선발방법이 면접(구두시험)과 논술(논문)이라는 점은 현재와 다를 것이 없지만 취재, 사진, 일러스트(미술) 등 분야별 선발이 없다는 점이 이색적이다. 이로 추정하자면 당시 학생기자들은 취재, 사진을 동시에 부담하고, 삽화는 청탁하거나 별도로 위탁하는 방식으로 해결했을 것이다.

순간(旬刊) 발행체제의 구축

〈단대학보〉가 제39호(1957. 5. 11)부터 순간(旬刊) 발행을 시작했다. 당시 "사고(社告)"는 신문 발행 확장을 다음과 같이 표현했다.

> 그동안 월 2회(1일, 15일) 발행했지만 학생 수가 대폭 증가하고 발행기간이 오래 걸려 사명을 수행하기 어려웠다. 5월 1일부로 본사 지도위원회 결의로 1일, 11일, 21일 순간제로 증간. 지령 40호를 앞두고 4천여 단대 학생의 역군이 되고자 힘써 왔고, 장형 이사장의 성원에 의하여 발전한 것을 기쁘게 생각한다.

위 기사는 순간 체제로의 확장이 학생 수 증가에 따른 학내 소통의 필요성 증가, 뉴스의 양적 증가 등에 따른 대응책이라고 밝히고 있다. 동시에 신문제작 체제도 알게 해주는데 당시 학보사 기구표 같은 사료는 없지만 대학당국－지도위원회－편집국이 가동되고 있었다. 또한 설립자이자 당시 이사장으로 재직한 범정 장형 선생이 신문 확장을 비롯해 학보사 운영에 많은 성원이 있었음도 알 수 있다.

순간 발행 한 달 만인 1957년 6월에 이두영 편집부장은 제43호

(1957. 6. 21)부터 편집국장으로 발령받는다. 동시에 김남근(문학부 국문학과) 기자가 총무국장으로 임명받았다. 10일에 한 번씩 신문을 발간하자면 업무의 부담이 가중되었을 테고 이에 합당한 처우 문제가 나왔을 것이다. 국장직 신설 및 발령은 학보사 조직 확대보다는 '처우 개선'의 색깔이 더 강했다. 김상배 동우의 회고에 따르면 당시 두 사람은 학생이었지만 〈단대학보〉 제작을 전담하다시피 했고 이 같은 현실을 감안해 '반 학생, 반 직원'의 대우를 받았다고 한다. 신분의 특수성을 감안해 신문제작에 대한 책임감을 북돋기 위해 두 사람에게 '국장'이라는 보직을 부여한 것으로 보인다.

국장 체제를 도입한 〈단대학보〉의 지면 구성을 보면 창간 초기에 비해 전체적인 성숙도가 높아 보인다. 전체 지면은 4면으로 16단 세로짜기를 기본 조판으로 삼고 있다. 16단 가운데 14단은 기사, 2단은 광고로 배정하고 있다. 1면은 보도면과 기자 칼럼(단대춘추), 교수 시론인 단대시평으로 짜여 있다. 2면은 사설, 교수 에세이 및 교수 논단으로 교수들의 전문적 논문을 게재하고 있다. 3면은 해당 주기에 맞는 시의성 있는 주제를 골라 논문, 에세

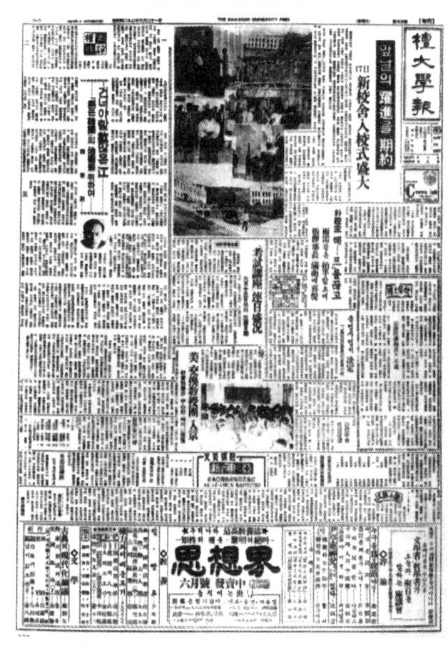
檀大學報

新校舍入校式盛大

思想界

六月號 發賣中

단대학보 제43호의 1면. 보도면의 체계, 고정란의 배치 등이 매우 짜임새가 좋아졌다.

이, 좌담회 등으로 집중 조명하는 기획 특집으로 활용했다. 4면은 학생들의 창작 작품(소설, 시, 수필)과 에세이 수준의 논문을 실었다.

창간 초기에는 보도기사의 비중이 매우 작고, 논문과 학생 문예작품 위주로 지면이 짜여 있었다. 그러나 초기에 비해 순간 발행 체제에 들어서면서 각 지면별 주제와 분류(지면 배치 주제)가 명확해졌다. 이 같은 구성은 비록 편집 기술의 발전, 지면의 증가에 따라 달라지지만 이후 1970년대까지도 계승되고 있다. 〈단대신문〉으로 계승되는 신문 편집 구성(면별 기사 배치)의 원형이 이 시기에 갖춰지고 있었다.

1958년 6월에 이두영 편집국장은 주간으로 발령받는다. 제65호(1958. 6. 1)를 보면 이두영 편집국장의 주간 발령과 함께 총무국장으로 있던 김남근 국장은 발령 1년 만에 지면에서 볼 수 없다. 대신에 김상배 기자가 지면에 등장한다. 이후 제85호(1959. 5. 11)에는 김상배 기자가 편집국장을 맡고, 다시 제90호(1959. 7. 1)부터는 주간이 사라진 대신에 김상배 편집국장이 학보사를 끌어간다. 판권에 나타난 편집진의 잦은 변화는 어떤 이유에서일까? 김상배 동우의 회고담이다.

> 학생 수가 늘면서 학보에 대한 수요가 급증했어요. 당시 이종흡 교수님이 부학장으로 신문제작의 총책임을 맡고 있었는데 재능이 있고 필력이 좋다는 이두영, 김남근 두 사람을 국장으로 앉히고 일을 맡겼어요. 그런데 두 사람이 보통 자존심이 강한 게 아니었나 봅니다. 출신 고등학교, 성장 배경이 다르다 보니 누가 누구에게 지휘를 받고 말고 하는 문제로 갈등이 심했나 봐요. 김남근 씨가 저하고 같은 경복고 동기이고 같이 교지를 만들었는데, 어느 날 불쑥 찾아오더니 '나 학보사 그만둔다. 네가 해라' 하곤 사라졌죠. 저

는 학비랑 하숙비에 쫓겨서 학교를 못 다닐 판이었는데 당시 학보사 대우가 좋더라고요. 또 글 써서 책이든 잡지든 신문이든 만드는 걸 좋아했으니까 수업도 안 들어가고 몰두하기 시작했죠.

비록 신문제작 체제가 일정 부분 안정 국면에 들었지만 기자들로 이뤄진 '편집국'의 힘이 아니라 두세 명의 인력에 의지한다는 점에서 아직 '동호회' 수준의 신문사를 벗어나지 못한 셈이었다. 시스템으로 움직이고, 분업과 협업을 갖춘 편집국 체제를 완성하는 데는 좀 더 시간이 필요했던 셈이다.

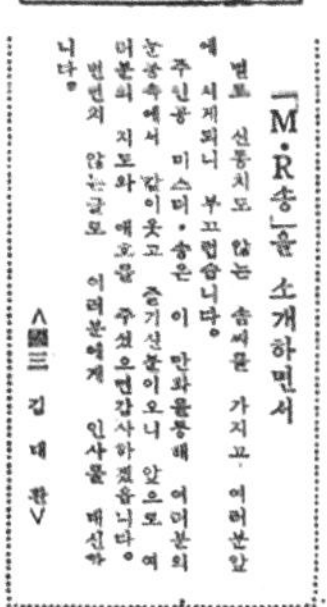
「M·R송」을 소개하면서

별로 신통치도 않는 송씨를 가지고, 여러분앞에 시제되니 부끄럽습니다. 주인공 미스터·송은 이 만화를통해 여러분의 눈총속에서 같이웃고 즐기실분이오니 앞으로 여러분의 지도와 애호를 주셨으면감사하겠읍니다. 변변치 않는글로 여러분에게 인사를 대신합니다.

<圖三 김 태 환>

한편, 제97호(1959. 11. 11)부터 "네컷만화"를 연재했다. 네컷만화의 제목은 'Mr. 송'이었다. 작가는 김태환 기자(문학부 국문학)였다. 작가는 "여러분의 눈총 속에서 같이 웃고 즐기실 분"이라고 주인공을 설명하고 있다. 네컷만화는 한 줄에 네 개의 컷을 간결한 형식으로 주제를 담아 전달하는 짧은 만화이다. 기, 승, 전, 결 방식의 네 컷으로 짧고 간결한 내용을 빠르게 전달하기 때문에 주로 신문의 시사, 풍자만화로 활용된다.

편집자 입장에서는 적절한 작가만 있으면 독자의 열독률을 높일 수 있는 최선의 아이템이기도 하다. '텍스트' 중심의 단조로운 지면을 독자 중심의 흥미와 주목도를 높이는 방법에 대한 고민의 결과였을 것이다.

檀大新聞

지령 100호 돌파와 문학 공모전의 변천

1959년 12월 11일 자로 〈단대학보〉가 지령 100호를 돌파했다. 창간 12년 만의 기록이다. 한국전쟁의 참상을 감내하고, 캠퍼스 부지 확보의 지체로 대학이 겪어야 했던 어려움 속에서 이룬 기록이기에 더 가치가 있었다. 기념호는 창간 이후 처음으로 8면을 발행했다. 불행히도 현재 보관 중인 자료에는 내지(3~6면)가 없어 전모를 파악할 수 없어 아쉽다. 사설을 통해 지령 100호를 맞는 신문의 심경과 당면한 과제를 짚어보자.

신문은 "스스로 모교의 발전을 위한 학내의 언론기관임을 그 사명으로 하여 또한 학생 제군의 좋은 안내자가 되기를 스스로 자원"하는 것으로 자신의 임무를 규정했다.

이를 위해 학교당국과 학생들에게 대학 발전에 필수적인 문제를 해결할 것을 요구하고 있다. "(해방 이후 생긴 대학으로는 최고의 역사를 갖고 있지만) 유감하게도 우리 대학은 아직까지 단과대학의 규모를 그대로 유지하고 있다"며 종합대학 승격에 필요한 교사 신축(당시 시공 중)을 서둘러 달라고 지적하고 있다. "교강사진의 정비가 또한 시급하다"며 시설 신축 후 교강사 확충에 나설 것도 주문하고 있다.

THE DAN DAI HAK BO (第100號)

檀大學報

社說

지령 100호를 기념해 일중 김충현 선생이 헌증한 휘호

재학생들에게는 “학풍이나 전통은 위에서부터 하강하는 것이 아니라 학생 개인이 아래로부터 쌓아올리지 않으면 안 된다”고 주장하면서 “모교를 사랑하고 진리에 전념하며 정의와 조국에 대한 열정을 배양해나갈 것”을 역설하고 있다.

지령 100호를 기념한 두드러진 변화는 “제1회 단국문학상”의 창설이다. 사실 학보사의 ‘학생작품(논문, 문예)’ 공모전은 지속적으로 변신하면서 오히려 방황하는 상황이었다. 변화상을 정리하면 다음과 같다.

▲ 전국대학 학생작품 현상모집(1955. 12)

- 심사결과 발표가 없는 것으로 보임

▲ 신춘 현상 학생작품 모집(1957. 1)

- 1957년 5월, “제2회 신춘 현상 학생작품” 결과 발표. 1955년도의 공모전을 ‘1회’로 간주한 것으로 보임
- 창작 부문 1등 입선작: 설희(雪姬), 이석배 작

- 논문 부문 가작: 헌법 개정의 한계성에 대하여, 변중섭
- 수필 부문 가작: 거울, 윤수현
- 시 부문 가작: 뫼에 피는 꽃, 변고영

▲ 제2회 신춘 현상 학생작품 모집(1957. 12)

- 1958년 4월, "제3회 신춘 현상 학생작품" 결과 발표. 위 1957년 1월 실시한 공모전을 1회로 간주하여 실시했으나 시상 발표 단계에서는 다시 앞의 전례를 따름
- 창작 부문 1등: 백의(白衣), 김영식(화학과 3). 2등: 항변(抗辯), 이동희(국문과 2)
- 논문 부문 가작: 헌법 제49조에 대하여, 반중환(법률과 4). 국가의 개념, 김보향(정치과 3)
- 수필 부문 가작: 길 잃은 지성, 안종태(화학과 3). 절규, 김영규(2부 정치과 3)
- 시 부문 가작: 허공, 김태환(국문과 2). 고독과 나와, 이상정(국문과 4). 내 고향 가는 길, 이동희(국문과 2)

▲ 제4회 신춘 현상 모집(1958. 11)

- 앞의 선례를 참고해 4회로 최종 확정하여 시행함
- 1959년 4월 수상자 발표(지면 관계상 세부 수상자 명단은 생략함)

▲ 제1회 단국문학상 창설(1959. 12)

- 지령 100호 돌파를 기념해 개편, 신설. 문학 부문만 남기고 학술 부문은 폐지함

- 상금을 총 170,000환으로 대폭 증대함
- 수상자는 101호~105호 결호로 알 수 없음

本社主催 懸賞作品

入賞者授賞式

지난十日 學長室에서擧行

신문 지면(단대학보 제39호)에 나타난 최초의 학술문학상 시상식 상년. 시상사는 장형 이사장(가운데)이며 이종흡 교수(오른쪽)가 보좌하고 있다. 기사에는 장형 이사장은 '사장'으로, 이종흡 교수를 '상임지도위원'으로 명기했다. 상임지도위원은 오늘날 주간의 역할을 맡았을 것으로 보인다.

단국문학상 실시 이후 신문사 주최 학내 공모전은 안정을 찾게 되었다. 1960년~1961년까지 3회 동안 이어지던 단국문학상 공모전은 이후 중단했다. 군사정부의 등장 후 우리 대학이 주간부 폐교라는 위기를 겪으면서 닥친 재정난의 압박 때문이었다. 그러나 우리 대학의 문예부흥을 신문 가치의 기본 목표의 하나로 삼고 있었던 학보사는 이후 1977년 "단대신문 학술문학상"을 제정하면서 화려한 부활을 선언한다.

檀大新聞

4월 혁명 발발, 김상배 주간의 취임

4월 혁명의 깃발이 올랐다. 혁명 전야이자 뜨거운 함성이 가득했던 1960년 1월에서 4월까지 학내외 동향, 정황이 어땠는지 알려줄 학교 측 사료는 없다. 1960년 1월부터 4월 말까지 〈단대학보〉 101호~105호가 멸실되었기 때문이다. 하지만 4월 19일에서 10여 일이 지난 5월 1일 자 지면(106호)에는 아직도 생생한 감격과 분노가 남아 있다.

> 4월! 화산처럼 솟아오른 자유의 불꽃, 정의의 회오리 바람은 전국을 휩쓸었고 마침내 (…) 한반도 푸른 하늘에 자유의 깃발을 드높이 올리어 승리의 개가를 울리었다. (…) 4월 19일 마침내 오직 진리탐구에 매진하던 학생들은 학교를 박차고 책가방을 든 채 자유를 울부짖으며 뛰어나간 것이 아닌가. 노도처럼 일어난 자유와 진리의 수호자들인 전국의 애국청년 학도들은 총부리에 굽힘없이 썩어빠진 기성사회에 반기를 들고 일어서서 싸웠다.

4월 혁명의 열기가 채 가시지 않은 시간이어서 기사는 그동안 진행된 일들을 거친 호흡으로 정리하고 있다. 그 결과를 지면은 이렇게 강조하고 있다.

> 부패할 대로 부패한 기성사회는 손을 들었다. 추호의 사욕도 없이 일어난 학도들의 자유, 정의의 울부짖음과 하루아침에 낙화처럼 사라진 피지 못한 이 나라 학도들의 '피'는 마침내 열매를 가져온 것이다.

檀大學報

正義의 깃발은 올렸다

이젠 學究에 邁進하자

허나 正義의 불꽃 끄지 않으리

金성수君은 危篤

準備着着進行

本大學主催高校生討論大會

李無影敎授別世

自由文學

現代文學

大學院入學式

4월 혁명에 참가했다가 부상당한 재학생들의 상태를 사진과 함께 보도해 생생한 현장감을 전달하고 있다.

신문이 나온 시점은 이승만 정권이 붕괴된 이후인 만큼 구체적인 사태의 진행상황을 정리하는 대신에 혁명의 원인과 결과를 격정적으로 토해내고 있다. 혁명 상황 전반에 걸친 상보보다는 대학신문으로서 학내에 미친 가장 큰 결과, 즉 부상 학생에 대한 피해 상황을 현장에서 보도하는 일에 역점을 두었다. 지면을 통해 우리는 당시 부상 학생들의 고통을 알 수 있고, 당시의 참혹한 상황을 어떤 보도보다 생생하게 전달받을 수 있다.

김성수(영문학 1), 정창종(영문학 3), 이대종(상학 3), 김용인(정치학 1) 4인의 부상 학생은 세브란스 병원 등에 입원 중이었다. 이 가운데 김성수, 정창종의 부상 정도는 위독한 수준이었다. 그리고 김성수는 결국 회복하지 못하고 별세했다. 기사는 이들의 부상 정도, 의료진의 진료 활동, 가족들의 심경 등을 상세히 기술하고 있다. 소규모 르포

형식의 기사가 신문에 처음으로 나타난 셈이다. 기사를 작성한 김상배 당시 국장의 회고담을 들어보자.

> 이승만 전 대통령이 미국으로 가고 났으니 새로운 민주 정부가 출범할 거라는 기대가 컸었죠. 혁명의 결과를 낙관하는 분위기였습니다. 일간지가 온통 정치 얘기를 하니까, 우리는 피해 학생들의 고통을 전달하자고 결심했죠. 그런데 당시 부상자의 사진을 병원에 가서 찍을 상황이 아니었습니다. 경찰들이 출입을 통제했으니까요. 저는 이들을 사진으로 기록에 남겨야 한다는 고민을 하다가 방법을 찾았습니다.

김상배 기자는 의사 가운을 빌려 입었다. 의료진으로 가장해 사진기는 가운으로 가리고 병실을 찾아갔다. 지면에 나온 사진은 다른 일간지나 4월 혁명에 참여한 다른 대학들도 보도하지 못한 장면들이니 일종의 특종을 한 셈이다.

1960년 7월 11일 〈단대학보〉부터 김상배 편집국장이 주간으로 발령받는다. 김상배 주간의 취임은 단대신문(단대학보를 포함한) 역사에 한 전환점을 이룬다. 김상배 주간은 학생기자로 시작해 편집국장, 주간으로 활약하다가 교수로 신분이 바뀐 뒤에도 주간직을 유지했다. 1958년부터 1980년까지 기자, 혹은 주간으로 재직하였기에 그의 신문제작 노하우, 연륜은 이후 단대신문의 전범이 되었다. 23년에 이르는 근속 기록 자체가 한국 대학신문계의 희귀 사례(학생기자의 특성상 이를 타 대학과 비교할 자료가 없음)일 것이다.

2장

단대신문 시대 개막

檀大新聞

〈단대신문〉 시대의 개막과 5·16쿠데타

김상배 주간의 취임 이후 제113호(1960. 9. 11)부터 김종률 동우(국문학 3)가 편집국장으로 발령받았다. 동시에 신문 1부에 40환이라고 명기했던 구독료도 폐기한다. 구독료를 책정한 것은 1956년부터이지만 4년 만에 폐기한 것은 실질적으로 재정 수입이 없었기 때문이다.

김종률 동우는 1958년도에 입학했다. 기자 모집 사고 등 정황에 비추어 볼 때 당시 1, 2학년에 기자로 입사한 뒤 3학년에 퇴임을 하거나 편집국장 발령을 받으면 4학년까지 활동한 것으로 보인다. 김종률 편집국장은 4학년 1학기까지 마치고 퇴임했다. 당시 신문제작의 여건이나 난제는 무엇이었을까? 김종률 전 편집국장의 회고를 단대신문 지면을 통해 들어본다.

> 내가 처음 단대신문에서 일하게 된 것이 대학 2학년 때 김상배 주간님의 알선으로 입사해서입니다. 신문사의 규모도 지금처럼(1969년 11월) 크지 못했고 구성인원도 아주 적어 불과 몇 명이 신문을 제작하다시피 했죠. 가장 큰 고충은 학생들의 원고가 너무 미약했다는 겁니다. 양적으로도 그러했거니와 질적으로도 차마 지면

에 실을 수 없던 수준 이하의 글이 많았습니다. 극단적일지 모르지만 대학이 발전하면 신문도 활발하게 발행될 것입니다. 즉 대학신문이 활발하게 움직인다는 것은 그만큼 대학이 활발하게 발전하고 있다는 것을 의미하는 겁니다. 이런 소신에 비춰볼 때 단대신문의 내용이나 편집 기술, 기자들의 능력이 대학신문계의 상위 수준으로 발전했으니 모교도 새롭게 큰 발전을 이룰 것이라 믿습니다.(주: 〈단대신문〉 제300호(1969. 11. 3)에 실린 지령 300호 특집 기고문을 구어체로 요약, 정리했음)

김상배 주간, 김종률 국장 체제에서 일어난 가장 큰 변화는 〈檀大學報(단대학보)〉에서 〈檀大新聞(단대신문)〉으로 제호를 변경한 것이다. 〈단대신문〉 제126호(1961. 4. 1)에 이뤄진 일이다. 제호 변경의 취지가 담긴 기사는 따로 없다. 오늘날까지 이어지는 제호를 확정했다는 점에서 창간 70주년의 여정에서 가장 중요한 변화 중 하나이다. 이에 대해 김상배 당시 주간은 제호 변경 동기를 이렇게 밝혔다.

당시 대부분의 대학신문들이 '학보'라는 이름을 채택하고 있었습니다. 주간 보직 취임 이후 갖게 된 목표 가운데 하나가 지면 전체에 좀 더 저널리즘의 성격을 강화시키자는 것이었습니다. 특별히 열흘에 한 번씩 나오는 순간 체제도 가끔 지키지 못하는 경우가 있어서 빠른 시일 안에 이를 극복하고 주간 체제로 가겠다는 각오를 하고 있었죠. 그래야 문예나 학술에 치우친 지면 구성도 '신문'에 맞게 개편할 수 있으니까요. 말하자면 향후 우리 대학신문의 지향점을 내포한 시도였습니다.

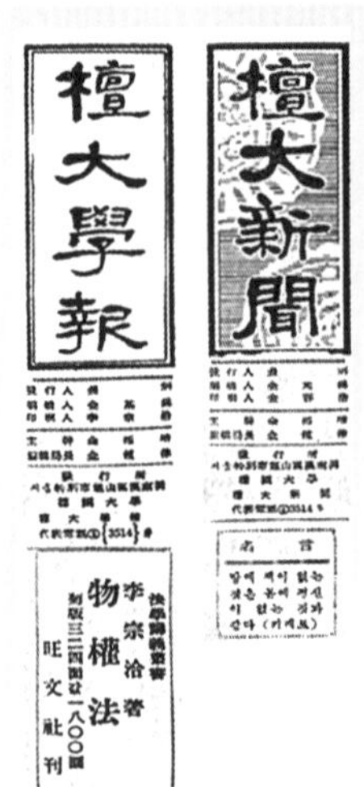

지면의 변화에 걸맞게 제호 디자인도 새로 했다. 제자(題字)는 한국의 현대서예를 이끈 일중 김충현 선생이 썼다. 기존 제호는 흰 바탕에 장식 없이 제자만 들어가 있었다. 새로운 제호는 배경에 별도의 문양이 깔리고 일중 선생의 개성이 실린 서체(서예계에서는 '古體'로 부른다)로 "檀大新聞"이 새겨져 있다. 전에 비해 매체로서 품위를 높이는 데 좋은 효과를 주고 있다. 배경 무늬는 우리나라 와당(수막새)의 문양이다. 제호 디자인은 김상배 당시 주간이 주도했다.

> 김충현 선생은 우리 대학하고 특별한 인연은 없었습니다. 제가 경복고등학교에 재학하면서 교지(校誌)를 만들었는데 김창현 선생님이 지도를 하셨죠. 저를 아껴주셨는데 제 은사님이 김충현 선생의 가형이었습니다. 그러다 보니 자연히 일중 선생의 휘호를 받는 것도 도와주신 겁니다. 나중에 범정 장형 선생님의 묘비도 일중 선생이 써주었습니다. 이 때 시작된 인연이었죠. (주: 일중 김충현 선생은 1921~2006, 전서와 예서 판본에 담긴 필법을 가미한 서체인 고체(古體)로 한국 서단을 이끌었다. 특히, 한글 서체에 깊은 애정과 탁월한 역량을 발휘해 한글 비문을 보급하고, 궁서체를 현대화해 한국 서단에 정착시키는 공로가 뛰어나다.)

제자의 배경무늬로 와당 문양을 활용한 뜻은 무엇일까? 김상배 당시 주간의 회고담이다.

범정 선생님을 뵈면 단국대학을 나온 학생들은 우리 민족의 고유한 문화와 정신을 잘 간직해야 한다는 얘길 많이 하셨어요. 그런 정신을 단대신문에 남기고 싶었죠. 그러다가 제가 취미로 와당을 모으기도 하고, 사진으로 촬영하기도 했는데 활용하면 좋겠다 싶었어요. 우리의 고유한 문양은 선조들의 정신을 한눈에 볼 수 있는 대표적 상징이니까요. 그래서 와당 문양을 사진으로 찍고, 이름은 모르지만 미술에 재능 있는 학생에게 똑같이 그려 달라 해서 전사를 뜬 거죠.

〈단대신문〉 창간 30주년 특집 "30년 장강에 점점히 밝혀온……" 제하의 기사는 배면 디자인을 김창환 동문(국문과 10회 졸, 서예가)의 작품으로 명기하고 있으나 다른 작품의 오인으로 보인다.

〈단대신문〉 시대에 진입한 뒤 앞의 신문과 두드러진 차이점은 전체 지면의 완성도이다. 15단 세로짜기의 골격은 변함없지만 각 지면별로 기사의 배치와 편집의 짜임새가 확연히 달라졌다.

1면은 보도면으로 대학 전체 구성원들에게 해당하는 주요 뉴스와 사설을 배치했다. 기성언론 일간지의 1면 종합면과 유사한 성격이다.

2면은 교수의 논문, 3면은 단신, 피쳐 스토리, 인터뷰, 독자 제언 등을 담고 있다. 130호(1961. 5. 11)를 보면 4월 혁명 당시 부상당한 학생의 억울한 사정을 탐방 기사로 재구성했고, 여학생을 배려한 듯 여류인사 인터뷰를 기획 연재하고 있다. 4면은 재학생의 평론, 소설 연재를 중심으로 네컷만화, 만평, 독자 투고(에세이) 등이 담겨 있다.

지면 구성의 가장 큰 무게는 기자들의 기사가 늘어났다는 점이다. 1면 보도면과 3면 특집면은 기자들이 취재, 작성하지 않고는 실을 수 없는 현장성이 강한 기사들이다. 또 하나 눈에 띄는 변화는 독자들의 읽을거리를 늘리려는 노력이다. 논문은 어쩔 수 없지만 여학생 독자들의 시선을 끌 만한 기획 연재, 휴먼 스토리의 발굴 등이 그것이다.

학생 독자들의 호응을 받을 만한 이슈를 찾아 이를 쟁점화하려는 시도도 보인다. '캠퍼스 카메라'라는 제하의 기사는 당시 신입생 환영회의 맹점을 이렇게 비판하고 있다.

> (…) 우리는 해마다 한 번씩 신입생환영회라는 명목으로 모임을 갖는다. 60여만 환이라는 막대한 비용을 써가며 갖는 이 모임이 과연 신입생을 위한 환영회인지 아니면 재학생을 위한 환영회인지 아니면 자치위(당시 총학생회) 간부나 학회장의 개인적 정책을 위해 갖는 모임인지 주최자 측에 그 목적을 묻고 싶다. 금년에도 10시로 예정된 지성인의 모임이 1시간 30분이나 지연되었는가 하면 무질서하기 짝이 없었으며 800명 분의 식사와 기념 타올 등이 준비되었지만 신입생에게 제대로 나누어 주지 못하여 불평과 원망이 자자하였다. 유명무실한 신입생환영회를 구태여 가져야만 하는지 좀 더 냉정한 비판이 있기를 바란다.

지면의 구성만이 아니라 내용에 있어서도 4월 혁명의 영향으로 학생회 활동도 활발해지고, 학생들의 창작 소설이나 시도 자주 등장했다. 교수 논문이나 학생들의 논문에도 찬반을 떠나 공산주의에 대한 관심, 민주사회주의의 가능성 등에 대한 관심이 많아졌다. 이는 당시 사회 분위기의 진보적 변화, 통일이나 진보정당에 대한 관심 고조를 반영한 결과일 것이다.

그러나 불과 1년 만에 〈단대신문〉의 지면은 얼음처럼 굳어졌다. 5·16 군사쿠데타가 일어난 것이다. 군부정권이 하나둘 사회 전반에 대한 지배력을 굳히면서 이내 대학가의 표정도 딱딱하게 굳어진다. 당시 김기석 학장은 〈단대신문〉 제131호(1961. 6. 1)에 "특별담화"를 발표하며 "혁명군은 (우리나라를) 위기 직전에 구국"을 했다고 찬사를 보내며 "용공분자나 도덕적 부패를 이번 기회에 분쇄하자"는 주장을 펼쳤다. 행정부서로 하여금 학생들의 당구장 출입도 군사혁명 정신에 어긋난다며 모든 자치활동의 사전 허가를 요구했다.

불과 2개월 전만 해도 4월 혁명의 숭고한 정신을 외치던 김기석 학장의 표변은 단순히 서슬 퍼런 군사정부에서 대학의 안정을 도모하려는 임시 대책이 아니었다. 김 학장은 이후 군사정권에 의해 어려

社告

今般 本社主筆 金相培氏와 編輯局長 金鍾律君은 萬不得已한 個人事情으로 因하여 辭任하게되었읍니다。오랫동안 두분의 꾸준한 勞苦에 對하여 깊이 感謝를 드리며 여러분과 함께 섭섭함을 禁할길 없읍니다

檀大新聞社

檀大新聞

金學長 特別談話

革命軍은 危機直前에 救國

良心 眞理 奉仕 協同으로 再建

容共 道德的 부패를 분쇄

金基錫 學長

中間考査 六月一日부터

김기석 당시 학장은 군사쿠데타를 적극적으로 찬양하는 담화문을 발표했다. 제호 밑에 실린 이순신 장군의 명언이 김 학장의 '곡학아세'를 꾸짖는 듯하다.

움에 빠진 우리 대학은 뒤로 하고 군사혁명의 정당성을 홍보하는 강연회를 전전하다가 국가재건최고회의의장 고문을 지낸 뒤 경남대학 학장에 취임했다.

다른 한편으로는 막강한 군사정부의 강력한 언론 감시에 말수를 줄인 듯한 지면 한구석에는 이런 명언이 함께 실렸다.

"권력에 눌리지 말고 아첨하지 말라 — 이순신"

제호 밑에 자리 잡은 작은 고정란에 실린 이 작은 명언(이순신 장군이 했는지 모르겠지만)은 왼편의 거창한 군사정부 찬양의 글에 눌려 있기는 하지만 마치 동료 대학인에게는 격려를, 권력에 영합한 김기석 학장에게는 촌철의 비수를 들이대고 있는 셈이다. 작지만 예리한 풍자는 여기에 그치지 않는다. 김기석 학장의 특별담화 바로 밑에 있는 "대학가 풍경"이라는 고정란에는 군사쿠데타 이후 사회에 "재생의 우렁찬 맥박이 뛰고 있다"면서 "이 겨레의 우렁찬 고동이 '눈물겹도록' 장하게(!) 여겨지는 것은 기자만의 심정일까"라며 공감을 표시하다가 "이것은 '4·19'의 봉화를 들었던 우리 학우 모두의 하나 같은 심정이리라"고 반전한다. 결국 기자는 자신의 속내를 이렇게 털어놓는다.

> 이렇게 힘찬 행진곡이 들릴 때 사무치게 생각나는 사람이 있다. 그는 4·19혁명에 쓰러진 우리 학우들이다. 이제 그 영령들도 편히 눈감을 것이다. 이것은 4·19 당시 독재의 총부리에 무참히 쓰러진 고 김성수 학우의 동급생이 되는 이모 군의 우정 어린 감격의 말……

과연 감격의 말일지, 아니면 독재의 탄압에 쓰러진 학우를 생각하는 비감의 역설인지는 기자의 마음속에 있을 것이다. 그러나 이미 시대의 급변은 이 같은 작은 촌철살인의 유머도 받아들일 수 없었다. 김상배 당시 주간, 김종률 편집국장은 제135호(1961. 7. 20)를 끝으로 〈단대신문〉에서 물러나게 된다.

檀大新聞

장충식 총장의 취임과 주간 발행 체제의 도입

군사정부의 등장과 함께 우리 대학은 '주간부 폐지' 처분(1962년 3월)을 받는다. 이에 대한 보완책으로 정부는 야간 초급대학의 개설을 허가했다. 그러나 학생 수 급감에 따라 교세는 급전직하하고 이에 따라 〈단대신문〉도 활기를 잃는다. 순간(10일에 1회 발행)임에도 월 2회, 또는 1회를 발간할 때도 있었다.

이 과정에서 단대신문의 장기 고정란인 "화경대(華鏡臺)"가 신설된 것은 특기할 일이다. 고정란 이름인 화경대는 우리 대학 한남동 캠퍼스가 위치한 일대가 한강변이어서 조선시대에는 한강을 조망하면 절경을 볼 수 있었기에 조선시대에 이 지역을 부르던 별칭이었다. 실제 캠퍼스에 인접한 UN빌리지를 들어가면 지금도 화경대라는 이름을 가진 정자가 서 있다.

제151호(1962. 5. 1)에 나타난 화경대는 1면 보도기사(12단)의 제일 아래 단에 자리 잡고 있었다. 당시에는 기사나 기자 칼럼에 기명(記名: by-line)을 하지 않아서 필자를 알 수는 없다. 아마 필화를 일으킨 "대학가 풍경"을 대체할 1면 칼럼으로 만들어진 것으로 보인다.

화경대는 이후 김상배 동우가 주간으로 복직하면서 1단이 아닌 2

단, 혹은 3단 박스로 장식하고 '주간 칼럼'으로 자리를 잡는다. 이후 필자가 주간－주간과 편집국장－단대신문 동우 및 편집국장 등으로 변모하기도 했다. 칼럼의 작성은 주로 대학 바깥의 이슈를 갖고 와 대학 내부의 시각이나 상황과 연결시켜 새로운 시각을 고민하는 구조를 견지했다. 이후 제1280호(2010. 8. 31)에 폐지될 때까지 48년간 대학과 사회의 변화상을 관조했다.

제152호부터는 1면 제호 판권란 밑에 우리 대학의 교시인 '진리, 봉사'를 표기하기 시작했다. 그 전에 어떤 문헌에도 대학의 교시가 명기되지 않았던 것으로 비춰볼 때 이 시기를 전후해 교시를 정립했다고 짐작한다.

제156호(1962. 9. 11)에 김상배 전 주간이 주간으로 복직한다. 편집국장으로는 김규문 동우(문학부 영어영문학과)가 발령받았다. 지면 개편도 있었는데 교수 논문을 1면으로 내세우고, 2면은 교수의 소논문, 수필, 3면은 보도면, 4면은 학생 문예 등으로 변화를 주었다.

지면 개편은 사실 주간부 폐지로 인해 학생회나 학회, 동아리 활동이 실질적으로 없어져 보도기사의 수량이 줄었기 때문이다. 실제로 보도기사들은 대학당국 위주의 행정 정보가 대세를 이루고 있다.

신문사의 운영방식도 영향을 받았다. 신문 독자가 야간부 학생이 대부분이어서 신문 배포를 오후 5시부터 7시에도 실시했다. 독자들의 참여를 높이기 위한 노력도 있었다. 종전에는 신문사 편집국 사무실에서 하던 신문 배부를 정문 수위실에서 직접 학생들에게 나눠주기도 하고, 학생들이 많이 모이는 백호정이나 학생과 우편함, 수위실, 편집국 사무실 앞 등에 배부대를 설치했다.

침체된 학내 분위기에도 〈단대신문〉은 대학문화를 북돋기 위한 진

檀大新聞

「기다려지고 찾아지는新聞」위해

創意性발휘하여 넓은活動하도록

慶 檀大新聞紙齡200號發刊 祝

지한 노력을 멈추지 않았다. 개교 이래 처음으로 "제1회 전국남여 고교생 시조작품 공모전"을 주최했다. 전국에서 216편의 작품이 응모해 장원 등을 뽑아 개교 17주년 기념식에서 시상하기도 했다. 주간부가 없어서 본격적인 재학생 문예공모전이 지속하기 힘들어지자 〈단대신문〉은 중앙도서관과 공동으로 독후감을 모집해 우수작을 시상하기도 했다.

1964년 2월, 주간부를 부활시켰다. 정부의 정책적 오류를 바로잡은 셈이었다. 〈단대신문〉은 지령 200호를 돌파해 기념호를 제작했다. 1965년 7월 1일 자 200호 기념호는 8면을 제작했다. 4면 제작이 관행이던 당시로는 획기적인 증면이었다. 혹심한 시련을 겪은 뒤인 만큼 화려한 자축보다는 독자들의 애정 어린 충고와 격려가 이어지는 내용이었다. 나중에 시조연구에서 일가를 이룬 임선묵 동문(문학부 국문학, 당시 대학원 재학)은 200호 기념 기고를 통해 당시 신문사가 겪던 어려움을 이렇게 설명했다.

> 주간(週刊)이 못 되고 순간(旬刊), 그것도 거의 부정기로 현신해온 데에는 예산이라는 그만한 연유가 있었음을 신문사 내실(內室)을 엿보아 알 수 있었다. (…) 심각한 예산난으로 몇 호씩을 거르다가는 그만 여러 차 휴간의 권고가 관(청)에서 내려졌던 일들을 필자

는 기억할 수 있다. 이러한 난사를 민첩한 수완으로 덮어 나와 단대신문을 오늘에 이르게 한 이면에는 주간 김상배 선생의 숨은 각고가 있었음을 확언하고 싶다.

당시 교수로 재직 중이던 김용호 시인은 지령 200호를 맞아 〈단대신문〉을 대학을 지키는 나무로 비유하며 더 큰 발전을 축원했다.

(…) 한남(漢南)은 우리들의 터전 / 배움의 깃발이 나부끼는 곳 / 강물의 영원처럼 / 상아의 탑이 구축되는 / 언덕 위에 // 무럭무럭 자라는 / 한그루 역사의 나무여! / 캠퍼스의 매스컴이여! (축시 〈강물의 영원처럼〉 중)

〈단대신문〉 제226호(1966. 10. 21)에 장충식 학장이 편집인으로 취임했다. 이에 앞서 우리 대학 이사회는 10월 6일 장충식 교수를 학장으로 선임한 바 있다. 설립자 범정 장형 선생의 별세(1964년 12월 30일)로 유학을 중단하고 대학에 복귀한 장충식 교수는 부학장을 거쳐 학장에 취임했다. 장충식 학장의 취임에 대해 〈단대신문〉은 "대학중흥의 핀치히터로 등장"했다고 의미를 압축했다.

이어 장충식 편집인은 이제까지 박정숙 이사장이 맡고 있던 발행인도 겸임하게 되었다. 발행인은 이사장이, 편집인은 학장이 분담하던 과거와 비교하면 이 변화는 작지만 중요한 의미를 시사한다. 〈단대신문〉의 발행 주체인 〈단대신문사〉는 그때까지도 부속기관 같은 정관, 학칙상의 기관이 아니었다. 이사장과 학장이 각각 신문 발행의 책임자 역할을 나눠맡는 것도 이런 이유에서였다. 그러나 학장이 발

社告

「每週火요일」配付됩니다 수위실서배부

本報 週刊으로短縮발간

一、編輯마감…每週金요일
一、發　刊…每週月曜일
一、配　付…每週火요일오전9時부터三日間(正門수위실서)

一九六七年三月

檀大新聞社

행인과 편집인을 겸임함으로써 최종 편집권은 '학장'에게 주어진 셈이었다. 이는 대학 재단 이사장이 앞으로 '대학 운영'을 학장의 영역으로 존중한다는 뜻이다. 이 같은 기대에 부응하듯 장충식 학장은 취임 100일이 안 된 시간에 숙원이었던 종합대학 승격을 이뤄냈다. 1966년 12월 국무회의 의결을 거쳐 1967년 2월 종합대학 인가가 공식화되었다.

이 같은 대학의 긍정적 변화를 기다리기라도 한 듯 〈단대신문〉 제231호(1967. 3. 7)부터 대망의 주간 발행 체제로 발전한다. 창간 20년 만의 도약이었다. 같은 호의 "사고"에는 주간지로 발행 기간을 단축했음을 알리면서 "대학당국의 충분한 후원을 약속받았다"는 사실을 부기하고 있다. 대학 측의 재정지원에 대한 갈증을 반증하면서 주간 발행에 대한 기쁨이 자연스럽게 노출된다.

"사고"에 따르면 편집 마감은 매주 금요일, 발간은 월요일, 배부는 화요일부터 3일간 정문 수위실에서 실시한다고 공언하고 있다. 월요일에 신문을 발간하려면 화, 수, 목, 3일에 기획 및 취재, 기사를 마감해야 하는 것이 순리였다. 그러나 목요일에 기사를 마감한다는 것은 학생기자의 여건과 능력에 가능한 일이 아니었다. 결국 금요일까지 기사를 마감하고, 편집은 토요일에, 일요일까지 잔여 기사나 원고를 다시 마감하고 월요일에 인쇄작업(조판, 교정, 윤전인쇄)을 해야 하는 일이 반복되었다.

학생기자들의 숙명 같은 과잉노동이 주간 발행 체제의 전제조건인 셈이다. 지금도 동일한 일을 반복하고 있으니 1967년 3월부터 주간 발행이 도입된 이래 50년 동안 치열하게 이어지는 '마감 전쟁'이 이렇게 시작된 것이다.

8면 발행 향한 노력과 지령 300호 돌파

주간지로 기간 단축이 이뤄지면서 드러난 지면 구성의 변화는 보도면의 활성화이다. 1면, 3면을 보도면으로 배정해서 기사 아이템의 수량이 늘어났다. 1면은 학사운영을 중심으로 한 스트레이트 기사 위주로 구성하지만 3면은 학내 체육부 경기 역량 현장 점검 등 기획 특집 형식의 기사들이 등장하고 있다. 또 하나의 특징은 '기자'의 등장이다. 지면에 따로 기자의 기명을 하지 않던 관행에서 벗어나 이름을 밝히거나 이니셜로 편집국이 생산한 기사임을 밝히고 있다. 더 나아가 기자의 이름을 걸고 칼럼을 쓰기도 했다.

記者 수필릴레이 (1)

編輯長 田鎰九

이런 일도?

속절없이 浪漫 태운 理想 찾은 頂上地帶

제231호(1967. 3. 7)에 첫 등장한 "기자 수필릴레이"라는 코너는 전일구 당시 편집장(문과대 국문학)이 시작해 격주간으로 성창룡 취재부장(문학부 영문학), 장을수 총무부장(문학부 영문학) 등이 이어서 칼럼을 올렸다.

〈단대신문〉에서 현재까지 이어져 오고 있는 최장수 고정란인 "백색볼펜"도 이때 신설되었

白色 볼펜

(成)

다. 제233호(1967. 3. 21) 4면에 처음으로 등장한 이 칼럼의 첫 필자는 '成'이라는 이니셜로 표기되어 있는데 당시 취재부장으로 근무하던 성창룡 동우였을 것이다.

위의 칼럼들은 모두 취재 현장이나 신문사 기자 생활 속에서 일어난 해프닝, 정서, 취재 낙수와 같은 내용을 담고 있다. 기사를 통해서만 나타나던 기자들이 자신의 내면과 감정을 '칼럼'을 통해 독자들과 호흡하고 싶었던 결과이다. 오늘의 〈단대신문〉과 비교하면 "주간기자석"과 유사한 성격을 갖고 있다. "백색볼펜"은 신설 이후 간헐적으로 등장하다가 편집장 전용 고정칼럼으로 자리잡았고, 뒤에 편집장과 부장들이 공동으로 집필하고 있다.

또한 이 시기에 보이는 신문사 체제의 특이점은 '편집장' 직함의 등장이다. 그전까지는 모두 편집국장이라는 직함을 사용했는데 주간발행이 도입되면서 '편집장'으로 바뀐 듯한데 정확한 기록이나 사고는 나타나지 않는다.

제239호(1967. 5. 9) "사고"에는 원고료 인상 소식이 나타난다. 원고료를 대폭 인상했다는 알림과 함께 정해진 원고료는 교수는 200자 원고지 1매당 70원, 학생은 20원이었다. 당시와 근접한 원고료 지급 기록은 1962년인데 산문은 200자 1매에 10원, 시는 1편에 100원이었다. 참고로 당시 최고급 담배 '신탄진'은 60원, 짜장면은 50원, 극장 요금은 130원이었다. 재학생이 원고 10매를 기고하면 친구 서너 명이 짜장면으로 점심을 즐길 수 있었던 셈이다. 지금 물가로 치면 2만 5천 원 정도라고 볼 수 있다.

退任 記者에 施賞

지난28日、本社主幹室서 ‖

本報발전에 寄與한 功績을 찬양

1968년 3월에 가진 단대신문 졸업식과 퇴임식 보도 기사

주간 발행과 함께 '단대신문사 문화', 또는 '신문사 전통'이 싹트고 있었다. 제257호(1968. 3. 12)에는 당시 졸업식 시즌과 맞물려 신문사 내부에서 자체 퇴임식을 겸한 졸업식이 열렸음을 기사로 알리고 있다. 기사는 "본사 전일구 전 편집장과 성창룡 전 취재부장의 졸업을 축하하고 복된 내일을 빌어주는 간단한 모임이 지난 28일 주간실에서 있었다"면서 김상배 주간의 공로상 수여에 이어 "오후 6시에 '본사가 베푸는 만찬회'에서 선후배 기자들이 모여 석별의 정을 나누었다"고 보도했다.

당시 임기가 4학년 2학기까지 이어졌으므로 이날 행사는 졸업 기념식과 퇴임식을 겸했을 것이다. 신문사가 자체적으로 졸업식을 갖고 공로패나 감사패를 증정하는 일, 부장단 이취임식을 거르지 않고 진행하는 전통도 이즈음부터 생겨 의식으로 정착했음을 알 수 있다.

종합대학 승격 후 대학의 급성장에 따라 신문제작이 활발해지고 영향력이 커지면서 학교당국의 관리 체계도 강화되었다. 제279호(1968. 11. 20)부터 장충식 총장은 발행인 겸 편집인에서 물러나 김용호 문리대 학장이 편집인 직에 발령받았다. 지도위원회도 개편했는데 박무성 학생처장, 이원석 교무처장, 지동식 출판부장, 김창은 교수가 임명되었다. 논설위원도 새로 위촉했다. 공덕룡, 윤근호, 이용성, 이규창 교수 등이다. 신문사 편집국 내에서 해결하던 사설이 공식적인 위원들에게 맡겨져 있고, 주요 보직자가 〈단대신문〉 편집 방향에 간여할 통로를 제도화한 것이다. 이 같은 관리체계는 이후 1980년대까지도 지속된다.

지령 300호 기념호의 3면 특집기사. 배우석 동우, 성창룡 동우를 비롯한 전·현직 기자들의 회고와 방담이 실려 있다.

1969년 11월 3일, 개교 22주년 기념일에 〈단대신문〉도 지령 300호를 돌파했다. 1968년도까지 이어지던 주간 발행은 1969년 들어 다시 순간으로 발행 기간이 바뀌었다. 대학의 재정 환경이 시설투자 확대와 함께 어려워졌을 것으로 짐작된다. 제300호 특집호는 전체 8면으로 구성되었다. '교수와 학생 사이'를 주제로 교수, 학생들의 좌담회를 4, 5면에 배치했다. 신문제작의 주역인 기자들은 배우석 당시 편집장의 대표 칼럼, 김종률 전 편집국장과 성창룡 전 편집부장의 회고, 부장 및 정기자들의 개별 앙케트를 담아 자축했다. 또한 당시 개교기념일 직전에 열리던 '한남체전'과 재학생의 〈단대신문〉에 대한 제언을 싣고 있다.

기자들은 칼럼이나 앙케트 글을 통해 신문제작의 고단함, 학생으로서 학업에 소홀하고 정상적인 대학생활을 유지하지 못하는 데 대한 아픔을 토로했다. 열정을 다해 신문을 만들지만 독자의 기대에 미

월남전선을 가다

남국에서 故國의 노래듣고 자신도 모르는 母國愛 느껴

은은히 들리는 포성속에 국군의 사기는 날로높아

재학생들의 느낌

학생작품많이다루고 시대 사명감 고발정신도

만 평

지령 300호의 8면 특집기사

치지 못하거나 반대로 독자들의 신문에 대한 몰이해와 자기중심적인 간섭에도 고통스러움을 드러냈다.

독자들의 제언은 대체로 단대신문의 편집 체제에 대해 긍정적 반응을 보이면서 조속히 주간 체제를 정착시키고, 오자를 줄이면서 발행 시간도 엄수해달라고 요구하고 있다. 그중에 김상홍 군(당시 법정대 법학과, 나중에 한교과 교수, 학생처장, 부총장 등을 역임함)은 단대신문이 "집으로 비유하자면 기둥(편집체제)은 훌륭하지만 내부 시설(사설, 논문 문예작품, 기사 등)이 초라하다"고 지적하며 특히 시대적 사명감이 희박하다고 비판했다. 그 반증으로 "1968년도 부정선거 규탄 시위, 3선개헌 반대시위가 있었는데 이를 한마디 보도를 하지 못한" 것을 지적하고 있다. 대학 기관지로서 갖는 한계, 강화되는 편집 관리체계로 인한 지면의 경색이 독자들에게도 느껴지는 현실이었다.

3장

‘단대신문사’ 전통의 모색과 정립

지령 300호 특집호는 기자들이 대거 지면에 얼굴을 드러냈다는 점도 이채롭다.

독자들에게 기사로만 소통하던 기자들이 창간 이후 이처럼 한 번에 자신의 개인적 소회와 애환을 얼굴과 함께 내비치는 것은 최초의 일이었다. 참가한 기자들은 배우석 편집장(문리대 국문학), 김두환(문리대 수학), 표문배(상경대 경영학), 한광수(법정대 행정학), 하종해(법정대 법학), 채흥모(공과대 전기공학), 박병국(공과대 기계공학), 이태수(문리대 수학), 박봉수(공과대 섬유공학), 이용남(법정대 법학), 권완(문리대 사학) 기자였다. 이에 앞서 1969년 8월에 오문수 기자(사진부, 문리대 영문학)가 별세해 동료 기자들에게 슬픔을 주었다.

단과대학 시절 기자들의 소속 학과는 문학부 국문, 영문이 대부분이었다. 종합대학 승격 이후에는 학과가 각 단과대별로 다양화하고 골고루 분포되어 있다.

편집국의 핵심인 기자들의 운용에 있어서 눈에 띄는 변화는 수습기자를 선발할 때 '기수(期數)'를 부여하기 시작한 점이다. 일정한 절차를 거쳐 선발, 임용한 이들 전체를 하나의 '기'로 묶어 숫자를 부여하는 문화는 대체로 공동체 의식, 단합, 엄격한 선후배의 위계 등을 강화시키는 기능을 한다. 부정적으로는 조직의 폐쇄성이나 경직된 서열관계를 관행화해 부적응자에게는 좌절감을 주고, 조직 외부의 오해나 반감을 살 수 있다.

그러나 종합대학으로 학사 체제가 바뀌고, 창간 20여 년을 넘어 지령 300호를 돌파하면서 단대신문 기자들도 정체성을 세워야 한다는 자각을 했다. 그런 자각의 하나가 기자들에게 기수를 부여하자는 것이다.

> 배우석 선배님(작고), 김두환 선배님 등이 이제 단대신문사의 전통을 세워나가야 한다는 얘기를 많이 했어요. 단국대가 있는 한 단대신문도 함께할 텐데 서로 기수를 밝히면 동료끼리 동기애도 생기고 몇 기가 무슨 일을 했는지도 알게 되어서 책임감도 커질 거라는 것이었죠. 먼 훗날 선후배가 서로 얼굴을 알지 못해도 기수만 알면 유대감도 커질 거란 이유도 크게 작용했죠.

채홍모 동우(22기)의 회고이다. 그렇다면 기수는 어떻게 산정했을까? 왜 1970년 입사 기자들에게 24기라는 기수를 부여했을까? 채홍모 동우의 해설을 들어본다.

> 종합대학 이전 단대학보 시절에 일했던 선배님들을 만날 수가 없었고 모임도 없었죠. 그래서 수습기자 선발을 앞두고 선후배들이 모여 논의했어요. 창간을 1948년에 했는데 중간에 6년 정도 신문이 휴간하다시피 했으니 그 기간에는 기자가 없었죠. 이후 신문이

계속 나왔고, 1963년도부터는 1년에 전후기로 두 번 기자를 선발했어요. 그걸 고려해서 1970년도 입사 기자들은 24기가 되는 것이라고 공지했습니다.

첫 공식 기수를 부여받은 24기 수습기자 최종합격자는 ▲취재부 유재남(무역), 원건섭(법률), 허구회(법률), 안병석(국문), 문종순(국문) ▲사진부 조승표(사학) ▲컷 김재훈(무역)이다. 후기에 추가로 선발할 계획이어서 인원이 많지 않았다.

단대신문사의 전통을 얘기할 때 가장 자주 등장하는 것이 결속력이다. 선배와 후배의 엄격한 위계는 편집국이 갖는 일반적인 전통이다. 기자라는 임무를 수행하는 과정에서 편집회의를 통한 치열한 논쟁은 필수적이지만 정해진 기사 아이템의 취재, 사실 확인, 원고 마감, 교정, 신문 배부 등은 자기 희생과 절제가 필요한 일이기 때문이다. 이를 가능하게 하는 것이 '위계질서'라면 이를 감수하게 하는 것은 '결속력'이다.

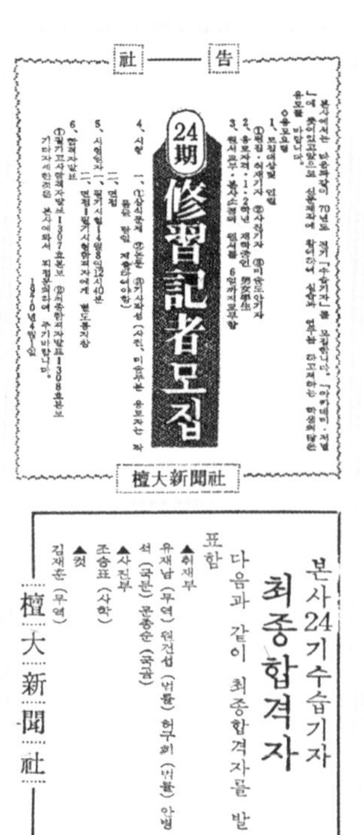
社告

24期 修習記者모집

檀大新聞社

본사24기수습기자 최종합격자

다음과 같이 최종합격자를 발표함

▲취재부
유재남(무역) 원건섭(법률) 허구회(법률) 안병석(국문) 문종순(국문)
▲사진부
조승표(사학)
▲컷
김재훈(무역)

檀大新聞社

1970년대 초반의 두드러진 경향은 '다른 대학신문과의 교류'이다. 교류는 상대방에 대한 공감을 높여주지만 다른 한편으로는 자신의 정체성을 재확인하고, 내부 구성원의 결속력을 키워야 할 필요성도 커진다. 당시 대표적인 교류 방법은 체육대회였다.

특히, 배구대회가 인기를 끌었다. 대학신문사끼리 경쟁이 심해져 실제 선수를 기자로 위장 등록할 정도였다. 1970년 4월에 성균관대에서 열린 대학기자 친선 배구대회에서 단대신문사는 감투상을 받았다. 이후 10월에는 문화공보부장관배 대학신문 기자 배구대회가 열렸는데 단대신문사가 우승을 차지하기도 했다. 이런 범 대학 모임은 학생기자들의 경쟁을 통해 애사심을 길러주기 마련이다. 소속 대학을 떠나 학생기자들 간의 문제의식도 공유하게 한다.

그 공유의 결과는 대학신문 역사상 처음으로 학생기자들이 「대학신문헌장」을 제정하는 결과를 낳았다. 1970년 5월 27일에 열린 제1차 대학신문기자연합회 결성대회에 서울의 주요 12개 대학신문 학생기자 250여 명이 모였다. 이날 표문배 당시 편집장은 기자들을 대표해 사전에 조율한 「대학신문헌장」을 발표하고 기자들의 추인을 받았다.

1970년 대학신문기자 배구대회에 참가한 단대신문사 기자들

표문배 동우는 이날 헌장을 통해 "대학신문은 구체적으로 사고의 자유, 표현의 자유, 비판의 자유를 가져야 한다. 따라서 대학신문은 대학의 자유, 학문의 자유를 침해하는 어떠한 세력도 용납할 수 없으며 이로부터 대학을 보호

『대학신문헌장』을 제정

제1차 대학신문 기자연합대회

단대신문을 비롯한 시내 12개대학의 대학기자 2백5십여명은 지난 27일 오후 4시30분 시민회관 강당에서「제1차 대학신문기자연합의」결성대회를 갖었다.

이날 결성대회는 국민의례로 시작하여 준비위원회의 취지인사말, 경과보고와 각대학 신문사 기자대표가 나와각대학신문사현황소개가 있었으며 준비위원회가 기초하여 수정을 마친「대학신문헌장」(별엽)을 본사 표문배편집장이 낭독 하여 박수로 채택했으며 각대학 신문사 기자대표들이 자례로 헌장에 서명했다. 또한 7개조항을 내용으로 하는「발행인에게보내는멧세지」와 4개조항으로된 결의문 등이 채택되어발표되었다.

이날 결성대회에서「대학신문은 학생의 것이므로 학생에 의해 자주적으로제작되어야 한다」는 헌장을채택한 대학은 본사를 비롯하여 12개 대학인데 앞으로 또 어느 대학신문사에서든지 연합회에 참가할수 있도록 하였으며, 현실적문제는 공동의 보조를취하며, 공동적메인신시류을 다짐했다.

27일 시민회관에서 대학신문헌장이 채택되어 대학신문이 대학의 公器로서의모든 책임을 다할것을 다짐했다。원내는 「대학신문헌장」을 낭독하는 표문배 본사편집장

‖결의문‖

우리는 오늘의 대학이처해있는 특수한 사명과 대학이 주도 하여야 할이념적 시대적 창조정신을 확립하고 대학사회를 대변하는 유일한「매스콤」인 대학신문을 제작하고 있다.

그러나 현시점에서 대학신문은대학사회의 公器로서 대학의 자유와 경의와 진리를 반영해야 하는 장면한 이념이 있음에도불구하고 한낱 대학당국의 게시

해야 한다"고 역설했다.

이를 실천할 방법으로 "대학신문의 최고 독자는 학생이므로 그것은 학생의 신문, 학생을 위한 신문이어야 하며 학생에 의해 제작되어야 한다"고 제시했다.

대학신문의 존재 가치가 '대학의 자유'를 지키는 것이고, 이를 위해 대학신문은 학생 중심으로 제작, 편집해야 한다는 것은 지극히 당연한 주장이었다. 그러나 이 같은 주장을 12개 대학의 학생기자들이 한자리에 모여서 외쳐야 할 만큼 당시 상황은 어려웠던 것이다. 동시에 대학 언론을 견인해야 할 학생기자들은 밖으로는 학생기자들과 안으로는 동료 선후배 기자들과 단합을 강화해 거친 파도를 넘고 있었다.

檀大新聞

지면 내실화와 지령 400호

제326호(1971. 4. 1)에 고정란으로 "미소실소(微笑失笑)"가 신설되었다. 이 고정란의 제목처럼 우리 대학의 캠퍼스 라이프 속에서 미소를 짓게 하는 흐뭇한 일, 실소를 감출 수 없는 그릇된 일들을 기자의 예리한 눈으로 짚어보자는 취지였다. 일종의 가십(gossip) 유형의 기사에 촌철살인의 위트를 담아야 하는 고정란이다. 신설 "미소실소"는 전체 4~5개의 에피소드를 담고 있다. 원고 분량도 에피소드당 200자~300자 정도라고 규정해 사전에 고정란을 창안할 때 고민한 흔적이 많다. 그중에 한 편을 열어본다.

제337호(1971. 10. 11)에 처음 등장한 네컷만화 "Mr.곰". 이후 등장하는 네컷만화의 주인공은 "Mr.곰"이라는 이름에 1세, 2세 식의 대수(代數)를 병기해 전통을 이어갔다. 이 전통은 "Mr.곰 20세"까지 이어져 23년간 장수하다가 제929호(1994. 11. 22)에 막을 내렸다.

제326호(1971. 4. 1)에 첫선을 보인 "미소실소" 동판 컷(맨 왼쪽). 오자가 발생해 "미소실소"가 아닌 "미소시소"가 됐다. 328호에 오자를 바로잡고 새로운 컷을 삽입했다(가운데). 10년이 지난 1981년의 미소실소 동판 컷(맨 오른쪽). 고정란 제목의 디자인이 바뀌고 기사 형식도 더 다듬어져 신문의 내실이 한층 더해졌음을 보여준다.

> 모 과(科) 수업 중 지각한 한 학생이 문을 살며시 열고 들어왔다. 교수님이 강의 도중 화제를 돌려 '내가 아는 모 대학은 강의가 시작되면 안에서 문을 잠근다'고 얘기하긴 했는데 어째 뒷맛이 석연치 않았다. 그날따라 교수님도 20분이나 지각하였으니…. 앞으로 교수님과 학생의 시간관념 테스트로 강의가 시작되면 출입문을 폐쇄해 봄이 어떨까?

이처럼 기사의 아이템, 분량, 전개방식 등을 사전에 정하고 이 규격에 맞춰 기자가 기사를 작성하는 일은 쉬운 일이 아니다. 이를 실현하려면 사전에 수습 과정에서 기사작성법을 교육시키고 실제 작성을 반복 연습해야 하며, 이를 주도할 담당 기자가 있어야 한다. 신문사가 선발부터 교육에 이르는 시스템을 갖췄음을 의미한다. "미소실소"는 이후 수습기자들이 작성해야 할 핵심 과제가 된다. 수습기자 시절에 스트레이트 기사 작성법을 배우면서 피처 스토리나 단독 특집 기사를 작성하기 위해 반드시 거쳐야 할 필수 과정이 되었다. 10년이 지난 뒤 "미소실소"는 8면 체제 도입으로 기자들의 특집기사가 실리는 7면에 자리 잡는다. 10년이 흐른 뒤 변화를 알아보자.

> 매년마다 무던히도 1학년 곰군을 괴롭히는 문무대 입영이 그리 괴롭지만은 않을 듯.
> 곰군들이 입영하여 고생할 것을 걱정해 조금의 위안이라도 될까 하여 먹을 것, 마실 것, 피울 것 등을 준비하는 곰양들의 정성으로 교내는 훈훈한 인정이 가득해.
> 곰양들의 섬세한 마음씀씀이에 인지상정이란 말이 절로 생각나.

분량은 하나의 아이템에 200자 이내, 즉 원고지 1매 이내로 규정하고 있으며 '문제제기－배경 설명－기자의 결론'으로 이 고정란을 시작할 때보다 더욱 규격화되었다. 이런 일이 가능한 것은 1970년대 들어 신문사 내부에 체계적인 '트레이닝'이 존재했기에 가능한 일이었다.

> 당시 신문이 10일에 한 번씩 나오는 순간 체제였어요. 주간으로 복귀해야 한다는 마음이 전체 기자들의 염원이었습니다. 김상배 당시 주간님도 신문사 동우였으니 우리와 같은 심정이었죠. 수습기자들을 데리고 출입처에 함께 가서 인사하게 하고, 기사를 써오면 다시 작성하게 하고, 선배 기자 한 명이 후배 기자 한두 명을 전담해 멘토 방식으로 훈련했습니다. 미소실소라는 이름은 편집회의 때 기자들한테 공모한 겁니다. 아마 유재남이라는 친구의 아이디어였을 겁니다.

박소춘 동우(25기, 상경대 무역학)의 회고처럼 기자들의 열의가 변화의 동력이었다. 학교 측도 적극적이었다. 창간 이래 처음으로 '단대신문장학금' 제도가 만들어진 것이다. 박소춘 동우의 얘기를 더 들어보자.

> 선배님들은 장학 혜택이 없었어요. 한 달에 2천 원인가를 기자 수당으로 지급받았죠. 액수는 정확히 기억이 안 나는데 학비에 보태기보다는 서로 용돈으로 쓰는 정도였습니다. 1972년도 1학기부터 받았는데, 정기자는 수업료 50%, 부장은 70%, 편집장은 100% 정도였던 걸로 기억합니다. 사기를 높이는 데 큰 도움이 되었죠. 당시 김상배 주간님이 주간직과 홍보실장을 겸임했어요. 보직자들을 설득하고, 장충식 당시 총장님도 설득하면서 계속 장학금 지급을 건의했는데 이게 주효한 거죠. 기자들 사기가 많이 올랐었습니다.

기자들의 신문에 대한 애정, 대학당국의 지원 확대가 맞물리면서 신문제작도 활기를 띠었다. 허구회 편집장(24기), 박소춘 총무부장(25기)을 중심으로 1972년 3월부터는 주간 발행으로 복귀했다. 1967년도에 주간 발행을 공언했지만 대학당국의 재정지원이 미흡해 순간 발행으로 돌아갔다가 되돌아온 것이다.

1973년에는 최석권 기자(26기, 상경대 무역학)가 편집장을 맡고 차혜영 기자(26기, 사범대 특수교육), 이성균 기자(26기, 상경대 무역학), 김장욱 기자(27기) 등이 부장으로 신문제작을 주도했다. 당시 장충식 총장은 아호인 '중재'를 필명으로 "목요강좌"를 맡아 단아한 글을 연재했다.

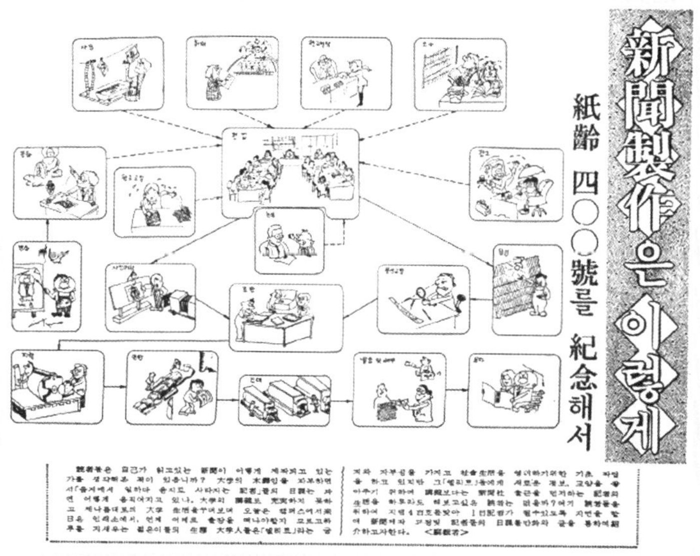

新聞製作은 이렇게

紙齡 四○○號를 紀念해서

신문제작 과정을 일러스트로 알기 쉽게 설명한 지령 400호 특집기사

1974년 3월 7일, 지령 400호를 맞이했다. 그러나 당시 혹심한 유류파동을 겪던 시절이어서 별다른 특집호를 내지 못하고 평소처럼 4면을 발행했다. 대신에 4면에 신문제작 과정을 일러스트로 재밌게 설명하며 독자들의 적극적인 참여를 호소하는 것으로 아쉬움을 달래고 있다.

조용한 전진, 그리고 지령 500호

1974년도에는 28기로 고명호 기자, 장사한 기자, 박명희 기자, 박종훈 기자, 허희옥 기자, 박영보 기자와 29기로 김학렬 기자, 안옥련 기자, 김혁수 기자, 이진호 기자 등이 활약했다. 고명호 기자가 편집장에 부임했으나 이내 총학생회장에 당선되어 중도 퇴임하게 되었다. 그래서 이진호 기자가 바통을 이어받았다.

1975년에는 재학생 시인으로 촉망받던 김수복 기자가 편집장으로 발령받아 김효성 기자, 이갑용 기자, 모종수 기자와 신문제작을 책임졌다. 장충식 총장의 "목요강좌"는 "중재칼럼"으로 타이들을 바꿔 연재했는데 학생, 교직원들과 소통하는 데 큰 도움이 된다는 평을 받았다. 이 시기에는 편집진의 중도 퇴임 등 어려운 일이 있었지만 특유의 단합과 희생정신으로 무난히 독자와의 약속을 지킬 수 있었다.

제421호(1975. 3. 6)는 신문을 만드는 학생기자들의 내면에 자리잡은 공통된 정서가 무엇인지를 내비친다. 처음에는 아무것도 모른 채 신문사의 문을 두드린다. "2년 전 그냥 사진이 좋아서 사진부에 입사한 나는 점점 신문의 마력에 이끌려 지금껏 머무르고 있다(김혁수 기자)." 신문의 마력은 구체적으로 표현할 수 없다.

그래서 "신문의 활자 냄새를 미칠 정도로 즐겨 맡았던 시절, 철야의 강행군(김수복 기자)"을 하기도 하고, 이내 기자 생활의 덧없음을 알고 "처절했던 자신의 족적(足跡)을 하나하나 거두어들여야겠다(김효성 기자)"고 자학하기도 한다.

그러면서도 "기자들의 노력과 희생정신에 의해서 매주 꼬박꼬박 나오는 신문을 보면 안도와 아쉬움의 한숨이 나온다(김신대 기자)." 그리고 결국은 "지난해의 전철을 밟지 말고 여러분의 대변인으로서 충실한 일꾼이 되길 다짐"하면서 다시 신문제작에 뛰어든다.

70년 전부터 지금까지 단대신문을 만드는 학생기자들은 모두 이런 회한과 자부심, 좌절과 결기의 반복, 되새김질을 하며 재직 기간을 보냈을 것이다. 그 반복 속에 대망의 지령 500호가 다가왔다.

이에 앞서 단대신문사는 개교 30주년을 앞두고 야심찬 신규 사업을 기획한다.

"단대신문 학술상·문학상"의 신설이 그것이다. 제460호(1976. 6. 10)에는 "단국의 르네상스는 다시 올 것인가"라는 제하의 특별좌담을 갖는다. 이 좌담은 김수복 편집장이 주관하고, 김상배 주간, 이동희 당시 강사를 비롯한 동문 문인들이 모여 재학생들의 문단 진출을 활성화시킬 계기로 문학상 제정이 필요하다는 의견을 모은다.

1년이 준비 기간이 지난 뒤 제494호(1977. 6. 16) 12면 한가운데에 "단대신문 학술상·문학상"을 제정한다는 사고를 냈다. 학술상 부문은 인문사회과학, 자연과학으로 나누고, 문학상은 시 및 시조, 소설, 수필로 나눴다. 총상금은 60만 원이었다. 이때 제정된 "단대신문 학술상·문학상"은 지금까지 40년을 넘게 이어오고 있다.

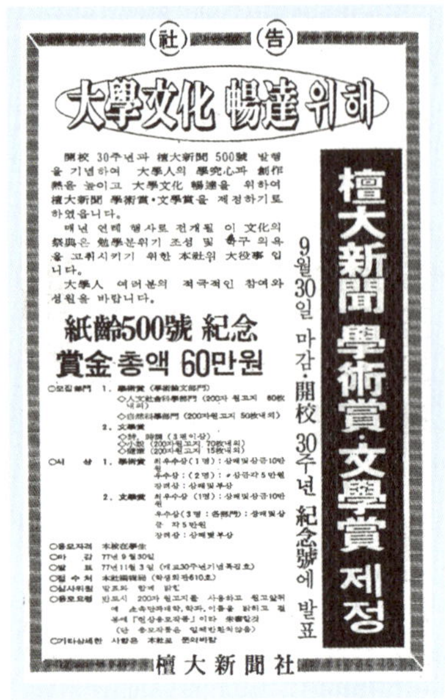

社告

大學文化 暢達 위해

檀大新聞 學術賞·文學賞 제정

9월 30일 마감·開校 30주년 紀念號에 발표

開校 30주년과 檀大新聞 500號 발행을 기념하여 大學人의 學究心과 創作熱을 높이고 大學文化 暢達을 위하여 檀大新聞 學術賞·文學賞을 제정하기로 하였읍니다.

매년 연례 행사로 전개될 이 文化의 祭典은 勉學분위기 조성 및 학구 의욕을 고취시키기 위한 本社의 大役事입니다.

大學人 여러분의 적극적인 참여와 성원을 바랍니다.

紙齡500號 紀念 賞金 총액 60만원

○모집部門 1. 學術賞 (學術論文部門)
◇人文社會科學部門 (200자 원고지 60枚 내외)
◇自然科學部門 (200자원고지 50枚내외)
2. 文學賞
◇詩, 時調 (3편이상)
◇小說 (200자원고지 70枚내외)
◇隨筆 (200자원고지 15枚내외)

○시상 1. 學術賞 최우수상(1명): 상패및상금10만원
우수상: (2명): 〃 상금각5만원
장려상: 상패및부상
2. 文學賞 최우수상 (1명): 상패및상금10만원
우수상(3명: 各部門): 상패및상금 각5만원
장려상: 상패및부상

○응모자격 本校在學生
○마감 77년 9월30일
○발표 77년11월 3일 (개교30주년기념특집호)
○접수처 本社編輯局 (학생회관610호)
○심사위원 발표와 함께 밝힘
○응모요령 반드시 200자 원고지를 사용하고 원고앞뒤에 소속단과대학, 학과, 이름을 밝히고 겉봉에 「현상응모작품」이라 朱書할것 (단 응모자들은 일체반환치않음)
○기타상세한 사항은 本社로 문의바람

檀大新聞社

1977년 9월 15일, 〈단대신문〉의 지령이 500호를 넘어섰다. 창간 29년 만에 또 하나의 큰 산을 오른 셈이다. 지면 역시 창간 후 처음으로 12면을 펴냈다. 당시 상업용 종합일간지도 8면을 내던 시절이니 12면이라는 볼륨은 결코 가볍지 않다. 이후 개교기념이나 창간기념, 지령 돌파기념 신문들을 제작할 때 지령 500호는 기획이나 지면 구성에서 하나의 전범이 되었다. 각 지면별 주요 기사와 참가자들을 정리하면 다음과 같다.

▲1면: 지령 500호 돌파 기념 역사 요약, 장충식 총장 축사, 박재삼 시인 축시

▲2면: 사설, 동문 좌담(김규문 동우, 배우석 동우, 채홍모 동우, 허구회 당시 편집주임)

▲3면: 주요 대학신문 편집장· 주간, 동문 및 재학생의 축하와 제언

▲4~5면: 기획특집 1 — 박종성 교수(법정대 법학, 해양법 전공), 독도 탐방 답사

▲6~7면: 기획특집 2 — 대학인의 의식구조(전문가 기고)

▲8면: 대학인의 의식구조 후속, 단대신문 역사 정리(30년 장강에 점점이 밝혀온 지성의 등불)

▲9면: 500호 기념 기자의 변(辯) - 18명

▲ 10~11면: 기획특집 3 — 한국 매스컴의 방향 모색

▲ 12면: 기념 단편소설 — 김국태, 「황홀한 침몰」

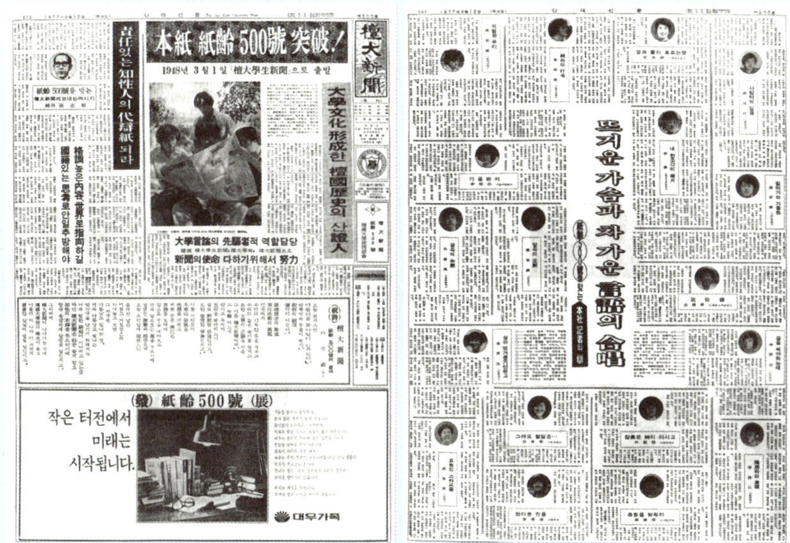
本紙 紙齡 500號 突破!

1948년 3월 1일 「檀大學生新聞」으로 출발

檀大新聞

責任있는 知性人의 代辯紙되라

紙齡 500號를 맞는

格調 높은 內容 世界로 指向하길

國籍있는 思考로 안일주 방해야

大學文化 形成한 檀國歷史의 산證人

大學言論의 先驅者적 역할담당

新聞의使命 다하기위해서 努力

(發) 紙齡 500號 (展)

작은 터전에서 미래는 시작됩니다.

대우가족

뜨거운 가슴과 차가운 言語의 合唱

지령 500호 기념 특집호의 1면과 7면. 박재삼 시인의 축시와 당시 재직 기자들의 소감을 담은 글이 각각 실려 있다.

지면 구성에 드러나듯이 전체적인 흐름을 지령 500호 돌파의 의미, 단대신문의 역사성을 재평가하는 데 두면서 전문가를 동원해 대학생, 대학인과 관련된 특정 주제를 심층적으로 분석하고 있다. 걱정에 찬 자화자찬식 기사나 차분히 주제를 끌고 가는 힘이 돋보이는 지면이었다. 당시 편집국의 구성을 살펴본다.

▲ 편집장: 염세열 기자, 특집부장: 안영혁 기자, 총무부장: 최용관 기자, 취재부장: 남정식 기자

▲ 담당(정기자가 되면 전담 분야를 배정받았다고 함): 사진담당 김길선 기자, 특집2부 담당 이혁 기자, 특집3부 담당 김종효 기자, 조사담당 이병임 기자, 문화담당 박경득 기자, 컷담당 권장승 기자

▲ 수습기자: 김행철, 변호걸, 이수인, 박융덕, 최종순, 안혜숙, 이혜련, 이영미

주간 8면 체제를 향한 기자들의 노력

박정희 대통령이 1972년 10월에 유신을 선포했다. 유신체제는 긴급조치를 통해 국가를 대통령의 지배수단으로 격하시켰다. 공화국은 사라지고 개발독재가 본격화되었다. 국내 언론은 모두 현실에 침묵하거나 억지로 재갈을 물거나 해야만 했다. 1970년대 중반은 그 침묵의 절정이었다. 〈단대신문〉도 정치나 노동문제를 입에 올리지 않았다. 학원 안에 중앙정보부 요원이 무상으로 출입하고, 정보과 형사가 상주하며 학내 동향을 체크하는 일상이었다. 부장 기자들도 가끔 그들을 만나 선문답 식의 대화를 나눠야 했다. 정권의 삼엄한 촉수는 학생기자에게도 다다르고 있었다. '삼엄한 촉수'는 너무 민감해 심지어 사소한 일에도 경기를 일으키곤 했다.

> 있는 대로 퍼마시고 (…) 고래고래 고함치고 악을 써가며 거리를 헤매었다. 난 악을 쓰고 나으리에, 엉덩이에 뿔난 못된 송아지에, 그렇게 피사해진 세종내왕 그려진 돈에, 비겁한 징의에, 쓰레기통에, 결국은 어느 판자집 변소간에 대가릴 처박고 웩웩 우루루룩, 웩웩! 빌어먹을.

지령 500호를 자축하는 기자들의 단체 칼럼에 실린 김행철 기자(35기, 무역학)의 작은 글이었다. 정보기관은 이 글에 강한 거부반응을 보였다. 학생이 술을 먹고 방황하면서 세종대왕에 구역질을 하는데, 이건 대통령이나 현실에 대해 항거하는 것이라는 해석이었다. 그래서 해당 기자가 책임지고 신문사를 떠나는 것이 좋겠다는 '권유(?)'가

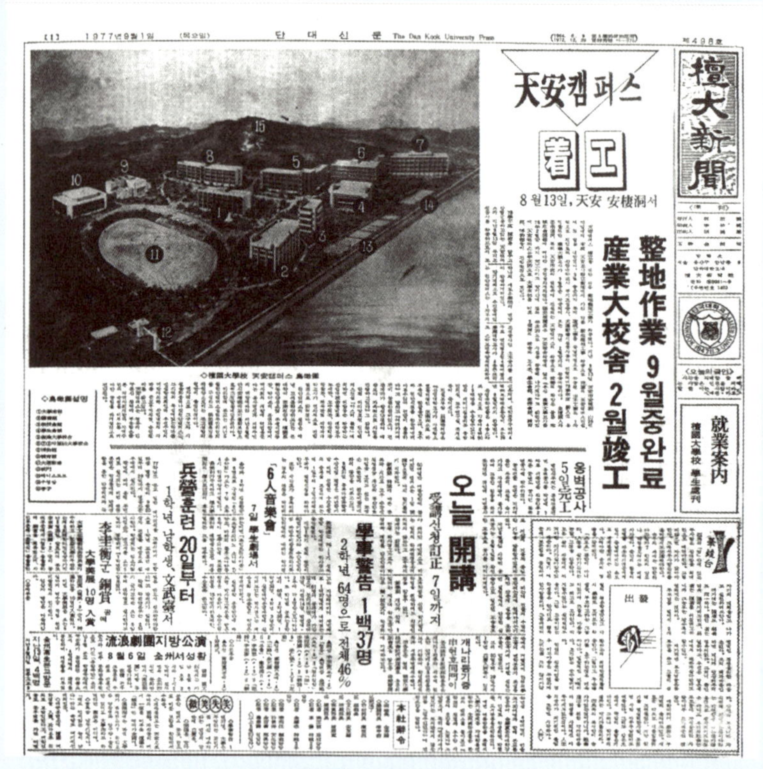

[1] 1977년9월1일 (목요일) 단 대 신 문 The Dan Kook University Press 제498호

檀大新聞

天安캠퍼스 着工

8월13일, 天安 安棲洞서

整地作業 9월중완료

産業大校舍 2월竣工

옹벽공사 5일完工

就業案內 檀國大學校 學生處刊

오늘 開講

受講신청訂正 7일까지

學事警告 1백37명

2학년 64명으로 전체46%

兵營훈련 20일부터

1학년 남학생, 文武嶺서

「6人音樂會」

流浪劇團지방公演

本社解令

出發

개교 30주년을 전후해 우리 대학은 종합대학 체제가 안정되고 천안캠퍼스 설치, 학생 정원 증가 등으로 새로운 발전의 전기를 만들었다. 대학의 '볼륨'이 커지면서 신문에 대한 수요도 늘어나고 있었다.

들어왔다. 농담 같은 주장이었지만 그 완강함이 심상치 않아 결국 주간 교수가 나서서 사상보증과 '무슨 일이 있으면 내가 책임지겠다'는 공언을 하고서야 수습할 수 있었다. 여물지도 않은 수습기자의 넋두리마저도 국가안보에 위협이 될 '노란 싹'으로 치부되던 시절이었다.

시절은 수상해도 기자들의 단대신문에 대한 애정은 더 커졌다. 신문제작을 활성화시켜 당시 '주간 4면'이던 체제를 조속히 '주간 8면'으로 발전시키고자 힘을 모았다. 70년의 여정 속에서 가장 많은 발행횟수가 1976학년도에 나왔다. 제447호(1976. 3. 4)부터 480호(1977. 2. 24)까지 총 34회를 발행한 것이다. 이 횟수는 지금까지도 깨지지 않았다.

이듬해인 1977학년도는 더 큰 진전을 이룬다. 비록 발행횟수는 28회이지만 연간 8회의 8면 발행 실적을 거둔 것이다. 횟수는 다르지만 2년간 해마다 생산한 총 신문 면수는 각각 148면으로 같다. 당시까지 최고의 기록이다.

발행 주기를 단축하고, 발행 면수를 늘리려면 3가지가 갖춰져야 한다. 재정 능력, 학내 뉴스 아이템 증가, 일정 수준 이상의 기자 역량과 인원. 한마디로 요약하면 '대학의 수준과 역량이 향상되어야' 한다는 것이다. 대학당국이 활발한 발전 계획을 실천하고, 학술, 문화, 학생 자치 활동이 활성화되어야 뉴스 수요도 증가한다. 동시에 학생기자들이 일정 규모(15명 이상) 이상 있어야 원고 청탁, 취재 및 기사 작성의 노동을 감당할 수 있다. 이를 뒷받침할 장학금 지원, 원고료 및 기획 사업비 확보도 필수적이다.

결국 1975학년도에서 하반기로 이어지는 기간에 우리 대학이 급격한 발전을 이루고 학생기자들의 열성이 결합해 '주간 8면 발행' 체제가 가동된 것이다.

변호걸 동우(35기, 1979년 총무부장)의 설명을 듣는다.

> 허구회 선배님이 퇴임하고 나서 편집주임으로 재직했는데 아무래도 편집 기술 등 신문제작 노하우를 물려받기가 좋았죠. 김수복 선배님 동기들도 도움을 주고, 당시 편집장인 염세열 선배님 동기들의 단합도 좋았어요. "한남벌사계", "주간기자석" 같은 기자가 참여하는 고정란을 확대하고 기자들을 훈련시켜 특집기사를 활성화시키는 데 염세열 선배님의 힘이 컸습니다. 천안캠퍼스 개교 기사를 쓰기 위해 천안시에 가서 시장을 만나고 올 정도로 현장 취재를 중시했어요. 그런 열정이랄까, 그 힘으로 신문 한번 잘 만들어보자는 공감대가 있었습니다.

당시 염세열 편집장, 안영혁 특집부장, 최용관 총무부장 등은 편집국을 기존과 다르게 운영했다. 후배인 남정식 기자(33기)를 취재부장으로 임명해 수습기자의 기사작성 훈련을 주도케 하고 각 기자별로 담당 업무를 주어 특집 기사 아이디어, 작성을 독려했다. 고정란의 성격 규정, 면별 기사 배치 분량과 레이아웃, 기자의 업무분장과 각 단계별 성장 경로 등을 구체화하는 일들이 당시 이뤄진 일이다. 이를 통해 기자의 역량이 강화되고 그동안 축적된 전통과 결합하면서 '주간 8면' 발행이 가능해진 것이다.

(3) 1974년 9월5일 (목요일) 단 대 신 문 제414호

亞細亞文化와 世界平和

第二次 國際學術大會參加記

진지한 意見交換이 진정한 平和招來

亞細亞「自由」의 참뜻 定立위해 힘써

主體의 一般的 構需의

내가 疑心하고 思惟하는 限 <나의存在>는 다시 疑心못해

話題의 人物

하이델베르그 大學으로 留學가는 李順英 同門

「統一過程의 思想」研究에 全力

初代 校內 우체국장 金東祺씨

凡才의 靈感

(3) 1977년 9월 1일 (목요일) 단 대 신 문 제498호

漢南벌 四季

大學街 이모저모

<上>

無認識과 度外視속에서 번창

大學街는 大學文化造成 일익

副專攻 自由選擇 時間表 반영율 70%

1백37명에 學事警告 단행

학과부호 표시제등 電算化

解說 - 學事行政개편에 대해

就業案內

산 바다 그리고 하늘에서

檀苑 奬學生모집

제414호(1974. 9. 5)와 제498호(1977. 9. 1)의 지면 비교. 모두 3면이고, 둘 다 4면 발행이지만 414호 3면에는 외부 필자 기고문이 지면 대부분을 차지하고 있다. 498호 3면에는 1면 보도면이 소화하기 힘든 분석기사, 기자가 발굴한 주제의 기획연재, 단발성 현장 취재, 단신 등이 자리 잡고 있다. 기자들이 설정한 주제, 기사가 주를 이룬다는 점이 가장 큰 변화이고, 1980년대에 주간 8면 체제가 완성될 때 특집면(7면)의 전형이 된다. "한남벌사계"는 나중에 기자의 가십 고정란으로 변화하기도 한다.

신문의 성장과 유신체제의 붕괴

1978년 4월, 36기 수습기자를 선발했다. 모두 11명인데 천안캠퍼스 개교와 함께 최초로 기자도 선발했다. 또한 전에는 "사고" 형식으로 처리하던 수습기자 발령 공지가 "본사 사령"이란 제목을 달아 단신 기사로 처리됐다. 명단은 아래와 같다.

▲ 취재부: 최재선, 류한민, 최성, 차영수, 김창숙, 김세연, 송상섭

▲ 사진부: 김홍도, 진천규 ▲ 컷부: 김진환, 황이연

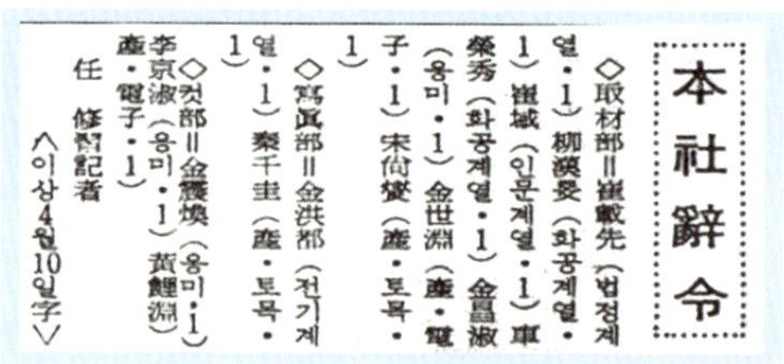

本社辭令

◇取材部=崔載先(법정계열·1) 柳漢旻(화공계열·1) 崔城(인문계열·1) 車榮秀(화공계열·1) 金昌淑(용미·1) 金世淵(産·電子·1) 宋尙燮(産·토목·1)

◇寫眞部=金洪都(전기계열·1) 秦千圭(産·토목·1)

◇컷部=金鎭煥(용미·1) 李京淑(용미·1) 黃鯉淵(産·電子·1)

任 修習記者

〈이상 4월10일字〉

이어서 제521호(1978. 6. 8)로 새로운 편집진이 출범했다. 남정식 동우(33기)가 편집장, 이혁 동우가 총무부장, 이병임 동우가 문화부장을 맡았다. 또한 수습기자에서 정기자로 승진한 기자들은 각각 전문

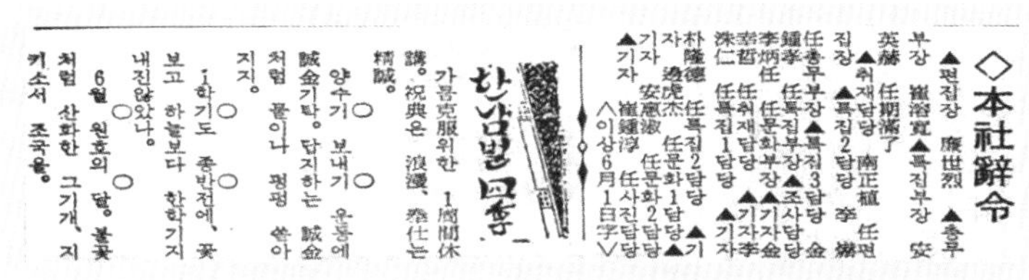

◇本社辭令

▲편집장 康世烈 ▲총무부장 崔浴寬▲특집부장 安英赫 任期滿了 ▲취재담당 南正植 任편집장 ▲특집2담당 李嫌 任총무부장▲특집3담당 金鍾孝 任특집부장▲조사담당 李炳任 任문화부장 ▲기자담당 金李哲 任취재담당 ▲기자 李洙仁 任특집1담당 ▲기자 朴隆德 任특집2담당 ▲기자 孫虎杰 任문화1담당 ▲기자 安惠淑 任문화2담당 ▲기자 崔鍾淳 任사진담당 〈이상 6月1日字〉

한남벌 四季

가뭄克服위한 1周間休講。祝典은 浪漫、奉仕는 精誠。

○양수기 보내기 운동에 誠金기탁。답지하는 誠金처럼 물이나 펑펑 쏟아지지。

○1학기도 종반전에、꽃보고 하늘보다 한학기 지내진않았나。

○6월 원호의 달。불꽃처럼 산화한 그기개、지키소서 조국을。

분야를 '담당'이라는 명목으로 부여받고 있다. 1977년 2학기에 신설된 "한남벌사계"가 3면 기획연재 특집에서 1면 가십 기사로 자리 잡은 것도 이채롭다.

제525호(1978. 8. 31)에 뜻깊은 기획이 신설된다. "민족과 전통의 발자취"라는 고정란이 그것이다. 곧 사라져갈, 또는 산업화나 서양 문명의 범람으로 잊힌 우리 일상 속의 도구, 자취들을 사진으로 담아 해설 기사를 곁들여 독자들에게 재인식시키자는 것이 기획의도였다. 교과서적인 유적이나 국보, 보물이 아니라 생활 속에서 만들어 쓰고 늘 곁에 있던 도구나 생활방편들을 지면에 실었다.

1970년 후반 들어 산업화 사회가 본격화되고, 유신정권의 농촌 현대화가 가속화하면서 전통문화를 찾고, 보존하려는 대학 사회의 노력이 두드러졌다. "민족과 전통의…" 기획은 이 같은 대학인의 문제의식을 담은 〈단대신문〉의 의지가 담긴 기획인 셈이다.

또 하나 강조할 것은 이 기획은 '글(텍스트)'이 아닌 '사진(이미지)'이 중심이라는 점이다. 아이템의 특성상 사진이 글보다 더 호소력이 있을 수밖에 없기에 아이템 선정, 취재를 사진부 기자가 주도했다. '보는 신문'을 만들라는 시대 변화를 고려한 본격적인 사진 중심 기사였다. 이 기획 기사는 이후 100회를 채우고 제636호(1982. 11. 1)로 끝을 맺었다. 첫 아이템은 "길"이었고, 마지막 100회는 "족보"를 다뤘다.

「民族과 傳統의 자취」
1백회를 돌아보다

1회「길」부터 1백회「族譜」까지 총 1백7건 보도
한 생명의 通過儀禮 양상 뿌리깊게 파헤쳐
민족의 전통을 계승하며 올바른 재창조에 힘써야

民族과 傳統의 자취 ①
—先祖의 영혼과의 대화—

길

제541호(1979. 3. 22)로 14명의 수습기자가 입사했다. 캠퍼스별로는 서울캠퍼스가 8명, 천안캠퍼스가 6명이었다. 이어서 남정식 편집장, 이혁 총무부장, 이병임 문화부장이 퇴임하고 35기가 부장단에 취임하고 36기가 수습과정을 면하고 정기자로 발령받았다.

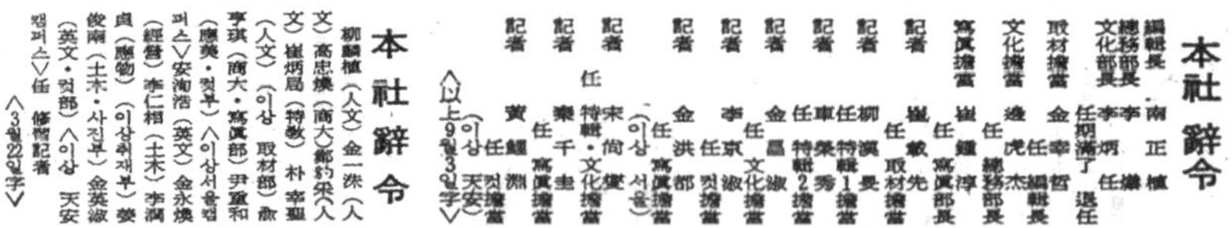

本社辭令

編輯長 南正植
總務部長 李爀
文化部長 李炳任
任期滿了 退任

取材擔當 金幸哲 任編輯長
文化擔當 邊虎杰 任總務部長
寫眞擔當 崔鍾淳 任寫眞部長
記者 崔敏先 任取材擔當
記者 柳演長 任特輯1擔當
記者 車榮秀 任特輯2擔當
記者 金晶淑 任文化擔當
記者 李京烈 任寫眞擔當
記者 金洪 任寫眞擔當
(이상 서울)
記者 宋尙燮 任特輯·文化擔當
記者 秦千圭 任寫眞擔當
記者 黃鍾淵 任천안擔當
(이상 天安)
〈以上 9월 3일字〉

本社辭令

柳麟植(人文) 金一洙(人文) 高忠煥(商大) 鄭約采(人文) 崔炳局(特教) 朴宰聖(人文) (이상 取材部) 俞享琪(商大·寫眞部) 尹重和(應美·편집부) 〈이상서울캠퍼스〉 安淘浩(英文) 金永煥(經營) 李仁相(土木) 李潤貞(應物) (이상취재부) 姜俊爾(土木·사진부) 金英淑(英文·편집부) 〈이상 天安캠퍼스〉 任 修習記者

〈3월22일字〉

개교기념 특집호를 준비해야 하는 10월 중순이 지나면서 갑자기 〈단대신문〉은 예고 없이 휴간했다. 대학도 24일간 휴교했다. 대통령 박정희의 피살로 유신정권이 무너지고 정국이 어수선해진 탓인지 휴교와 휴간이 이어졌다. 한 달 동안 급작스러운 휴간을 하고 제562호(1979. 11. 22)를 냈다. 큰 충격의 비명을 지르기에는 한 달이 충분해서 다시 냉정을 되찾게 했고, 새로운 비전을 제시하기에는 시간이 너무 짧았다. 〈단대신문〉은 스스로 권력의 공백이 불러온 혼란을 이렇게 독백한다.

> 문을 닫았던 캠퍼스가 다시 문을 열었다. 근 4주 만에 다시 발을 디딘 얼굴들이 한결같이 밝아만 보이는 것은 왜인지 모르겠다. 몇 남지 않았던 잎들이 모두 모두 져버려 삭막한 겨울 햇살만이 뒹구는 캠퍼스인데도 말이다.

"백색볼펜"은 지나가버린 박정희 시대에 대한 아쉬움을 느끼지 않는 재학생의 심정을 이렇게 은유하면서 우리가 걸어야 할 길을 차분히 제시한다.

> 70년대의 마지막 부분에서 한 정치세대의 마지막을 본 우리로서는 지금 '냉엄한 설계' 외에는 할 일이 남아 있지 않은 것 같다. 다가오는 80년대의 새로운 대학이념 정립을 위해 대학은 좀 더 정의구현이 선봉에 서야 하고 그러기 위해서는 지금보다 좀 더 자유로워야 할 것임에 틀림없다.

다가오는 80년대가 우리에게 어떤 시련을 줄지는 모르지만 대학인에게 '정의구현'과 '자유'가 중요한 행동 원리가 될 것을 예감하고 있었다. 1980학년도 신학기가 시작됐다. 학원자율화가 서서히 핵심 사안으로 떠올랐다. 대학당국은 학칙 개정을 위한 공청회를 열었다. 해체한다, 안 한다로 갈피를 못 잡던 '학도호국단'도 스스로 해체를 결정했다. 〈단대신문〉은 1980년 4월 10일로 새로운 부장단을 구성했다. 이에 앞서 정기자 발령과 39기 수습기자 선발도 마쳤다. '서울의 봄'이라는 태풍을 견뎌야 했던 당시 편집국 구성원을 정리하면 다음과 같다.

▲부장단: 편집장 최재선, 특집부장 류한민, 총무부장 차영수, 문화부장 김창숙, 사진부장 진천규, 미술부장 이경숙

▲취재부: 유인식, 김일수, 이인상, 이윤정, 강준남, 김영환, 한흥구, 류선미, 김나영, 김상택

▲컷부: 윤중화

▲취재부 수습기자: 김호성(인문대), 박찬영(지역개발학), 경매현(화학공학), 박현옥(법정대), 금명숙(한문교육), 송병곤(역사학), 조성욱(영문학), 이경환(응용물리학), 최성표(전자학), 이종숙(물리학)

▲사진부 수습기자: 배기홍(전자공학), 이경애(체육교육), 옥광천(무역학)

▲컷부 수습기자: 이상금(응용미술), 전형연(산업미술)

모두 32명의 기자였다. 불과 5년 전의 10명이 안 되는 편집국 구성에 비하면 규모가 급성장한 셈이다. 또한 천안캠퍼스 신설에 따라 천안캠퍼스 재학생 기자도 뽑았다.

[1] 1980년4월24일 단대신문 The Dan Kook University Press 제571호

檀大新聞

"정의로운 투쟁은 승리한다"

張총장 22일, 자율화문제 공식解明

財團·財政공개로 의혹풀어

"무능교수는 스스로 반성해야"

學·處長 전면 경질

학생농성관련 도의적 책임 사퇴로

文理大學長	車文燮교수
法政大學長	孫海睦교수
商經大學長	金忠楠교수
師範大學長	尹弘老교수
工科大學長	韓鼎燮교수
二部大學長	黃淇江교수
總務處長	金承國교수
國際文化交流處長	韓永熙교수
企劃室長	張憲根선생
圖書館長	姜珉교수

總學生會則 확정

일부학생의 選擧權 문제논란

校歌 放送 중단

「張志淵全書」출간

10冊중 3冊

大學人事

금년계획 확정

제571호(1980. 4. 24)에 보도된 당시 학내 상황. 학생회 선거와 별개로 학생들이 학내 문제를 비판하며 공청회를 요구했다.

학내에서는 4월 들어 재학생들의 학원 민주화를 요구하는 목소리가 급격히 커졌다. 그동안 대학에 발을 디딜 수 없었던 재야인사를 초청해 공개강의를 열고, 1천여 명의 학생이 모여 대학당국에 각종 문제를 제기하고 설명을 듣는 등 단체행동의 강도가 세졌다. 뒤이어 5월부터는 총학생회 구성을 위한 선거가 시작되었다. 지면에는 학내 문제에 대한 학생들의 항의는 잘 나오고 있지만 대학 바깥의 정치문제는 전혀 반영이 안 되었다. 대학신문도 계엄사령부의 검열을 받고 있었던 것이다. 검열의 강도가 얼마나 강했는지 들어보자.

> 기사 원고를 신문사 외간부에 보내 문선, 조판을 끝내면 연판을 뜨기 직전의 대장(臺帳)을 들고 서울시청으로 달려갑니다. 시청 2층에는 계엄사령부 언론 검열관 수십 명이 빙 둘러앉아 있었죠. 영화, 연극 대본, 일간신문, 월간지, 대학신문 등 파트별로 2~3명이 한 조가 되어 검열했습니다. 출판의 자유가 제한되었던 시기였어요. 검열관은 주로 중위부터 소령 계급장을 단 젊은 군인들이었습니다. 대장을 들고 대학신문 담당 파트 중 빈 곳을 찾아 검열관 앞에 앉으면 빨간 사인펜을 든 검열관이 1면부터 꼼꼼하게 읽다가 민주, 자율 등이 언급되었거나 시위, 데모, 개혁 등 비판적인 내용이 있으면 어김없이 빨간 사인펜으로 기사를 빙 둘러치고 돼지꼬리를 치는 겁니다. 빼라는 것이죠. 처음에는 단어, 구절이나 문장 정도를 빼라고 하더니 시국이 긴박해지니까 나중에는 아예 통째로 한 면을 다 들어내야 하는 경우도 있었습니다. 아양까지 떨면서 기사를 살리려고 노력하지만 그것이 받아들여지는 경우는 거의 없었습니다. 결국 다른 기사로 빈자리를 메꿔야 했습니다.

그나마도 오래가지 않았다. 군부는 이내 광주항쟁을 피로 짓누르고 비상계엄을 확대, 강화하면서 전국에 침묵을 강요했다. 찬란한 봄은 이내 겨울로 접어들었다. 〈단대신문〉도 강제 동면에 빠졌다.

주간 8면 체제 정착과 지령 600호

〈단대신문〉은 강제 휴간에 들어가기 직전인 제573호(1980. 5. 8)에 주간 8면으로 증면한다고 공지했다. 일정대로라면 제574호를 5월 14일에 발간해야 했지만 비상계엄 확대와 함께 해당 신문은 사라졌다. 이후 다시 신문을 펴낼 수 있게 된 것은 같은 해 9월 25일이었다. 원래 해당 신문에는 "비상계엄 체제에서의 대학신문 검열을 거부한다"는 결의문을 싣고 본격적인 검열 철폐 운동을 전개할 계획이었다. 이에 앞서 서울의 14개 대학의 신문 편집장들이 대학신문의 자율권이 대학 자율화의 전제임을 외치며 검열거부 공동 선언을 한 바도 있다. 그러나 계엄의 확대와 전면적인 캠퍼스 봉쇄로 철폐 운동은 수포로 돌아가고 말았다.

계임 확대가 내려지기 전 당시 부장단들은 계엄사령부의 기사 삭제를 거부하고 제574호의 대장지를 학내로 들여와 대자보처럼 게시한 채 도피했다. 포고령을 위반한 셈이었지만 다행히 수배령은 내려지지 않았다. 부장들은 3개월 정도 선배 집 방문이나 등산을 빌미 삼아 몸을 숨겼다. 그동안 김상배 주간과 대학당국이 상황을 무마했고 제574호는 휴교령이 풀린 뒤 속간했다. 물론 5월 당시에 문제가 된 기사, "백색볼펜" 등은 모두 삭제해야 했다. 매주 8면(당시 전국 종합일간지도 8면 체제였음)을 발행한다는 숙원은 풀었지만 학생회나 학회 활동이 급격히 줄어드는 바람에 지면은 교수들의 논문에 많이 의존해야 했다.

> 백색볼펜자가 순백의 순수함을 지키겠다고 장담하며 이 난을 떠맡은 지도 달 수로 벌써 여덟 달이 되어간다. 8개월 동안에 '볼 것, 못 볼 것' 도맡아 보면서 가급적이면 독자들 속으로 파고들려 애썼으나 몸부림치고, 발버둥 치면 오히려 그만큼 멀어져갔다. 떨어져갔다.(제583호 "백색볼펜"—'고별' 중에서)

최재선 당시 편집장은 이렇게 자신에게 냉소를 보내며 지면을 떠났다. 후임을 맡은 유인식 편집장은 "허물어진 가슴 한쪽을 움켜쥐고 우리는 지나간 해를 추억으로만 기억해야 했다"고 자조했다. 그러나 "아픔을 참고 따뜻한 봄이 오면 한반도의 처음부터 끝까지 발그레한 진달래가 필 것이다. 이 '겨울 나라'가 지나면 하늘 높이 마음 놓고 몸 자유로이 헹가래 쳐질 수 있는 따뜻한 봄이 올 것이다. 우리 참고 기다리자"(제584호 "백색볼펜"—'인동초' 중에서)라며 서로를 격려하고 있다. 혹독한 군부독재의 감시는 기자들을 은유와 상징의 전문가로 만들었다.

마치 인동초처럼 학생기자들은 주간 8면 체제를 유지했다. 1980년 9월 25일에 편집국장으로 부임한 김수복 동우가 떠나고 후임으로 신종한 국장이 부임했다. 뒤이어 585호(1981. 2. 26)에 새로운 부장단이 발령받았다. 그런데 편집국 구성원의 변화는 예년과 다른 모습이다.

大學知性-이제 正論의 活火山되어

檀大新聞

本紙紙齡 600號突破

主體的 대학문화 創造時代의 開幕

올바른 價値觀 判斷力 定立해야

紀念辭

지령 600호 기념호의 1면과 당시 수습기자들의 생활상을 그린 일러스트(7면)

이제까지 부장들은 1학기까지 제작을 하고 2학기에 교체했다. 그러나 1학기 개강 직전에 교체함으로써 신문사 임기가 3년 6개월에서 3년으로 단축된 셈이다. 3년 임기제는 이후 1999년까지 유지된다. 발행날짜도 589호(1981. 3. 30)부터 기존 목요일에서 월요일로 변경했다. 신문제작과 배포를 용이하게 하자는 취지에서였다.

편집국을 정비하고, 면모를 일신한 가운데 지령 600호를 돌파했다. 창간 34년 만의 일이다. 16면을 발행했는데 이 역시 창간 이후 최대 지면이었다.

참가 필자들의 수준도 높았다. 당대의 원로 시인인 노산 이은상 선생의 축시를 받고, 오소백, 최진우, 유경환 같은 저명한 언론학자의 기고도 눈에 띈다. 거기에 사진부의 고정란인 "민족과 전통의 자취"를 확대해 전주, 남원 일대를 현장 취재한 특집도 주목을 끈다. 같은 캠퍼스에 생활하면서도 '스승'으로만 여겨지던 교수의 실체를 교수들이 스스로 자성해보는 특집도 준비했다. 교육자, 학문하는 자세, 봉급쟁이, 곡학아세의 원인 등 주제별로 교수를 분석한 에세이 모음이 참신하다.

당시 수습과정에 있던 기자들의 고백 글도 흥미롭다. 창간이나 지령 돌파 기념호들은 대체로 신문 자체의 역사나 성장과정을 특집 기사로 꾸미는데 600호 특집에서 이런 쉬운 선택을 볼 수 없는 것도 긍정적이다. 대학신문으로서 어떻게 해야 아카데미즘과 저널리즘을 부드럽고 효과적으로 지면에 반영해야 하는지, 그것도 독자의 호응을 끌어내면서 유지할 방법을 찾는 일은 늘 하는 고민이다. 600호 기념호는 이 같은 〈단대신문〉의 고민을 풀 작은 실마리를 주고 있다.

지령 600호를 넘어서면서 신문의 편집체계는 성숙한 면모를 갖춘다. 각 면별 구성을 살펴보자(괄호 속은 고정란).

▲ 1면: 종합보도면(화경대—편집국장 칼럼)

▲ 2면: 사설, 교수논단, 교수 인터뷰(백묵처방—교수 칼럼)

▲ 3면: 장기기획(예: 80년대 한국과 국제정세)

▲ 4면: 학생논단(청탁, 기고)

▲ 5면: 기획기사(월요강좌, 주간기자석)

▲ 6면: 심층 기획(특정 주제를 놓고 전문가, 학생의 기고문을 게재함)

▲ 7면: 특집 기사, 인터뷰(단대만평, 초대석)

▲ 네컷만화, 민족과 전통의 자취, 문화 특집기사, 학생 창작(백색볼펜)

지면 전체로는 아카데미즘과 저널리즘의 균형을 도모하려는 노력이 보인다. 고정란과 기사(혹은 논문)의 배치를 규격화하여 독자들에게 안정감을 주고 있다. 그러나 가장 두드러진 점은 기자가 쓰는 기사가 급증했다는 점이다. 1면, 5면, 7면, 8면을 기자들의 기사로 채우고 있다. 아카데미즘이라는 대학신문의 사명은 교수 논문으로, 저널리즘이라는 신문의 본질은 기자들이 담당하겠다는 내면을 읽을 수 있다. 그 취지가 어떻든 지면별로 200자 원고지 40매 가까운 분량의 기사(총 200여 매)를 매주 20여 명의 학생기자가 책임진다는 것은 달리 보면 학생의 신분을 놓아야 가능한 일이었다. 단대신문 기자들의 회고에서 '학과 생활은 없고 신문사 생활만 있었다'는 자학(?)이 거르지 않고 나오는 이유이기도 하다.

얼어붙은 대학과 신문의 대응

이동희 주간(1980. 4. 10 취임)에 이어 권용우 교수(법정대 법학)가 새로 주간이 되었다. 기존과는 다르게 단대신문사 주간이 학생처 부처장을 겸직하게 했다. 전두환 정권은 출범 이후 대학에 대한 감시를 크게 강화했다. 학도호국단 체제를 골격으로 서클(동아리) 등록제, 학생단체활동 사전 허가제 등을 실행해 대학은 사실상 '수업'과 수업에 관련된 활동 외에는 자율적인 학생문화가 남아 있지 않았다. 〈단대신문〉 주간을 학생처 부처장으로 발령하는 것은 행정 편제상 발행인인 총장 외에 학생처장의 지시도 이행해야 한다는 뜻이었다.

1982년 3월 부산 미국문화원을 학생들이 점거하고 불을 지른 사건은 당시 정권에 큰 충격을 줬다. 국회, 사법, 언론이 모두 침묵을 지키고 있을 때 광주항쟁의 실체를 밝히고, 미국의 책임을 규탄한 이 시위는 이후 80년대를 관통하는 민주화운동의 어젠다를 설정한 셈이었다. 대학에 대한 정권의 감시와 단속도 이 사건을 계기로 더욱 강화되었다. 이 같은 정권의 탄압을 〈단대신문〉은 세 가지 방식으로 대응했다.

첫 번째는 학내 교육 및 연구, 후생복지 제도와 시설들에 대한 관심이다. 서클(동아리) 활동에 대한 학생 참여와 예산지원 확대 촉구, 장학제도 확충, 학생 식당의 개선, 학도호국단 활동 및 예산집행에 대한 비판, 각종 행사의 학생 참여 부진에 대한 대책, 교수 연구 지원제도 관심 확대, 학생들의 학술, 문예창작 활성화를 위한 단대신문 부대사업 확대 등이 그것이다. 학생들의 생활에 직결된 문제들을 다뤄 신문에 대한 관심과 참여도를 높이려는 취지였다.

소리가 들려오지 않는가

말이 없다. 죽은 者는 말이없다. 수유리 4·19기념탑도 고고히 서있는 墓碑도 모두 말이없다. 차라리 흐느끼는 울음소리라도 들린다면 참을수 있으리라. 복받치는 설움이, 분노가 흐느끼는 울음소리라면 참아낼 수 있으리라. 그러나 지금은 작은 흐느낌도, 絶叫하는 피를 느끼지도 못하는듯, 아무도, 아무소리도 들리지 않는다.

金晟洙, 당시 英文科 1학년 재학중. 서울에서 전시위 참가 도중 날아오는 총탄에 머리가 파열되다. 세브란스 병원 입원도중 15일의 신음 끝에 죽다.

어찌 이것을 침묵이라, 고요라, 적막이라 할수 있겠는가. 소리가, 소리가 들려오지 않는가. 형제의, 겨레의 民族의, 그리고 自由와 正義의, 民主의 함성이 怒濤처럼 밀려오고 있지 않은가.

글=金湖成기자
사진=金泳勇기자

제620호(1982. 4. 19) 1면에 실린 포토에세이. 서울의 봄 이후 얼어붙은 대학인들에게 시대의 사명을 묻고 있다.

두 번째는 학술적인 장기 기획연재의 추진이다. 급변하는 한국 사회에 대해 '기사'로 비판하는 것이 어려워지자 교수, 전문가들을 동원해 우리가 당면한 여러 문제들을 집중 분석해보자는 의도였다. 1980년대 초부터 이런 노력은 거르지 않고 이어졌다. 우선 서울의 봄이 시작되자마자 기자들은 "80년대의 인간상"이라는 연재를 실었다. 1970년까지 진행된 개발독재시대가 새롭게 전환하는 시기에 이를 이끌고, 감당할 인간상을 설정해보자는 취지였다. 총 16회에 걸쳐 583호(1980. 12. 4)까지 연재되었다.

이어지는 기획은 "80년대 한국과 국제정세"로 신냉전시대에 한반도를 둘러싼 강대국의 현실과 우리나라에 미칠 영향, 새로운 전망을

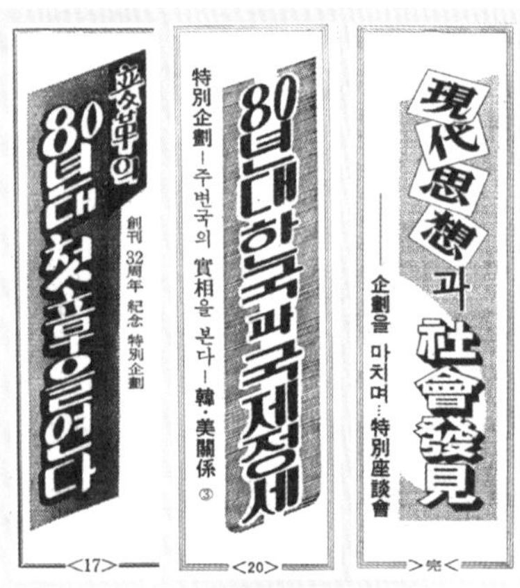

1980년부터 1984년까지 연재된 학술기획들의 제목 컷

제시하고 있다. 중공(현재 중국) 및 자유중국(현재 대만), 쏘련(연방 해체 전), 일본, 한미관계 등 4개 분야를 34회에 걸쳐 집중 조명했다. 연재 기간은 제584호(1981. 1. 8)부터 제617호(1982. 3. 29)까지였다.

뒤에는 "현대 사상과 사회발견"이 연재되었다. 20세기에 큰 영향을 끼친 사상가들의 역사적 맥락, 문제의식, 정당성과 오류 등을 분석했다. 종교 철학, 사회 경제, 법률 정치, 문학, 자연과학 분야에서 총 31명의 석학들을 다뤘다. 제621호(1982. 5. 10)부터 제653호(1983. 5. 30)까지 연재했다.

뒤를 이은 기획은 "당위성과 가능성"이었다. 교육, 정치, 경제, 사회, 문화 분야에서 33개의 소주제를 선정해 해당 이슈가 가진 의미와 이를 해결하거나 실현할 현실적 대안은 무엇인지를 탐구했다. 제654호(1983. 6. 6)부터 689(1984. 10. 1)까지 연재했다.

대형 기획의 주제를 설정하고, 소분야별 아이템을 선정하는 일은 기자들의 집단지성이 필수적이며 합당한 필자를 발굴하는 지구력도 있어야 해서 쉬운 일이 아니었지만 현실비판의 작은 숨구멍을 유지하려면 감내해야 할 일들이었다.

세 번째는 르포 기사의 활성화이다. 기성언론들의 침묵이 일상화되면서 재야언론은 현장에 가서 고통스러운 현실을 고발하려는 움직임이 커졌다. 대학 언론도 이 영향을 받아 '민중'의 현실을 지면에 반영하는 수단으로 르포를 적극적으로 활용했다. 〈단대신문〉의 경우 제599호(1981. 6. 15)에서 "현장취재 통일로를 가다"라는 제하로 경기도 문산, 파주 일대에 산재한 분단의 현장과 아픔을 독자들에게 전달했다. 이후 학생들의 항일운동이 폭발한 광주, 그리고 4월 혁명의 시발점인 마산 일대를 찾아 그날의 현장을 더듬으며 좌절한 학생운동의 현실을 부각한 "민족정신의 활화산 그 현장을 찾는다"를 실었다. 이후로도 철거현장, 달동네 문제, 추곡수매에 고통받는 농민 등을 찾아가 시대의 아픔을 남기려 노력했다.

쌀은 기름이 아닌갑?
—羅州平野를 찾아

농약·화학비료에 의존한 식량증산 한계봉착

糧特적자급증 생산자만의 탓이라 할수 없어

農政에대한 농민의 회의깊어

小農일수록 負債부담 커 소득증대 잠식

벼멸구 극성으로 작년에비해 감수 확실

추곡수매가를 둘러싼 농민의 불만, 산업화 속에서 시들어가는 농촌 현장의 아픔을 담았던 르포(제666호, 1983. 11. 6)

민주화 열풍 속에 파국을 막아주던 힘

學園사태 경과보고

「檀民推」, 교내시위도

◇지난8일「민주의계단」에서 있은 學園사태경과보고.

제693호(1984. 11. 12) 1면에 실린 '단국민주화추진위원회'의 집회 기사. 서울의 봄 이후 최초로 지면에 나타난 학생집회 장면이다. 이에 앞서 1982년부터 2건의 소규모 시위가 있었지만 지면에 반영하지 못했다. 학원사찰과 불법연행을 중단하라는 정치적 요구도 있었지만 반영하지 못했다.

1984년 들어 전두환 정부는 강경일변도의 학원정책을 유화국면으로 전환한다. 서울아시안게임, 서울올림픽 등의 국제행사를 앞두고 끝없이 억압하며 통치할 수도 없는 일이었다. 학생들의 마음속에 숨어 있던 열망이 부풀어 올랐다. 이는 학원자율화, 민주화에 대한 함성으로 커지고, 시위와 투쟁이 일상이 되었다. 마음속 열망이 거센 불길로 커지는 과정을 〈단대신문〉은 보도기사를 통해 냉철하게 담고 있다.

대학 안팎으로 민주화를 둘러싼 갈등이 확산되고 있었다. 학생기자들은 학내 운동권 지도부들로부터 자신들을 대변해달라는 압력을 받았다. 반면에 대학당국은 〈단대신문〉이 비록 만드는 주체는 학생기자이지만 대학 부속기관으로서 대학의 입장을 대변해야 한다는 주

漢南祝典 28일부터

민중·민주·민족을 주제로

17일, 광주사태 위령제

「축제준비위원회」 14일 발족

교육실습 4週間

작년보다 1배

1985년 제705호(1985. 5. 14)의 축제 보도기사. 1면 머리기사(톱기사)로 축제의 취지가 민중, 민주, 민족이라는 사회민주화의 목표를 실현하는 데 있음을 강조하고 있다. 지면에 또한 최초로 광주항쟁 관련 행사를 예고하고 있다. 당시만 해도 '광주항쟁'은 '광주사태', 혹은 '5·17 문제' 등으로 표현해야 했다.

광주사태 위령제 가져

1천여명의 재학생 참가

◇17일 노천극장에서 거행된 광주사태 위령제 광경

西門에서 투석전 벌여

天安도 위령제 치

期末考査

2학년, 두

제706호(1985. 5. 21) 1면 머리기사. 예년 같으면 축제에 대한 평가, 분석기사가 있었을 텐데 광주항쟁 위령제, 투석전 등 '학생 시위'에 초점을 맞추고 있다. 1천여 명이 참가한 대규모 거리투쟁이 있었지만 같은 신문은 사진을 싣지 못하고 속보(續報)도 하지 못해 복잡한 상황을 암시하고 있다.

[1] 1986年5月27日 (火曜日) 檀大新聞 The Dan-Dae Shinmoon 第733號

檀大新聞

광주항쟁 계승실천대회

20·22일, 總學·「민·민·투」 각각 주도

2학기 수강신청 실시

오는 2일부터 5일까지

木覓의 맥박이여 民主解放의 길로

오늘 전야제를 시작으로 3일간

<한남 대동제 종합일정표>

학생회비 삭감으로 난항

행사내용상 문제, 교비지원 미정

서클제

제733호(1986. 5. 27)의 1면 상황. 민주사회에 대한 국민적 공감대가 넓어지는 상황을 반영하듯 1년 만에 보도기사는 격문으로 학생들의 참여를 유도하고 있다. '광주사태'가 '광주항쟁'으로, 민주화에 더해 '해방'이라는 이념적 가치가 전면에 나서고 있다.

장을 했다.

전자에 서면 발행 금지나 배포 금지, 후자에 서면 어용신문이라는 비난을 받는 지경에 몰렸다. 편집국은 자주 선후배의 날 선 토론으로 격앙되고, 대장지를 놓고 주간 교수와 학생기자 간의 논쟁도 얼굴이 붉어질 정도로 달아올랐다.

편집 방향을 둘러싼 대립은 기자, 국장, 주간 모두에게 힘든 일이었다. 그러나 온 사회가 뜨거운 민주화 열풍에 달아올라 대립과 갈등을 겪고 반목에 시달려야 하는 혼란 속에서도 〈단대신문〉은 기자들의 '제작 거부'나 대학당국의 '발행 중지' 같은 파국을 피할 수 있었다. 그 동력은 두 가지였다. 하나는 학생기자와 지도진(주간 및 국장)의 공감대였다. 당시 기사에서 그 일단을 엿볼 수 있다.

당시 시민들의 민주화에 대한 열망은 '직선제 개헌'으로 집중되었다. 전두환 대통령은 이를 무시하고 호헌선언을 했다. 자신이 차기 대통령을 뽑겠다는 것과 다름없는 폭거였다. 이에 대한 사회적 거부 운동이 강해지며 교수들의 시국선언이 이어졌다. 우리 대학 교수도 24명이 참가했는데 이들 가운데 4명이 전·현직 주간(성의제, 이동희, 임영재) 및 전 편집국장(김수복)이었다. 군부독재의 발톱이 아직도 서슬 퍼렇던 시절에 교수들의 집단행동은 국민의 큰 박수를 받았다. 편집 방향을 놓고 얼굴을 붉히는 주간

敎授24명 시국선언 발표

현상황에 대한 우려 표명

第756호(1987. 5. 19)에는 우리 대학 교수들의 시국선언과 선언문 전문을 보도했다.

교수이지만 그 마음속에 학생기자들과 공유하는 사명은 같다는 공감대가 서로를 묶고 있었던 것이다.

또 하나는 '학생기자들을 다치게 하지 않는다'라는 무언의 전통이다. 글로는 정확하게 표현하기 힘든, 그러나 수습기자 입사식에서 시작해 각종 동문 기자들의 교류에서 만들어진 감성적 공감대라는 전통이 있었다. 내 후배는, 내 제자는, 본인이 외면하지 않는 한 끝까지 지킨다는 전통이었다. 그 일례를 김명섭 동우(45기, 문리대 사학)의 회고로 들어보자.

> (시위에 참가했다가 체포된 뒤) 대충 훈방 처리될 것이라는 순진한 기대와 달리, 직선제를 총 맞기보다 싫어한 정권은 겨우 2학년인 나를 비롯해 2백여 명의 학생들을 대량 구속시켰습니다. 결국 용산경찰서에서 숱한 구타와 협박, 가택수색과 훈시를 받고도 모자라 서대문-서울구치소에서 잡범들과 1개월을 지냈죠. 꼭 한 달 만인 3월 2일 한남동에 돌아올 수 있었습니다.
>
> '전과자'가 되었다는 슬픔도 있었지만 단대신문사에서 쫓겨날 걱정이 저에겐 더 컸었어요. 신문사에 올라가니 당시 편집간사인 변호걸 선배가 몸은 어떠냐고 묻고 나서 '너 신문사를 나갈 거냐?'고 물었습니다. 전 안도의 한숨을 쉬고 '더 하겠다. 남겠다'고 했죠. 그랬더니 간사님이 선선히 웃으며 '좋아. 그런데 더 말썽부리지 마라! 그리고 너 한 달이나 신문제작에 빠졌어. 그니까 편집장은 안 돼!'라며 웃더라고요.
>
> 덕분에 나는 탈수습의 변을 멋지게 쓴 15명의 동기들을 부러워하며 내 석방기사가 실린 725호(1986. 3. 11)를 발송하는 걸로 만족해

야 했어요.

학생기자를 아끼고, 그들의 순수함을 격려하는 전통이 〈단대신문〉의 또 다른 힘이었던 셈이다.

4장

격변기 속 지면 혁신 노력

격변기에 접어든 사회와 대학의 진통 속에서도 〈단대신문〉은 전진을 계속했다. 1985년 3월 19일로 지령 700호를 발간했다. 지령 600호 발간 이후 3년 7개월 만의 일이다.

전체 지면은 20면으로 구성했고, 신문의 시대별 변화상, 르포, 단대신문 동우 좌담회 등의 기사가 눈길을 끈다. 특히, '좋은 신문, 노력과 인내에서 출발'이라는 제하의 기사는 1950년대부터 1980년대

당당하라, 知性이 겨냥한 正論의 城砦여

檀大新聞

紀念辭

紙齡 700號

좋은新聞, 노력과 인내에서 出發

지령 500호 發展의 전환점

아카데미즘통한 저널리즘의 뿌리내려야

檀大新聞 역사가 檀國의 산 역사

시대적 역경 슬기·끈기로 극복해

공감대위한 기자역량 확대 課題

지령 700호(1985. 3. 19) 1면의 화보, 15면에 실린 특집 좌담

15면에 실린 단대신문 기자들의 일상을 담은 삽화. 학생기자들은 항상 과중한 노동량에 시달렸다. 신문제작에 쫓겨 학과 생활을 못하거나 수업 결손이 많은 데 대한 스트레스도 심했다.

까지 일선에서 뛴 동우들을 초청해 〈단대신문〉의 역사에 쌓인 저력을 점검하면서 발전 방향을 논의했다. 당시 참가 동우는 김상배 동우(전 주간), 고 허구회 동우(24기), 김수복 동우(30기), 염세열 동우(32기), 진천규 동우(38기), 권항주 동우(42기)였다.

대학의 학생활동이 눈에 띄게 늘어나면서 당시에는 〈단대신문〉의 부대사업도 활발했다. "단대신문 문화교실"을 개설해 교양강좌를 열고 퇴계·율곡 기념도서관의 장서를 확충하기 위한 도서 모으기 캠페인, 제9회 학술·문학상 공모했다. 또한 장기 기획연재인 "현대사상과 사회발견", "당위성과 가능성"을 정리해 단행본으로 묶어 『단대신문

青脈의 正論 굽이쳐 우뚝선 마흔峰

不惑의 言路

時代는 우리를 시험하고 우리는 時代를 창조할 터

十長生 石彩畵

創刊40주년紀念

르포 생명이 있는동안 만이라도…

예방 대책 소홀 : 진폐환자 증가요인

도급제로 인한 중노동, 작업환경 악화

"탄광 내에서도 작업하는 데 이까짓 탄가루는 아무것도 아니다."

창간 40주년 기념 특집호의 1면과 7면 특집기사(진폐증 르포)

총서 Ⅰ』, 『단대신문 총서 Ⅱ』로 펴내기도 했다.

1987년 3월 25일에 성의제 교수가 주간으로 부임했다. 그리고 제773호(1988. 3. 1)로 창간 40주년을 맞이했다. 이를 기념하는 별도의 리셉션을 가졌다. 학교 안이 아니라 교외(강남구 신사동 소재 리버사이드호텔)에서 열린 이날 행사에는 장충식 총장, 역대 주간 및 국장, 주요 필자, 단대신문동우회 등 300여 명이 모여 성황을 이루었다. 창간 이후 40년 동안 단대신문 기념일이 적잖게 있었지만 발행인이 주관하는 공식 행사가 없었다는 점을 생각하면 단대신문사로서는 감회가 새로운 일이었다.

제797호(1989. 3. 7)에 또 하나의 기념비적인 지면 개혁이 있었다.

우리나라 대학신문 역사상 처음으로 보도면(1면)을 캠퍼스별로 분리해서 편집, 제작하기로 한 것이다. 즉 보도면 기사를 서울캠퍼스 뉴스 전용, 천안캠퍼스 뉴스 전용으로 각각 따로 편집해 제작했다.

보도면 편집을 분리한 가장 큰 원인은 천안캠퍼스의 성숙과 뉴스 수요의 급증에 있다. 당시 편집 간사로 근무한 변호걸 동우(35기)의 얘기를 들어보자.

> 천안캠퍼스가 1980년대 중반부터 급속도로 팽창하기 시작했습니다. 그러다 보니 서울캠퍼스 중심의 뉴스 가치 판단에 대해 신문사 내에서 문제제기가 많았죠. 각 학생자치단체의 활동이 비슷한데 서울캠퍼스를 먼저 다루고, 분량도 더 할애하여, 천안캠퍼스는 비중이 작아지니 당연히 불만이 늘어날 수밖에 없었죠. 1983년부터 연수회를 하면 이런 문제로 논쟁하고 고민이 컸습니다.
> 결국 1989년 1월 동계 연수회에서 양 캠퍼스 간 지면 안배 문제를 논의한 끝에 서울, 천안 캠퍼스의 보도면을 각각 다르게 제작하기로 결정했습니다.

결론은 쉽지만 각론에 들어가면 여러 가지 문제가 뒤따른다. 캠퍼스별 보도면을 만들면 해당 주요 기사의 해설 보도에 대한 지면 배치는 어떻게 해야 하는지, 양 캠퍼스가 모두 알아야 할 주요 뉴스는 어떻게 뉴스 가치를 측정해 지면에 반영할지, '디테일'에서 서로의 입장을 조화롭게

보도면 분리 편집

—이번호부터 양캠퍼스별로

本社는 창간 41주년을 맞아 전국대학신문중 최초로 이번호(797호)부터 양 캠퍼스별 보도면 분리 편집을 단행합니다.

단국대학교의 교세확장과 함께 날로 증가되고 있는 정보량을 소화하고 각 캠퍼스의 독자적인 뉴스가치 등급조정이 불가피한 것으로 판단되어 제작되는 보도면 분리편집은 양 캠퍼스 재학생간의 이질감 해소에도 일조할 것으로 기대됩니다.

本社는 이번 보도면 분리편집을 계기로 時代에 보다 충실한 언론이 될 것을 다짐하며 독자 여러분의 더욱 많은 관심과 참조적 비판을 기대합니다.

제797호(1989. 3. 7)에 나온, 보도면의 분리 편집을 안내하는 "사고"

각 자치기구 예산편성 일단락

總學, 전체 예산중 31% 할당

동아리 알림잔치 마련

예산안 편성방법 변경

49기 수습기자 모집

신입생 위한 문화행사 활발

總學, 환영회 20일부터 4일간 개최

女總 초청강연회 마련

동아리 등록요건 다소 완화

49기 수습기자 모집

제798호(1989. 3. 14) 1면의 캠퍼스별 보도면. 같은 날, 같은 호수의 신문이지만 뉴스 구성이 전혀 달라 독자들은 자신의 캠퍼스에 특화한 뉴스를 볼 수 있게 되었다. 독자들의 이해를 돕고자 영문표기 제호 옆에 “서울보도면”, “천안보도면”을 명기했다.

수용하는 어려운 문제가 병행했다. 그래도 기자들은 ‘단국’의 이름으로 서로를 포용하고 양보하며 지면을 개편했다. 30년 전에 단대신문 기자들이 보여준 ‘단국’의 이름으로, 〈단대신문〉의 대의로 서로를 포용하던 지혜는 지금도 우리에게 감동으로 다가온다.

1989년 3월 28일, 지령 800호를 맞이했다. 지령 700호가 지나고 4년 만의 일이다. 당시 단대신문의 발행일은 월요일에서 화요일로 바뀐 상황이었다. 그러나 전체적인 지면 구성이나 편집국 내부 제작 체제는 큰 변동이 없었다. 매년 24~26회로 발행 횟수와 간격도 일정하고 매우 안정적이었다. 하지만 지면의 내용 구성에 있어서는 1980년대 초중반의 기념호들과 큰 차이점을 보인다. 그 차이점은 두 가지로 압축된다.

하나는 외형은 유사하지만 다루는 소재가 달라졌다. 600호는 대학신문에 대한 전공 교수들의 분석 논문, 한국학 관련 새로운 문제제기 논문, 기존 사진 중심 고정란인 "민족과 전통의 자취" 확대 특집 등이 주를 이뤘다. 반면에 800호는 당시 대세를 이루던 민족문제, 반미문제, 학원자주화와 학생운동 등 민감한 현안을 적극적으로 다루었다.

다음은 필자의 개방이다. 600호에 실린 외부 기고문은 대학의 현직 교수가 전담하다시피 했다. 800호는 학생운동 지도부, 시민단체나 연구단체 종사원 등이 학생운동사, 마르크시즘, 매판자본주의 등을 다루고 있다. 신문사 내부의 관행도 완전히 바뀌었다. 각종 기념호(지령 돌파, 창간 주년)에 실리는 축사는 발행인인 총장의 원고를 받았지만 이후 학생 편집장의 원고로 대체했다.

1980년대의 초입과 말이라는 시간적 배경에 따라 주제나 필자의 개방(혹은 문턱 없애기)이라는 극명한 차이가 나타나고 있다. 1985년 이후 진행된 사회민주화가 이런 결과를 낳았다. 물론 이 과정에 이르기까지 학생기자들의 고민, 편집 지도진과의 갈등과 협의가 끊임없이 이뤄졌다. 그 고민의 일단을 '지령 800호 기념 축사(노병현 당시 편집장)'는 이렇게 고백하고 있다.

> 마지막으로 독자들에게 부탁하고 싶은 것은 단대신문이 많은 오류와 한계를 노정시키고 있더라도 대학신문 종사자의 순수와 뜨거운 열정은 도외시하지 않았으면 하는 바람이다. 대학 언론인의 육체와 정신을 지배하는 버팀목은 사회과학적인 인식보다 순수함과 열정 그 자체이기 때문이다.

民族과 傳統의 자취 그 現場을가다

옛 馬韓 百濟의 湖南-全州·南原을 찾아

그윽한 墨香·先人의 체취 傳統은 사라지고 觀光地化

石燈 부처님께 올린 燈공양

漆器 漆液의 自然美독특

石長栍 南原을 지키는 수호신

合竹扇

활터 힘과 技가 모이는곳

春香祠堂 春香 체취물씬

사진으로 본 80년대 檀國 학생운동사

사진특집

진리의 상아탑에 사복경찰이…

大學의 함성으로

타는 불꽃 되어

학원 민주화도 중요하다

지령 600호(좌, 1981. 7. 13)와 지령 800호(우, 1989. 3. 28)의 사진화보 특집. 기사의 발문에 나타나듯 '그윽하고 차분한' 문화적 소재를 다룬 600호와 달리 800호는 대형 집회, 투석전, 분신자살 학생, 점거농성 등을 보여주고 있다.

시대적 격변이 오면 신문도 격렬해진다. 그것은 학생기자가 변해서가 아니다. 시대가 변하고, 그 변화를 반영하는 것이 신문의 본질이고 사명이기 때문이다. 용공이니 좌파니 하는 이념의 잣대로 학생기자를 판단하는 것은 그래서 헛된 일이다. 시대의 변화, 이념의 대립, 편집권을 둘러싼 고민 등으로 어려운 시기를 지나고 있었지만 〈단대신문〉을 만드는 학생기자들은 결국 그들의 고백에 담긴 말처럼 '순수와 열정'에 뿌리를 두고 있을 뿐이었다. 그리고 그 뿌리는 창간부터 지금까지 〈단대신문〉을 지키는 힘이다.

CTS,
가로쓰기 체제의 도입

제819호(1989. 12. 12)부터 단대신문 제작 방식에 큰 변화가 왔다. CTS(Computerized Typesetting System, 전산사진식자시스템)를 도입한 것이다. 이에 앞서 인쇄 방법도 기존 납판(연판)에 근거한 요철형 인쇄에서 평판을 이용한 옵셋(off set)인쇄로 바뀐 바 있다. CTS는 활자와 지형, 연판을 근간으로 하던 제작방법을 근본적으로 바꿨다. 전산사식기를 사용하여 원고를 출력, 편집하고 인쇄도 평판인쇄를 사용하기 때문에 제작 현장에서 더 이상 납 활자, 동판 등을 볼 수 없게 되었다. 글자꼴도 납으로 주조하던 활자에 비해 더 크고, 명확한 서체를 다양하게 적용할 수 있어서 읽기 쉽고, 보기 편한 지면을 만들 수 있다.

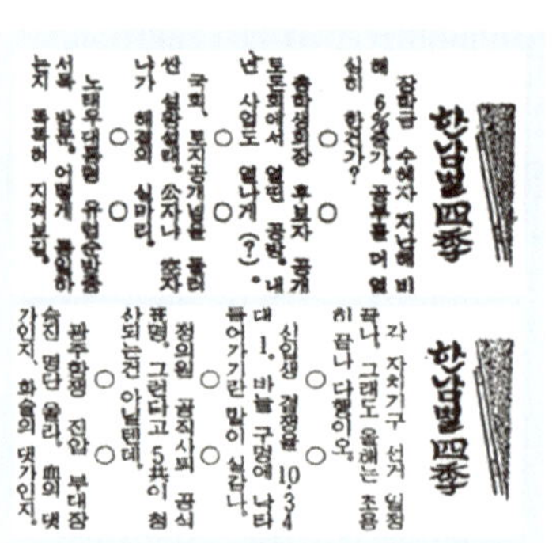
한남벌四季

한남벌四季

위는 CTS 도입 전의 "한남벌사계"(제818호), 아래는 도입 뒤 첫 신문(제819호)의 같은 기사. 편집이나 다른 조치가 없었지만 활자 크기가 커져 가독성이 좋아졌다.

1990년 3월 15일에 변호걸 동우(35기 사범대 특수교육)가 편집국장으로 취임했다. 변호걸 국장은 1984년부터 편집간사로 재직하며 가장 가까운 거리에서 학생기자를 육성해왔다.

변 국장 취임 이듬해에 대대적인 지면 개편이 있었다. 보도면, 학술면, 기획면, 여론생활면, 사회보도면 등으로 면별 특성화를 했다. 고정란도 확대 개편했는데 "원주율 산책", "학술중계탑" 등을 신설하는 동시에 "화요강좌"와 "백묵처방"을 통합했다. 그동안 편집장이 전담하던 "백색볼펜"은 부장들이 공동 집필토록 하고 "데스크칼럼"은 폐지했다. 자연과학 부문의 읽을거리를 확대하고, 지면 전체에서 읽기 어려운 논문의 비중은 줄이면서 보도면을 늘렸다. 독자에게 직결된 생활 정보나 대학 동향을 늘려 '대중화'라는 지향점을 강조하는 개편이었다. 그러나 전체적인 내용은 사회변혁(노동, 통일, 반미) 운동에 대한 관심과 비중이 높게 차지하고 있다.

이 지면 개편은 보도면의 증가 등 기자의 기사가 지면 전체에서 차지하는 비중이 급증하는 결과를 낳았다. 서울, 천안 양 캠퍼스 보도면 분리, 새로운 보도면의 신설, 기존 특집 기사 외에 단신이나 해설용 고정란의 증가는 시간이 흐르면서 부작용을 낳기에 이른다. 즉 기자들이 부담해야 할 '신문제작 노동량'이 급증한 것이다. 나중에 이러한 기자 노동량의 증가는 기자의 감소와 맞물려 중도 탈락 기자 증가 → 남은 기자들의 기사 부담 급증 → 업무 부담에 따른 기자 탈락 등으로 순환된다. 그러나 당시에는 이러한 후유증을 예감하기 힘들었다.

한편 1992년 3월 10일에 김수복 동우(30기, 당시 인문대 부교수)가 성의제 교수에 이어 편집인 겸 주간으로 취임했다. 주간, 편집국장이 모두 단대신문사 동우로 구성되었다. 학생기자 생활을 한 선배, 후배가 다시 모교 신문사의 주간, 국장으로 한 배를 타는 일은 흔할 수 없는 경우이다. 창간 45년이라는 연륜의 무게가 느껴지는 대목이라 하겠다.

1993년 4월 27일, 제900호를 발간했다. 900호 발간을 계기로 그때까지 견지해온 세로짜기(縱組) 체제에서 가로짜기(橫組) 체제로 전환한다. 1947년 3월부터 유지해온 조판 체제를 근본적으로 바꾼 것이다. 신문제작이 활판(活版)에서 CTS로 바뀌면서 조판체제의 가로짜기 전환은 필연적이었다.

상업용 일간지의 경우 1983년 4월, 동아일보가 스포츠면에 가로짜기를 도입하면서 다른 일간지들도 일부 지면이나 고정란에 실험적으로 시도해왔다. 그러다가 스포츠서울이 1985년 6월 창간하면서 전체 지면을 가로짜기로 시작했다. 이후 한겨레신문, 국민일보가 창간호부터 가로짜기를 채택하면서 이 흐름은 각 대학신문에 전반적으로 확산되었다.

〈단대신문〉은 이 같은 흐름에서 한 발 뒤로 물러나 있었다. 가장 큰 이유는 46년간 지켜온 전통에 대한 애정이었다. 오래된 전통, 선배들이 전해준 전통을 바꾼다는 일에 자칫 선후배의 정서적 단절이 생길 수 있다는 우려가 조판체제 전환을 머뭇거리게 했다. 2년간 고정란이나 학술면(논문)의 가로짜기를 시도하던 편집국은 결국 가로짜기를 선택했다. 그 이면에는 대학신문에 대한 외면이 본격화되고 있는 현실에 대한 위기의식이 크게 작용했다. 제900호(1993. 4. 27) 2면의 지면 혁신 해설기사에는 당시 기자들의 고민이 솔직하게 드러나 있다.

(대학신문이 최근 독자로부터 외면받아 '읽히지 않는 신문'으로 전락했다며)

실제 매주 화요일 발행되는 본지의 경우에도 당일 우체국에 가보

檀大新聞

5월 투쟁 열기 확산

지난 9일, 전국적 반민자집회 3만명 참가

민자당 재집권 저지기간 선포

19일 국민대회, 28일 전대협 출범식

어버이날 감사의 잔치

14일 흑곡기등반대회

91년 2학기 부업알선률

서울캠82.1%로 나타나

준비위, 동문 참여유도에 중점

53기 수습기자 추가모집

노조 단체협약 갱신등 합의

세로짜기와 가로짜기로 조판한 1면 보도면의 변화. 세로 10단에서 가로 7단으로 골격이 변했고, 제호를 확대해 주목도를 높였다. 기사 게재량은 줄었지만 지면은 시원해져 읽기 편한 느낌을 주고 있다.

> 면 수두룩하게 쌓여 있을 정도로 대학신문은 편지나 방석 정도로 밖에 쓰이지 않고 있는 실정이다. (…) 지령 900호의 금자탑을 쌓은 단대신문은 이러한 대중의 비판을 극복하고 지양하기 위해 새로운 방향 모색에 부심하지 않을 수 없었다.

대학신문은 1980년대에는 '기성언론'에 대한 대항 매체라는 인정을 받았다. 사회에는 몇 개의 종합 일간지와 문학잡지 외에는 읽을거리가 없었다. 재학생들에게 대학신문은 각종 대학생활 정보를 한눈에 전해주는 '정보지'였고, 자신의 '글빨'을 뽐낼 수 있는 광장이었다. 기자들이 돌리고 돌려서 쓴 기사의 행간에서 시대의 아픔을 더듬어 공감하는 일기장이기도 했다.

1990년대 들어 대중은 신문보다 더 멀리 나가 있었다. 민주화로 인해 다양한 매체의 다양한 주장을 얼마든지 찾아 읽을 수 있었다.

대안언론으로서 대학신문의 매력은 시들어 가고, TV와 대중예술의 눈부신 발전은 활자의 시대에 종언을 고하고 있었다. 심지어 학생운동도 이념적 편향, 과격함을 이유로 학내에서조차 외면받기 시작했다.

대학신문들은 가로짜기만이 아니라 여론, 학술, 생활정보 등을 강화한다고 나섰다. 기사를 줄이고 사진이나 그림을 더 많이 활용해 보는 신문으로 바꾸기 위해 노력했다. 그러나 시대는 계속 변하고 있었다. 신문이 변하는 것보다 더 빨리, 더 깊게, 그리고 더 멀리.

신문사 체질 강화 노력과 1000호 발간

신문제작 방식을 최신화하고 내용도 대중성을 강조하면서 변화를 추구하고 있었지만 정작 위기는 신문사 내부에서 커지고 있었다. 그것은 학생기자의 급격한 감소였다.

1993년 3월 "사령"을 보면 임기를 마치고 퇴임하는 부장 기자는 9명이다. 새로 취임하는 부장은 5명, 수습을 마친 정기자는 6명이다. 이는 양 캠퍼스를 합친 숫자이다. 한 달 뒤인 4월 말에 새로 선발한 수습기자는 총 7명이었다. 사진부 기자 2명을 포함한 인원이다. 그래서 수습기자를 추가로 모집했다. 2개월이 지난 6월에 충원한 기자는 단 1명. 그래서 기자 전체가 19명인 셈이다. 보통 여름방학을 지나면 수습기자와 정기자의 30% 정도가 탈락하는 경우를 고려해볼 때 1993년 하반기의 기자는 12~13명 정도로 추정된다.

그 이듬해인 1994년을 보자. 부장 4명, 정기자 6명, 수습기자 7명으로 총 17명. 서울캠퍼스에는 부장 기자가 전무했다. 1970년대 이후 처음 있는 일이었다. 1995년의 경우 부장 2명, 정기자 7명, 수습기자 11명으로 20명이었다.

학생기자는 대학신문을 제작하는 노동자이자 새로운 지면과 콘텐츠를 만들어내는 창조자이다. 그들이 없으면 신문은 나올 수 없다. 연도별 발행 횟수는 ▲1994년: 15회 ▲1995년: 15회, ▲1996년: 17회, ▲1997년: 17회였다. 그전까지 1년에 평균 24회 정도의 신문을 제작한 일에 비교하면 발행 간격이 격주간이나 다름없었다는 걸 알 수 있다. 기자 부족이 〈단대신문〉의 빈곤으로 이어진 것이다.

학생기자 급감의 가장 큰 원인은 재학생들의 관심이 달라졌기 때문이다. 당시 신문사를 입사한 뒤 중도 퇴임한 강종헌 동문(53기, 문과대 국어국문학)의 회고를 통해 배경을 알아보자.

> 당시 X세대라는 단어가 유행하기 시작할 때였습니다. 경제개발, 민주화가 어느 정도 가시화되자 대학생들은 '사회'가 아니라 '자신'에게 관심을 돌린 거죠. '서태지와 아이들' 같은 새로운 대중문화의 흐름도 거세졌었죠. 집단 문제보다 나 자신의 개성이 중요해지던 시기였습니다. 저부터도 신문사 기자가 되고 싶었던 건 멋진 글을 써보자는 거였는데, 제가 잘 몰랐던 거죠. 해야 할 일, 그리고 의무가 많았어요. 신문사는 단체생활이니까요. 친구들이랑 만나는 것도 눈치 보이고, 학점에 신경 쓰면 이기적으로 생각하는 것 같고. 내가 이기주의자로 보이면 어쩌나 하는 고민이 많아졌죠. 결국 퇴사를 결심했어요. 특별히 신문사가 싫거나 그런 건 아니었어요. 내 생활에 충실하고 싶은 마음이죠.

신문사가 재미없어진 시대가 온 것이다. 시대를 호흡하고, 자유와 정의를 위해 싸운다는 것도 부담스러운 일이 되었다. 인터넷이 서서히 생활 속으로 들어오고 있었다. 온라인으로 사람을 만나고, 정보를 얻고, 게임을 하기에도 시간이 부족한 시대가 되었다. 신문이라니, 대학신문이라니? 매일 항일독립투사라도 된 듯 회의하고, 잠 못 자며 기사를 쓰고, 게다가 신문도 짊어지고 다니는 학생기자라니……. 당시 학생들의 분위기를 같은 학생이자 기자였던 이은숙 편집장은 "백색볼펜"을 통해 이렇게 비판했다.

너무일찍 지쳐버린 우리 젊은 패기로 상황을 극복

현대사에 대한 관심필요

사회현상, 올바르게 봐야

뿌리를 볼수있는 참언론 돼야 비난아닌 올바른 관점 필요

안경의 선택과 관리

안경의 생활필수품화·패션화

컴퓨터 초고속 주변기기

초고속의 6배속 CD-ROM

단국 1만8천5백은 하나다 진정한 화합으로 하나돼야

제993호(1995. 4. 11) 여론, 생활면의 기사들. 기사 제목들을 보면 '관심', '젊은 패기', 화합' 등을 강조하고 있다. 학내 분위기가 개인주의, 공동체에 대한 무관심, 현실문제 외면 등으로 쏠리고 있음을 역설적으로 암시하고 있다.

> 'X세대'니 뭐니 하는 요즘을 '나는 나'라고 한마디로 표현하곤 한다. 자신만의 개성을 강조하는 이 말과는 달리 우리의 사는 모습은 하나같이 이기적이다. (…) 사회활동 동아리는 사람이 없어 문을 닫는 실정인데 학점으로 인정되는 사회활동에 사람이 몰린다는 얘기를 듣고 씁쓸했던 기억이 있다. (…) 지금 우리가 살고 있는 오늘은 어제 죽은 이들이 그토록 살고 싶었던 내일이라는데 우리의 모습이 얼마나 이들(민주화를 위해 죽어간 열사들) 앞에 당당할까? 우리는 역사 속에 스쳐가는, 하지만 그 순간의 주인으로 살다 가는 것이다.

1994년 9월에 권항주 동우(42기 문리대 독문학)가 변호걸 동우의 뒤를 이어 편집국장에 취임했다. 권 국장은 김수복 주간과 함께 기자들의 중도탈락을 막기 위해 다양한 노력을 기울였다. 대기업의 후원을 얻어내 유럽이나 호주로 취재 여행을 가도록 했다. 신문 배포 작업이나 잡무를 없애거나 줄여나갔다. 1997년부터는 2학년 기자들도 부장직을 부여해 책임감을 고취하고 편집기술도 조기에 습득시켜 작업 부담을 분산시켰다. 미술부 기자는 아예 미술 관련 학과 학생에게 해당 작업만 하도록 해 전문화했다.

김수복 주간의 뒤를 이어 박원희 교수(사범대 특수교육)가 주간에 취임(1997. 9. 2)했다. 박원희 주간은 신문사 예산을 확대편성토록 최선을 다했다. 당시 대학의 재정난이 극심한 시기였지만 신임 주간은 인화력으로 제작 예산과 장학금 확충에 주력해 큰 도움이 되었다. 이런 노력 덕분에 분위기가 나아지면서 신문제작 횟수도 20회를 넘어섰다. 학생기자의 수급도 간헐적 증감이 있기는 했지만 최악의 상황은 벗어날 수 있었다. 활력을 찾은 신문사는 개교 50주년 기념호(제963호)와 창간 50주년 기념 특집호(제980호)를 각각 24면씩 증면 발행하는 저력을 보였다.

이어서 1998년 12월 1일 자로 지령 1,000호를 발간했다. 창간 50년 9개월 만의 일이다. 총 24면으로 나온 기념호는 1면 축시를 김수복 동우(30기, 당시 인문대 부교수)가 헌정했고, 마지막 24면을 장현철 동우(46기, 당시 미디어오늘 기자)가 장식했다. 51년에 가까운 세월 동안 단대신문을 거쳐간 학생기자들이 다져온 인적 자원의 두께를 알게 해주는 사례이다.

김수복 동우는 축시를 통해 "단대신문, 그 이름만 들어도 / 가슴

본사선정

단국50年 사진으로 본 10대 뉴스

본사선정

檀大新聞

980호 주요기사

반백년의 역사적 교훈을 각인하고 미래문화의 결실을 기약하자

단대신문사 58기 수습기자 모집

개교 50주년 기념호(제963호)에 실린 "단국 50년 사진으로 본 10대 뉴스" 전면 기사(왼쪽). 창간 50주년 기념 특집호(제980호) 1면 화보(오른쪽). 제호 왼편에 창간 50주년 기념 엠블럼을 만들어 배치했다. 1996년부터 기념 특집호에 컬러 인쇄를 활용하기 시작했다.

檀大新聞

1000호 주요기사

16 1000호 특집

양질의 재원확보 위한 지원체계 구축돼야

지령 1000호 기념호

이 달아오르는 길들이 있었다"고 고백했다. 김 시인은 그 길을 "새희망 같은 잉크냄새가 풍기는 / (…) / 언제나 가슴 뭉클한 새님 같은 / 사랑을 서로에게 나누어주던 길이 있었다"고 돌아봤다. 그리고 "시대의 어둠이 앞길을 지우려 해도 / 바람 속에 서로의 몸을 부비며 / 스스로의 몸을 사루어 온 길들 / 아, 이제 단대신문 그 이름만 들어도 / 가슴 설레는 / 우리들 천의 길이여!"라며 〈단대신문〉의 여정에 찬사를 보냈다.

이와 함께 6명의 전·현직 주간들이 한자리에 모여 "주간의 입장에서 본 단대신문의 역사와 학생기자들의 열정"을 진솔하게 토로했다. 이 밖에도 인터뷰, 만화 및 만평, 광고를 통해 대학신문의 변천사를 분석한 기사도 여전히 참신한 기사이다. 한편, 지령 1,000호 돌파를 기념해 대학당국은 별도의 기념식을 당시 서울캠퍼스 난파기념음악관에서 개최해 단국인들과 기쁨을 나눴다.

신문제작에도 변화가 있었다. 1999학년도부터 격주 간격으로 4면을 증면하기로 했다. 12면 발간 때는 1면, 12면은 컬러면으로 인쇄했다. 8면, 12면을 번갈아가며 제작함으로써 주간 12면 체제를 준비하기 시작한 것이다.

'팩트'와 '열정'은 언제나 강하다

1994년 이후 우리 대학은 서울캠퍼스 이전을 둘러싸고 심각한 내홍을 겪었다. 점거농성, 수업거부 같은 학생 자치단체가 주도하는 시위가 줄을 이었다.

학교 바깥으로는 이전 후 개발이 될 한남동 부지의 사업권을 놓고 시행사업 회사, 건설 회사, 주택조합 등이 이전투구를 벌이면서 각종 고소, 고발을 남발해 대학을 흔들었다. 학생들은 이전 자체를 반대하느라 대학당국을 비난하고, 사업 관계자들은 자기의 이익을 위해 대학과 법인을 비난했다.

진퇴양난, 설상가상의 난국 속에 곤욕을 겪는 것은 대학당국만이 아니었다. 〈단대신문〉도 마찬가지로 온갖 압력과 비난을 감수해야 했다.

그러나 이전 반대 캠페인을 주도하는 총학생회는 '캠퍼스 이전에 대한 어떤 설명, 논의도 원천적으로 거부한다'는 입장이었다. 학교당국도 총학생회의 거센 반발에 눌려 학내 구성원들에게 제대로 신캠퍼스 관련 정보를 제공할 엄두를 내지 못할 정도였다.

〈단대신문〉이 관련 보도를 할 때마다 캠퍼스 이전을 홍보한다는 비난이 있었다. 물론 신문사로서는 캠퍼스 이전의 당위성을 떠나 총학생회나 운동권 지도부의 의견을 받아들일 수 없었다. 이미 공사가 시작된 사업을 '절대로 안 간다. 캠퍼스 이전은 우리의 투쟁으로 결국 좌절될 것이다'라는 식으로 선전하는 것은 대학인의 자세가 아니기 때문이다.

1997년 여름방학 동안 단대신문사는 신캠퍼스에 대한 대형기획을 준비했다. 아무도 제대로 알지 못하는 '신캠퍼스의 실체'를 제대로 드러내고 찬성이든, 반대든 공론의 장을 갖자는 취지에서였다. 2학기 개강을 하자 단대신문 1면에 "내년 8월 완공 목표, 건축공사 9.4% 진행" 제목으로 기사가 실렸다. "기획—신캠퍼스"라는 연재 특집의 머리기사였다.

내년 8월 완공 목표, 건축공사 9.4% 진행

수익증대 위해 서관 이용 계획 재검토 중

(1)신캠퍼스의 현재

우리대학 분당 신캠퍼스(이하 신캠퍼스)가 지난 28일 현재 건축공사 9.4%의 공정률을 보이며 진행되고 있다. 지난해 7월 기공식 이후 지난 4월까지 벌채작업과 부지정지작업 등 지반을 다지는 토목공사를 마친 신캠퍼스는 지난 4월 용인시에서 건축공사 허가를 받음에 따라 공사를 진행해 오고 있다. 또한 신캠퍼스로 통하는 진입로 공사는 현재 공사차량과 자재운반을 위한 기초적인 길을 마련해놓은 상태로 40%의 공정률을 보이고 있으며 건축공사가 마무리되는 내년 8월 완공에 맞춰 완성될 예정이다. 그러나 신캠퍼스의 건설업체 중 하나인 (주)기산이 지난 7월 자회사인 기아그룹의 부도유예처리로 자금난을 겪으며 약 20여일간 공사가 중단됨에 따라 신캠퍼스 공사의 일정부분 차질이 불가피할 것으로 보인다. 이에 대해 허문명 법인 건설처장은 "현재 (주)기산은 8월말까지 계획한 건축공사 10%중 5%의 공정률에 그치고 있지만 8월 중순부터 본격적인 공사를 재개, 야간작업과 휴일작업을 통해 차질이 생긴 공정을 메꾸고 있다"고 밝혔다.

또한 공사지연에 따른 신캠퍼스 완공 시기에 대해 법인측은 "시공사측의 사유로 인해 공사가 지연되어 완공이 늦어질 경우 법적인 모든 책임은 시공사측에서 지게 되어있고 완공이후 개발에 들어가기로 계약이 되어있는 한남동 캠퍼스 개발사업도 지연되기 때문에 손해를 막기위해서라도 시공사의 사운을 걸고 완공시킬 것"이라고 덧붙였다.

한편 지난 7월 고도제한 지구로 지정된 한남동 캠퍼스 부지를 둘러싸고 서울시와 법인 행정소송에서 패소한 우리대학과 세경진흥은 서울고법의 원심판결에 불복, 지난달 4일 대법원에 상고했다. 지난 7월 11일 우리대학과 부지를 매입한 세경진흥(주)이 서울시를 상대로 낸 '도시계획 용도지구 변경결정처분 무효확인 청구소송'에서 재판을 맡은 서울고법 특별4부는 "서울시가 단국대 부지에 대해 도시계획위원회의 정상적인 의결을 거치고 정해진 규정에 따라 고도제한지구로 결정한 만큼 절차상 하자가 없다"며 단국대의 청구를 기각하고 세경진흥의 청구를 각하했었다. 이와 관련, 법인 김갑용 사무처장은 "한남동 캠퍼스의 고도제한 지구 문제는 매매약정을 체결한 이후 결정된 일이기 때문에 우리대학과는 무관한 문제지만 세경진흥과의 상도의상 상고를 하게됐다"고 밝혔다. 이와는 별도로 법인은 수익증대를 위해 서관 등 법인 수익자산의 새롭고 효과적인 이용방안을 심도있게 검토중인 것으로 알려졌다.

(4면에서계속)

○ 신캠퍼스 중앙도서관의 공사현장 모습.

모습 갖춰가는 신 캠퍼스

'단국대역 신설' 민원신청, 주변 정화지역 검토

신캠공정 원활, 최첨단·그린 캠퍼스 건설

제972호(1997. 9. 2)부터 시작된 "기획 신캠퍼스"의 첫 회 기사(왼쪽은 1면 머리기사, 오른쪽은 4면 몸통기사). 대학 본부, 대학 법인, 총학생회 등 누구도 신캠퍼스의 전모와 비전을 상세히 공유하지 않은 채 농성만 거듭하는 상황에서 기획을 연재하자 재학생의 반향이 매우 컸다.

기사가 나가자 학생들은 신캠퍼스의 공사 현황을 비로소 자세히 알 수 있었다. 반면에 총학생회 측의 격렬한 반응이 있었다. 신문 발행 다음날 규탄 시위를 열었다. 교내 배포 중인 신문을 거둬 화형식을 가졌다. 학교당국이 〈단대신문〉을 통해 신캠퍼스의 진상을 가리고 있다고 주장했다. 심지어 신문사에 사실 확인도 하지 않고 해당 기사를 쓴 기자가 가공의 인물이라고 단언하기도 했다. 해당 기사를 쓴 김정호 기자는 편집국 사무실에서 신문 화형식을 지켜보고 있었다.

기획을 준비하느라 방학 때도 쉬지 않고 법인 사무실, 대학 본부를 쫓아다녔어요. 학생 입장에서 왜 이전을 해야 하는지, 가면 어떤 일이 생길지, 안 갈 수는 없는지를 취재했습니다. 진실을 알고 싶었으니까요. 그렇게 준비한 기사인데 총학생회는 시위를 주도하면서 대학 법인이 기사를 다 써준 거다. 김정호라는 인물은 가짜로 지어낸 거다, 라며 연설하는데 폭소가 나오더라고요. 바로 그 다음 날인가 학자추(학원자주화추진위원회의 줄임말)라는 운동권 학생들이 몽둥이를 들고 신문사에 올라왔습니다. '왜 가짜 인물을 만들면서까지 신캠퍼스 기사를 쓰는 거냐'며 항의하더라고요. 편집장 선배가 김정호가 누군지 확인해줬죠. 단대신문 지면을 보면 다른 기사가 있고, 제가 총무부장을 맡고 있었으니까요.

항의하러 온 학생들은 하릴없이 물러났다. 기사도 관계 부서의 자료를 차근차근 수집하고 한 달 넘은 취재를 바탕으로 만들어진 만큼 상당한 깊이가 있었다. '무조건 이전 반대'만 외치던 총학생회나 운동권 입장에서는 보도 내용이 거짓이라 논박할 근거를 갖고 있지도 않았다. '팩트(사실)'는 언제나 '선동'보다 강한 법이다. 사실을 존중하는 정신에 진심이 더해지면 이룰 수 없는 일도 현실이 되곤 한다. 1998년 3월 6일에 발생한 대학 법인의 부도 당시에 있었던 일이다.

대학 법인의 산하에 있는 대학 역시 그 후유증으로 자금의 유동성이 매우 심각하게 저하된 상태였다.

〈단대신문〉도 마찬가지였다. 신문제작에 필요한 제작비(원고료, 취재비 등)와 인쇄비를 대학당국이 지급하지 못한다는 통보가 온 것이다. 교직원의 급여를 감당하기에도 급급한 형편이었으니 부속기관인 신문사의 경상비를 마련하기 어려운 형편이었다.

상황이 상황인 만큼 〈단대신문〉을 휴간하는 것도 이상한 일이 아니었다. 그러나 당시 편집국장으로 재직 중이던 권항주 동우(42기)와 학생기자들은 신문을 계속 만들었다. 어떻게 그런 일이 가능했을까?

> 대학 본부에서 신문 제작비 지원이 당분간 어렵다는 통보를 받고 김정호 편집장 등 부장단과 회의를 했습니다. 신문을 쉬어야 하지 않을까 해서요. 그런데 기자들의 대답이 의외였어요. 학생기자들이 1997년도에 지급된 원고료 등을 모아 놓은 돈이 있으니 자신들 취재비나 교통비, 밥 걱정은 하지 말라는 겁니다. 지금 학교가 어려운데 이런 때 역사를 신문에 남겨놔야 한다는 거죠. 얼마나 모았냐고 물으니 '한 백만 원쯤이요'라고 답해주더군요. 당시 신문 1회를 제작하는 원고료랑 취재비, 진행비가 약 190여만 원 안팎이었습니다. 100만 원으로 언제까지 버틸 수 있을지 상상이 안 됐습니다. 하지만 회의를 하면서 제가 너무 안일했구나 하는 반성을 했습니다. 저도 학생기자 생활을 했지만 신문에서 가장 중요한 것은 기

자이고, 그 기자들의 열정이 가장 큰 힘이라는 걸 잊고 있었던 거죠. 정신이 번쩍 들었습니다. 대학 분위기가 맥을 잃고 침울한 상황이었지만 근심 없이 할 수 있는 데까지 해보자는 후배들의 웃음이 나를 이끌었습니다.

권항주 당시 편집국장의 회고처럼 학생기자들은 너무나 태연했다. 권항주 국장은 그들의 의지를 실현하고 싶었다. 조판 및 인쇄를 담당하는 〈한국대학신문사〉를 찾아가 상의했다. “당장 대금결제는 못하지만 상황이 풀리면 꼭 갚아주겠다. 아니면 내가 갚겠으니 인쇄비는 외상으로 해 달라”라고 설득했다.

제작사 측도 선선히 제안을 받아들였다. 오랫동안 쌓아온 신뢰, 그리고 신문을 만들고 싶다는 간절함을 외면하기 힘들었던 것이다. 그렇게 시작된 신문제작은 제981호(1998. 3. 10)부터 제990호(1998. 6.2)

檀大新聞

제985호 1998년 4월 7일 (화요일)

관선이사 파견·총장해임·부동산 매각 허용

2일 법인 특감 결과 발표, 총부채 2천5백62억
학교자금 4백95억 전용, 교무위원 전원 사표

자유교양 학기구분 없이 신청가능

천안캠퍼스 분반 통해 불편 줄일 예정

소년소녀 가장, 고령자, 학교장추천 특별전형 신설

대학 법인의 부도 이후 실시된 교육부의 특별감사 결과를 보도한 제985호(1998. 4. 7)의 1면 머리기사까지 지속되었다.

당시 편집장으로 재직한 김정호 동우(56기, 정경대 정치외교학)의 회고를 들어보자.

> 돈을 모아 놨지만 매주 신문을 만들었으니까 오래가지는 못했죠. 그런데도 권 국장님이 원고료랑 진행비를 계속 지급해줬어요. 저는 그런가 보다 하고 편하게 신문을 만들었는데, 나중에 알고 보니까 국장님이 개인 돈으로 충당하고 있었습니다. 1학기 내내 그렇게 했으니 상당한 부담이었죠. 그때 교수님, 직원 선생님들도 대학 살리기 운동을 벌여 급여를 반납하느라 쪼들렸을 텐데……. 2학기가 되어 자금이 풀려 비상시기가 지난 뒤 물어봤더니 국장님이 붓던 적금을 깨고, 대출을 받아서 해결했다고 알려주더라고요. 좀 미안했습니다.

〈단대신문〉이 당시 상황에 주저앉아 발행을 멈추고 휴간에 들어갔다면 어떤 일이 일어났을까? 다만, 1998년 3월부터 재발행 시기까지 학내에서 있었던 수많은 단국인의 삶을 지금 원한다고 찾아볼 수 없을 것은 명확하다.

수많은 동문, 교직원들이 구교기금을 내고, 학생들은 각종 대회에서 좋은 결과를 만들었다. 동아리들은 옹기종기 모여 자신들의 이야기를 만들어갔다. 이런 크고 작은 기사 속에 담긴 단국인의 삶, 그들이 남긴 숨결과 자취들이 곧 단국대학의 역사이다. 학생기자들은 본능적으로 〈단대신문〉의 역사적 기능을 체득하고 있었고 역사를 남기기 위해 묵묵히 자신의 본분을 실천했다.

죽전캠퍼스 시대 개막과 미디어센터 설치

대학 법인의 부도라는 충격에서 벗어나 1999년 신학기를 맞았다. 〈단대신문〉도 제1001호(1999. 3. 2)부터 주간 8면, 간헐적 12면 발간에서 벗어나 '격주 12면 발행'으로 증면을 단행했다. 또한 12면을 발행할 때는 1, 12면을 4도(컬러)로 인쇄하기로 했다.

■ 99학년도 1학기 면 증면 및 개편안내

격주 4면 증면, 취업·여론면 확대, 문화면 대폭 강화

제1001호(1999. 3. 2) 창간기념호 특집 기사를 통해 주간 4면 증면 및 새로운 편집 방향을 해설하고 있다.

동시에 1990년대 중반까지 대세를 이루던 이념, 정치 위주의 지면 구성을 벗어나 취업, 대중문화, 학내 구성원들의 의견 등에 중점을 두기로 했다. 이 같은 노력은 1997년 이후부터 추진한 학생기자들의 새로운 시도였다. 대중성을 확보해 독자들에게 더 가까이 가자는 노력의 일환이었다.

2000년 들어 이 같은 노력을 더욱 강화해 보도면의 해설기사 비

중 확대, 21세기를 이끌 인터넷, 디지털 혁명 집중 기획, NGO에 대한 현장 밀착 취재 및 소개, 유명 동문 발굴 및 인터뷰를 활용한 재학생 사기 진작, 교수 및 재학생의 해외여행 경험담 소개 등을 신설했다. 21세기 개막 즈음의 한국사회 변화상을 적극적으로 수용하고 학생 독자들에게 유익한 정보, 읽을거리를 더욱 강화하겠다는 의지의 반영이었다.

이 같은 변화를 편집국은 '실용적 신문'이라고 정의했다. 이후 지금까지 〈단대신문〉은 이 같은 '생활밀착형 대학신문'의 컨셉을 견지하고 있다.

檀大新聞

漢南半百年 千年檀國礎石
新竹田檀國萬歲 英才養成

죽전 센트로캠퍼스 시대 개막

30일, 준공 및 이전 기념식 가져

세상의 중심, '센트로캠퍼스(Centrocampus)'

'마린보이' 박태환, 우리대학 온다

지난 31일, 입학지원서 제출

죽전 센트로캠퍼스 개교와 더불어 세상의 중심이 됩니다

제1205호(2007. 9. 4) 1면의 레이아웃. 서울캠퍼스를 죽전캠퍼스로 옮기고 발행한 첫 신문이다. 개강 첫날, 신캠퍼스 등교 첫날의 풍경을 사진으로 담고 있다.

제1063호(2002. 2. 26)부터 격주 12면을 '주 12면(1, 12면 컬러) 발행'으로 지면을 확대했다. 이어서 제1140호(2005. 3. 1)부터 전체 12면 가운데 4면을 컬러로 제작하기 시작했다. 이에 따라 1, 6, 7, 12면이 매주 컬러로 나왔다.

이듬해인 2008년 3월 11일 창간 60주년을 기념해 특집호를 24면으로 발행했다. 특집호를 살펴보면 달라진 대학신문의 경향을 한눈에 짚을 수 있다. 전체 24면 가운데 정치(정당, 정권, 계급, 이념 등)와 사회문제(노동,

지역, 빈부격차 등)에 대한 어떤 이슈도 등장하지 않는다. 지면의 대부분은 학내 소식, 취업, 캠퍼스 화제의 인물, 여행 등 연성(軟性) 기사들이 차지하고 있다.

'주간 신문'이지만 '주간지'에 가까운 피처 스토리(feature story) 중심의 뉴스 배치는 1990년 중반 이후 진행한 '대중성', '실용성' 중심의 지면 구성이 낳은 결과이다. 그 한편에는 대학신문에 대한 대학인의 관심 저하가 범 대학적으로 확산되면서 이를 극복하려는 자구 노력이 자리 잡고 있기도 하다. 대학 언론인들은 독자의 관심, 열의가 식어감을 피부로 느끼고 있었다. 대학신문 기자를 희망하는 학생들도 급감했다.

임현수 동우(60기, 사회대 언론영상학부)의 설명이다.

> 외환위기 이후 대학이 완전히 변했습니다. 입학하면서 새로운 경쟁을 강요받게 된 겁니다. 성적, 스펙, 취업에 이르는 경쟁이 대학생들에게 생존의 문제로 다가온 거죠. 뭔가를 준비해야 한다는 미래에 대한 불안감이 학생들을 사로잡았습니다. 또 하나 결정적인 변화가 있습니다. 인터넷의 대중화입니다. 게임부터 영화, 음악 같은 대학인들이 좋아하는 모든 것들이 인터넷으로 보급되고, 즐길 수 있게 됐으니까요. 총학생회장을 뽑으려 해도 투표율이 낮아져 선거 자체가 성립이 안 되고, 총학생회장이 있어도 같이 일할 학생들이 없어 집행부 구성도 못하는 일이 흔해졌습니다. 대학신문도 이런 큰 변화를 거부할 수 없는 거죠. 단체생활보다는 내가 하고 싶은 일, 내가 즐거운 일, 나에게 뭔가 이익이 되는 일이 중요해진 겁니다.

〈단대신문〉은 이 변화에 맞설 수 없었다. 지면은 더 소프트하게 만들고, 수습기자 선발도 응시자가 없어서 연기를 거듭했다. 수습기자로 1학년을 골라 뽑던 시대는 가고, 1학년이든 2학년이든 차별하지 않았다. 1학기 수습기자 선발의 전통도 다시 40년 전으로 돌아가 1, 2학기에 걸쳐 '초빙'했다. 편집국장은 학생기자들을 대신해 편집도 하고, 광고 조판도 하고, '펑크'난 지면을 대신 메꿔주는 동료가 되어야 했다. 그러면서도 주간 12면을 발행하고 6면은 컬러로 제작(1218호부터)했다. 종합 일간지와 잡지들의 화려한 편집, 인터넷으로 단련된 신세대 독자를 위한 노력이었다.

대학 간 생존 경쟁도 치열해졌다. 학사구조를 시대 흐름에 맞춰 새로이 개편하는 일이 급선무가 되었다. 학사행정을 지원하는 기구 개편도 잦아졌다. 2008년 9월, 대학당국은 교내 언론기관인 단대신문사, 방송국, 영자신문사를 통합했다. 개별 부속기관으로 존재하던 언론 3사를 '단국미디어센터'로 합쳐 기구 및 직제를 개편했다.

이에 따라 각 언론사별로 존재하던 편집인(주간)을 단국미디어센터 센터장으로 단일화했다. 행정 전담인력도 마찬가지로 단일화했다. 센터장은 학내 언론 3사의 주간 역할을 해야 하고, 국장도 마찬가지로 3개 언론사를 지원해야 했다. 초대 센터장은 강래원 교수(사회대 언론영상학부)가, 미디어센터 총괄팀장은 권항주 팀장(단대신문사 편집국장)이 부임했다. 60여 년에 이르던 대학의 전통이 새로운 시대, 새로운 환경을 맞아 '통합'의 변신을 해야 했다.

활자의 나라는 어디로 갈 것인가

우리는 활자의 나라에 살았다. 그 나라에는 추억의 낙엽이 쌓인다. 추억은 우리 단국인 하나하나의 몫이다. 그 낙엽들 위로 전통의 나무가 자란다. 그 나무들이 모여 역사의 숲을 이룬다. 그들의 높고 낮은, 때론 성난, 혹은 뒤안길의 울먹임이었던 목소리가 하나로 모여 숲을 이룬다.

단국인의 살아 숨 쉬던 울림들, 우리 곁에 흐르던 울림들이 켜켜이 쌓여 〈단대신문〉의 70년이 되었다.

1948년 3월 1일부터 지금까지, 창간호에서 1437호로 흐르는 단국인의 울림. 70년의 울림은 바로 지성과 자유, 진리와 봉사의 나라에 바치는 활자의 노래이고, 그 활자의 힘을 믿은 학생기자들의 헌사였다.

그들은 단국대학교를 믿었다. 그들은 단국인을 믿었다. 그들은 발행인과 편집인과 편집국장과 편집장과 선배와 후배와 원고지와 사진과 동기들의 힘을 믿었다. 선배는 신(神)과 동격이었고, 그 선배의 '빠따'와 '쏘주잔'과 '원고지'와 '기사마감'과 '가난한 학점'과 흐드러진 눈물을 믿었다. 그 믿음의 총량이 학생기자의 희생과 '쟁이근성', '기자

정신'의 총량과 정확히 일치함을 믿었다.

지금 그 숲에는 장엄한 노을이 진다. 대학은 더 이상 민족을, 진리를, 정의를 외치지 않는다. 세계는 바뀌고, 저널리즘은 더 험한 파도에 올라탔다. 새로운 해돋이가 필요하다.

모르는 이들은 말한다. 노을이 지는 활자의 나라를 그대로 두자고. 그러나 하나는 알고 하나는 모른다. 활자의 나라에 어둠이 내리면 결국 거대한 지성의 왕국도 어둠에 갇히고 말 것이라는 사실을.

세상의 모든 미디어는 그 세상의 거울이다. 쇠약한 미디어는 도전도 창조의 혁신도 없는 사회의 반영이다. 돌파해야 한다. 새로운 혁신을 이뤄야 한다. 노을을 물리치고 새로운 대학신문을 만들기 위해 두 가지 일을 해야 한다.

〈단대신문〉을 더 넓은 공론의 광장으로 만들어야 한다. 디지털, 온라인, 인공지능의 시대가 뚜렷해질수록 대학인은 형해화된다. 그들이 모일 수 있는 마당, 활짝 열린 마당이 있어야 대학 공동체가 살아남는다. 그 마당에서 오가는 얘기들이 바로 그늘에 피어나는 편견과 오해, 단절과 무관심을 줄여나가게 해준다. 거기서 생겨나는 참여의식, 공감대가 바로 애교심의 원천이다.

〈단대신문〉을 그 광장의 중심에 두어야 한다. 디지털과 아날로그 같은 '외형'의 문제가 아니다. 미디어에 저널리즘의 가치를 입히는 대학당국의 적극적 노력이 핵심이다. 좋은 미디어, 저널리즘의 가치를 온전히 살려내는 미디어를 만들겠다는 진실한 결의가 문제 해결의 관건이다.

또 하나는 미디어 통합이 아닌 '콘텐츠 통합'이다. '단국미디어센터'라는 통합 기구는 대학 미디어를 멸실의 구렁텅이로 몰아넣었다.

담당 인력을 줄이는 것 외에는 대학 미디어의 발전, 중흥에 어떤 긍정적 결과도 낳고 있지 않다. 기구를 하나로 묶는 데 초점을 둔 통합이기 때문이다.

'대학의 역동성, 대학인의 삶'이라는 풍성한 콘텐츠를 어떻게 20만 단국인과, 또 사회와 공유해야 할지를 고민해야 한다.

〈단대신문〉이 70년 동안 쌓아온 풍성한 콘텐츠는 약간의 가공으로 얼마든지 새로운 가치를 획득할 수 있다. 영어, 중국어, 일본어 등으로 가공하면 세계인과 공유할 수 있다. 각종 디지털 미디어와 소셜네트워크를 통해 광속의 빠르기와 저렴한 비용으로 단국인의 생생한 숨결을 동시 호흡할 수 있다.

지금 대학당국에 의한 통합 기구는 미디어 관리자에게는 무력감을, 학생기자들에게는 소외감을 고착시킬 뿐이다. '저널리즘'을 바탕으로 '단국인의 삶'을 '세계'와 공유하는 미디어 혁신이 이뤄져야 한다.

이제 〈단대신문〉 70년을 지나 새로운 미래를 보자. 활자의 나라에 새로운 희망의 햇살을 불러오자.

손을 들어 외치자, '승리의 와리시케, 구호 준비!'

PRESS

2부

어제의 단대신문

1장

신문의 기억 1

단대신문에는 40년을 넘긴 장수 칼럼이 몇 개 있다. 주간교수나 편집국장이 시사문제에 대해 쓰는 칼럼인 "화경대(華鏡臺)", 편집장의 가십성 칼럼인 "백색볼펜", 그리고 평기자들의 취재 후기를 담은 "주간기자석" 등이 대표적이다.
화경대는 151호(1962. 5. 1)부터, 백색볼펜은 233호(1967. 3. 21)부터, 주간기자석은 505호(1977. 11. 3)부터 계속되었으니, 단국대학의 역사와 발전의 산 증인이라 할 만하다.
이 중 2018년 3월 현재까지 명맥을 이어오며 50년의 역사를 가진 편집장(또는 3학년 부장)의 고정칼럼인 "백색볼펜"을 통해 1970년대와 1980~90년대 시대의 변천상을 읽어봤다.
또한 신문을 빛내주는 만화와 만평이 어떻게 변화되어왔는지를 신문 기사로 복기해보고, 취재 역량을 마음껏 발휘할 수 있었던 르포에 대한 이야기도 담아봤다.

"백색볼펜"이 관찰한 70·80·90년대

"우리 캠퍼스 속에 그야말로 대학생답고 지성인답고 뭔가를 사색하고 갈망하는 빛이 보이는 사람은 몇이나 될까?" 단대신문 233호(1967. 3. 21)에서 첫 모습을 나타낸 "백색볼펜"의 물음은 장구한 세월이 흐른 지금까지 우리 가슴에 의문부호를 남겨놓는다. 이 칼럼은 "대제소제", "레지스탕스", "독사화", "묵기", "벨", "사색의 벤치" 등의 이름을 이어받아 정착되었다.

박정희 1인 독재시대의 유신체제와 전두환 군사정권 하의 엄혹한 시대를 거치면서 백색볼펜을 쓰는 편집장의 칼럼은 신문제작 때마다 평온하지 못했다. 1977년 "기자의 변" 중 김행철 기자의 "난 악을 쓰고 나으리에, 엉덩이에 뿔난 못된 송아지에, 더럽게 치사해진 세종대왕 그려진 돈에, 비겁한 정의에, 쓰레기통에……"라는 글 중 '못된 송아지'라는 표현이 당시 유신체제의 여당인 공화당을 의미했다며 해당기자를 관계기관에서 수배조치를 취했던 경우도 있었다.

박정히 정권의 허망한 종말을 알린 10·26 이후 한국사회가 커다란 변혁을 겪을 때 대학신문 기자 역시 시대를 번민한다.

"존경해 마지않던 정치가의 죽음과 함께 1970년대가 갔다. 숱한 어려움과 또 숱한 기다림 속에 못 볼 것도 많이 보았고, 못할 것도 많이 해야 했던 그 70년대가 이젠 가버렸다. (…) 희망을 온통 안고 솟아오른 저 새날의 태양 아래서도 권력 장난, 돈 장난, 인권 장난 같은 온갖 장난질이 오갈 것이 두려웠기 때문이었다"('백색의 변', 1980. 1. 17)라면서 백색자는 뭔가 닥칠지 모르는 80년대 불안한 시국의 기운을 걱정했다.

이어 1980년 5·17 계엄확대와 광주항쟁 등 수 많은 사건이 현실로 드러났고 단대신문도 5월 15일 자로 편집장 시국선언문을 발표하려다 광고면이 백지상태로 지워진 후 9월 25일까지 정간되었다. 백색 볼펜도 일시 중단되었다가 10월 9일 자로 복원되었다.

엄혹한 겨울공화국 시절에 백색자는 "겨울 풀은 눈 속에 파묻혀 보이지 않지만, 그 생명력, 인내력은 우리에게 시사적이다. 아픔을 참고 따스한 봄이 오면 한반도의 처음부터 끝까지 발그레 진달래가 필 것이다. 이 '겨울나라'가 지나면 하늘 높이 마음 놓고, 몸 자유로이 헹가래 처질 수 있는 따스한 봄이 올 것이다. 참고 기다리자."('인동초', 1981. 1. 8)라며 스스로를 인내하였다.

하지만 그런 인내 속에서도 정의를 다짐하는데, "우리 시대의 양심을 되찾기 위해서라도 증오받을 것은 마땅히 증오받아야 한다. 그리고 양심을 가진 이들이라면 거부할 것은 마땅히 거부해야 한다. 시대적 상황을 항상 염두에 두고 그 시대에서 현대의 양심을 굳게 가슴으로 붙잡아두고 10초에 한 번씩 '정의, 정의'하며 살아야 한다"('양심', 1982. 5. 17)는 글에서 정의에 대한 의지를 엿볼 수 있다.

정의를 추구하는 마음은 절대권력에 대한 신랄한 비판으로 이어진다.

"1,471억, 2백억……. 불과 13명이 얼렁뚱땅 1,671억 원에 달하는 타인의 돈을 사리를 위해 유용했다는 것을 어떻게 받아들여야 할지 참으로 난감하고 부끄러운 일이다. 조세형 사건과 큰손 장영자, 명성

세무, 이번의 조흥은행 사건 등 돈 있는 이들의 돈 놓고 돈 먹기 식의 노름은 국가가 뭔가 근본적 치유책과 재인식을 요구하고 있다"('억', 1983. 10. 3)

"배부른 자는 더욱 배부르게 되고 허기진 자는 더욱 허기질 수밖에 없는 사회는 결국 아마겟돈으로 치닫고 있는 것인가? 만약 그렇다면 우리는 남은 삶을 위해 그동안 못했던 일들을 차곡차곡 해 나가야 할 것이다. 그러나 '닭의 목을 비틀어도 새벽은 온다'고 말한 어느 정치인의 표현이 옳다면, 이러한 암담한 상황들은 시간이 해결해 줄 것이다. 바로 오늘이 '아마겟돈'의 날이 아니길 기원하면서."('아마겟돈', 1985. 5. 14)

"6·10, 6·18, 6·26으로 이어지는 각종 대회와 최루탄에 의해 22살의 젊은 나이로 생명을 빼앗긴 고 이한열 열사의 장례행렬은 1980년 이후부터 자행되어 오던 각종 탄압과 부정에 대한 국민들의 엄중한 심판이었다고 생각된다. 국민들의 이러한 심판은 결국 현 헌법에 의한 정치일정을 중단시키고 직선제라는 새로운 정치일정을 출항시킬 수 있는 계기가 되었다. 이는 분명 국민들이 불의와 대항하여 거둔 값진 대가임에 틀림없다."('빛과 소금', 1987. 7. 14)

어느 상황 아래에서도 균형감각을 잃지 않으려 했던 백색볼펜 필자의 신념은 학생기자의 순수한 비판정신을 웅변해준다.

1990년대 접어들면서 백색볼펜은 편집장 1인의 칼럼이 아닌 서울·천안의 각 부장들이 번갈아 쓰고, 편집후기 형식에서 6면 여론면으로 옮겨지는 '민주화'가 이루어진다. 동구 사회주의의 몰락에 비해 학생운동의 대중화로 이념갈등이 심했던 1992년 무렵에는 백색자의 갈등도 적지 않다.

“오늘 우리도 하나의 연을 띄어본다. 그 연에 자주, 민주, 통일, 인간해방이라는 글씨를 쓴다. 우리의 꿈이 담긴 연도 쉽게 창공을 날아가지는 않는다. 그러나 지붕에 올라가 얽히고설킨 전깃줄도 끊어 버리고, 얼레에 감긴 실타래도 다시 개실로 갈아본다.”(‘연’, 1992. 1. 7)

그런 내면 갈등 속에서도 시대개혁을 바라는 날 선 비판은 멈추지 않았다.

“양심수 문제, 쌀 개방 문제, 전교조 문제 등 출범 초기의 김영삼 정부는 신한국 창조를 위해 할 일이 무척이나 많은 셈이다. 실수든 고의든 참다운 개혁이 되지 않는다면 러시아 광대가 보여주듯 국민들의 하품과 조롱을 금할 수 없다. 밤새 머리 위로 굴러 떨어지는 도형처럼 목을 조여오는 공포 또한 피할 수 없다는 사실을 명심해야 할 것이다.”(‘테트리스’, 1993. 3. 2)

격동과 변혁의 1970~1990년대 한국사회를 들여다볼 수 있는 창문의 역할을 백색볼펜의 필자들은 결코 소홀하지 않았다고 할 수 있겠다.

(김명섭 동우, 45기)

만화·만평에 담긴 이야기

대학신문에서 시사만화는 대학이라는 자율성에 힙입어 일간지보다 더 다양한 소재, 날카로운 풍자와 비판, 자유로운 캐릭터 등으로 가려운 곳을 긁어주는 역할을 하고 있다. 단대신문도 마찬가지이다. 초창기에 "Mr 단국"이라는 이름으로 시작된 4단 시사만화는 그 자체가 단국대의 역사라고 해도 과언이 아니다. 만화를 보면 당시 시대상과 풍속 등은 물론 학생들의 옷차림, 머리모양, 유행어 등을 알 수 있다.

1968년 "Mr 단국"에서의 캐릭터는 교복을 입고 단정한 머리모양 등 무척 점잖은 모습을 하고 있다. 1969년부터 시사만화는 "Mr 곰"으로 이름을 바꾸었다. 1973년의 캐릭터는 학사모를 쓴 사람과 곰이 합성된(?) 듯한 모습이다. 당시의 주된 소재는 장발 단속, 학교 축제 등 학교생활에 관련된 내용이었다.

1980년 민주화에 대한 기대는 군사독재에 의해 꺾여서 시사만화 소새 또한 '졸입정원제에 관한 걱정'과 '축제 파트너에 대한 관심'(곰 7세), 컨닝페이퍼, 학도호국단 출범(곰 8세) 등으로 돌아가기 시작했다.

"Mr 곰 9세"는 당시 유행하기 시작한 컴퓨터 게임을 소재로 쓰기도 하고, 기관원을 연상하게 하는 선글라스 낀 남자의 등장, 대미 20억 달러 구매 사절단 비판 등 당시 사회에 대해 비판의 시선을 보내기도 했다.

1980년대 중반으로 접어들면서 "Mr 곰"도 좀 더 비판적인 모습으로 바뀌어갔다. 최초로 안경을 낀 캐릭터인 "Mr 곰 10세"는 학원소요 엄벌, 학원자율화, 여당 당사 농성사건, 최루탄 문제 등 민감한 사안을 비판적 그림으로 다루었다. 그리고 마침 지령 700호를 맞은 단대신문을 '영웅은 난세에 난다'는 말로 격려하기도 했다.

"Mr 곰 11세"는 당시 금기로 여겨진 광주민주화운동에 대해 언급하고 있다. 비록 '사망자에 착오가 있었다'는 식의 내용이었지만. 공산폭도의 난동쯤으로 여겨졌던 광주민주화운동을 다뤘다는 점에서 주목할 만했다. "Mr 곰 11세"에서 특이한 점은 IMF, IBRD에 관한 내용도 있었다는 점이다.

"Mr 곰 13세"는 피땀 흘려 수확한 쌀을 과중한 세금으로 납부해서 남는 게 없는 농촌의 현실을 걱정하며 학생들을 좌경공산혁명분자로 모는 얘기를 듣고 귀를 씻는 모습을 그리기도 했다. 또한 공명선거를 치르지 않는다는 소식을 전하는 TV를 부숴버리는 과격함(?)을 나타내기도 했다. 지금만큼은 아니지만, 당시에도 취업난은 심각했던지 취업한 사람에게 훈장을 주는 장면이 있기도 했다.

뒤를 이은 "곰 14세"는 여학생이었다. 통통하고 약간은 어리숙해 보였지만, 올림픽 개막식에 초대받은 전두환 전 대통령을 주변머리가 있지만 소갈머리 없는 인물로 '생긴 대로 논다'고 비꼬는 재치를 보여주었다. 이후로도 "Mr 곰 15

세"부터 24세까지 이어지는 동안 교내의 주요 이슈들을 풍자와 기지로 묘사해 독자들의 사랑을 받았다. 수많은 캐릭터들이 뿜어왔던 수많은 사건들……. 그 속에는 그 시대를 반영하는 단대신문의 가장 속 깊은 의미가 항상 자리 잡고 있었다.

(양원선 기자가 쓴 1998년 12월 1일 자 단대신문에서 발췌했음)

만평의 변천

1. 1980년 3월 20일 자
2. 1983년 8월 29일 자
3. 1985년 9월 10일 자
4. 1987년 5월 26일 자

만병 통치약

全家 최고의 힛트 송

◇"자 이젠 우리 세상이라구"

안서 극장에서

1. 1987년 8월 25일 자
2. 1988년 10월 11일 자
3. 1989년 5월 30일 자
4. 1990년 5월 1일 자

◇와서 모여 함께 하나가 되자!

◇체한단 말야

◇피는 못 속여!!

◇ 6공의 담을 넘으며

1. 1990년 5월 15일 자
2. 1990년 11월 27일 자
3. 1991년 5월 21일 자
4. 1992년 8월 25일 자

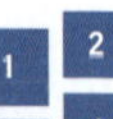

◇王중王

◇안 조는게 다행이지

1. 1992년 9월 29일 자
2. 1992년 11월 10일 자
3. 2003년 5월 20일 자
4. 2008년 4월 1일 자

르포, 학생기자의 로망

현장 르포의 시작(1980~1990년대)

대학신문 기자라면 누구나 한 번쯤 꿈꾸며 쓰고 싶어 하는 글, 가장 많은 추억을 떠올리게 하는 취재기사를 꼽으라면, 그것은 현장르포가 아닐까 싶다. '보고기사' 또는 탐방보도란 뜻의 르뽀르타주에서 비롯된 이 기사의 매력은 무엇보다 학교라는 좁은 울타리를 뛰어넘어 과감히 역사의 현장, 민중현실이란 거대한 바다 한가운데로 들어가 그들의 땀 내음과 눈물의 생활상을 직접 맛보고 느낀 대로 생동감 있게 글을 쓸 수 있다는 데 있을 것이다.

게다가 평소 존경하는(또는 서먹했던) 3학년 부장 선배와 동기, 후배 등과 팀을 짜 취재 분야와 지역을 물색하고 취재비를 받아 현장을 찾아간 후 취재원에게 묻고 살피며 녹음기와 카메라를 들이대는 취재놀이를 맘껏 할 수 있다. 사실 불같은 청춘남녀가 낯선 곳에서 취재를 핑계로 공식 외박을 할 수 있는 절호의 기회이니 대학신문 기자만이 누릴 수 있는 엄청난 특권과 로망이 아닐 수 없으리라.

그런 학생기자의 로망은 통행금지와 사회통제가 심했던 1970년대 유신체제 하에서 꿈틀거리기 시작했다. "민족과 전통의 자취 그 현장을 가다"라는 문화면 연재코너는 1978년 8월 31일 "길"을 시작으로 굿, 가야금, 효자각, 상여, 활터 등 사라져가는 전국 각지의 전통문화와 민속물 등을 발로 찾아 소개하면서 1982년 11월까지 1백 회를 이어갔다. 주로 사진부와 취재부 기자가 동행한 이 코너는 "삶의 현장", "포토에세이" 등으로 이름을 바꾸며 현장고발성 사진글로 이어졌다.

제법 현장취재란 폼을 갖춘 르포기사가 본격 등장한 시기는 대학자율화가 움트기 시작한 1981년 무렵부터라 하겠다. 1981년 6월 15일자(599호)에 실린 "현장취재-통일로를 가다"라는 기사는 경기도 문산과 파주의 기지촌인 용주골, 그리고 당시 반공교육의 관광지로 변모하고 있는 임진각 현장을 돌아보았다. 취재기자(김호성)는 군사기지와 기지촌의 이중성을 보면서 동문인 민족시인 신동엽의 통일염원도 담아주었다.

학기 중의 빡빡한 발행일정에도 불구하고, 역사적인 날을 기억하기 위한 르포기사는 1982년 11월 1일 자 학생의 날 특집기사에서 빛을 발했다. 일제하 광주학생들의 항일운동을 기억하며 전남 광주와 경남 마산을 찾은 기자들(김호성, 김남필, 이종운, 백란희)은 학생의거와 민주화운동의 현장을 찾으며 '학생의 날 부활'을 주장하였다. 이어 김호성 기자는 후배들(김남필, 이종운)과 함께 이듬해인 1983년 1월 3일 "통금해제 1년-얼마나 자유로와졌나"란 르포를 쓰기 위해 서울 한남동과 영등포, 종로에 이어 경북 구미까지 취재현장을 누볐다. 취재팀은 1945년 9월 미군정에 의해 야간통행금지가 실시된 이후 37년 만에 되찾은 4시간의 기쁨이 얼마나 크고 중요한지, 어떻게 생활 속에 정착했는지를 탐방해 보도했다.

이후 학생운동의 기운을 타고 농민, 노동자, 어민, 도시빈민 등 이른바 고통받는 기층민중의 생활에 대한 고발성 르포기사가 줄을 이었다. 1983년 11월 7일 나주평야를 찾아가 쌀값파동과 농가부채에 시달리는 농민들의 고충을 담은 기사(김남필, 권항주, 한관수, 서인석)를 비롯해 1984년 1월 서울의 관악구 봉천동과 성동구 옥수동의 무허가촌 영세민을 찾은 현장취재(이종숙, 김영남), 1985년 1월 강원도 묵호항 일대의 어촌 실태를 조사한 기사(권항주, 주양엽), 1985년 11월 서해안 간척사업 현장을 취재한 기사(심세영, 임관택) 등이 그것이다. 특이한 일은 이 무렵 여기자들도 며칠씩 걸리는 전국 각지의 험난한 현장을 기꺼이 누볐다는 사실이다.

전두환 정권이 1986년 아시안게임과 1988년 서울올림픽 유치로 권력연장을 꿈꿀 무렵에도 단대신문 기자들은 어김없이 민중의 삶의 현장을 찾았다. 1985년 여름 총학생회의 첫 농촌봉사활동을 동행취재한 것은 물론(김인기, 이경희, 김학균, 김명섭), 1986년 5월 임하댐 수몰지역 이주민현장을 찾았고(김학균, 송덕익), 아시안게임과 올림픽을 맞아 서울 시내의 미관을 해친다며 쫓겨난 서울 오금동과 성남의 철거민(김상범), 상계동과 부천시의 도시빈민 실태(장현철)를 취재했다. 충남의 수해복구 현장과 농가부채 실태, 돼지감사사건을 취재한 1987년 7월 기사(김명섭, 김대식, 강문순)나 1988년 2월 강원도 탄광촌의 진폐증환자를 찾은 현장르포(이창호)도 이 무렵에 등장했다.

1987년 6월 항쟁 이후에도 단대신문 기자들은 꾸준히 역사의 현장, 민중의 삶을 찾았다. 광주 금남로와 망월동은 그중 현장르포의 단골메뉴가 되었는데, 1987년 5월 광주항쟁 계승단체를 찾은 이후(구길원), 1990년과 1992년에는 전야제가 열리는 광주를 찾아가 현장의 목소리를 전했다(신영현, 민주영). 노동자 파업이 분출하고 철거민 반대투쟁이 본격화되던 무렵에도 현장을 누볐으니, 1987년 11월 NWA 노사분규 현장(이창호)에 이어 1989년 5월 영덕 핵폐기장 설치 반대현장(정미의, 조성의, 이명구), 1990년 3월 영월군 탄광촌(신영현, 정규연), 1990년 10월 의정부 미군부대 노동자파업(신수진), 1992년 5월 서울 신대방동과 신정동 철거반대 현장(민주영, 한동욱), 그리고 9월 29일 서초동 꽃마을 철거현장을 다룬 르포(황형희) 등이 그것이다. 가히 1980~1990년대는 르포 기사의 르네상스 시기가 아닌가 싶다.

(김명섭 동우, 45기)

장기 기획으로 진화하다(1999년~2018년 현재)

_대학신문의 위기, 현장르포로 돌파하다

1990년대 말부터 2000년대 단대신문 기자들의 현장르포는 사회에 대한 고발, 민주화운동 역사 현장에 초점을 두었던 1980~90년대 중반까지와는 달리 문화면에 보다 집중했다.

1999년 3월 2일 '단대신문 창간 51주년' 기념호인 1001호부터 8면에서 격주 12면으로 증면했고, 일부는 컬러인쇄로 제작되기도 했다. '생활 속의 신문'을 강조하며 독자들의 관심 분야를 고려해 취업·여론·문화면을 확대한 시기다.

"현장르포－20세기 사라지는 한국문화"는 이 같은 단대신문 제작의 역사와 함께 탄생한 연재물이다. 여전히 옛것을 이어오고 있는 도심 '어느 곳'에서부터 전국의 산과 들, 바다를 찾아 전승의 가치가 있는 우리 문화를 담아내자는 취지였다.

1999년 3월 16일(1003호) "대장간"의 발자취와 현주소를 담은 첫 르포를 시작으로 섬진강 줄 나룻배, 허수아비, 청도 소싸움, 천연염색장, 짚공예, 빨래터, 문패 등 나열할 수 없을 정도로 수많은 전통문화가 소개됐다.

오랜 시간, 단대신문 12면을 장식했던 "현장르포-20세기 사라지는 한국문화"는 2006년 5월 23일, 1175호를 마지막으로, 명사들의 인터뷰를 다룬 "위클리 초대석"에 자리를 내어주며 장장 8년 동안의 연재를 마쳤다.

당시는 학생기자 수가 급감해 단대신문을 비롯한 각 대학신문이 위축되던 시기였지만, 동해의 울릉도부터 서해의 강화도까지, 단대신문 기자들이 누비지 않은 곳은 없었다.

문화면에 중점을 둔 르포가 연재 중임에도 불구하고, 2000년은 단대신문 기자들이 특집으로 꼭 기록해야 할 역사들이 있었다. 5·18 광주민주화운동이 일어난 지 20주년 되는 해였고, 15년 만에 남북 이산가족 상봉이 이루어지던 시기였다.

2000년 5월 16일 자, 5·18 광주민중항쟁 20주년 기념 현장르포(심선지)에는 "마치 소설을 읽듯 5·18을 스쳐왔다"는, 만 스무 살이 된 기자가 "왜 그 역사를 바로 알아야 하는지"에 대한 해답을 찾는 과정이 담겨 있다.

극적인 남북정상 회담 이후, 이산가족 상봉이 이루어지던 2000년 8월에도 판문점을 찾았다(채규재, 2000. 8. 29, 1031호). "군사분계선만이 분단의 현실을 일깨우고 있었다"는 르포의 일부는 분단의 아픔을 겪어 보지 못한 기자의 어쩔 수 없는 한계와 시대의 진실을 반영하고 있다.

"사라지는 한국문화" 연재 이후 단대신문 기자들은 "단대신문, 현장을 가다", "지난 코너" 등의 기획을 통해 사회, 문화, 예술 등 다양한 분야의 학내 및 사회적인 이슈와 트렌드를 취재하며 르포를 이어나갔다.

2010년 3월에는 1916년에 강제로 격리된 지 93년 만에 소록대교를 통해 육지와 연결됐던 소록도를 찾아 주민들의 애환과 여전히 닫혀 있는 외부인들의 인식을 전했고("사슴을 닮은 소록도의 슬픈 역사를 찾아", 이민호, 2010. 3. 23, 1270호), 그해 가을엔 춘천의 아름다운 섬 중도에서 열리는 페스티벌을 찾아 다양한 장르의 음악과 캠핑을 즐기는 젊은이들의 열기를 취재했다(김상천, 2010. 10. 12, 1285호).

"새벽 사람들을 만나다"(2012. 3. 10~11. 20)를 통해 목욕탕 청소 관리인부터 시장 상인, 대리운전기사, 바텐더 등 다양한 삶의 무게로 새벽에도 불을 밝히고 있는 이웃들을 만났고, 굵직굵직한 집회 현장도 누볐다. '반값 등록금'을 외치며 시청 광장으로 나온 대학생들의 집회를 취재했고(서준석, 김예은, 2012. 4. 3, 1323호). '언론 적폐 청산', '공영 방송의 정상화' 등을 위해 파업에 나선 KBS·MBC 노조원들의 공동집회현장을 대학신문 기자의 시선으로 담아내기도 했다(장승완, 이상윤, 2017. 9. 26, 1432호).

현재는 20016년 3월부터 연재하고 있는 "현장 Zoom In"이라는 코너로 사회 문제는 물론 주목할 만한 '청년 이슈'를 다루고 있다.

역대 최고 청년실업률을 기록한 2016년 당시, 좀 더 안정적인 취업을 위해 공무원 시험을 준비하는 이른바 '노량진 공시생'의 하루를 체험한 기자들은 자신들을 비롯한 이 시대 청년들의 자화상을 르포 속에 녹여냈다(윤영빈, 설태인, 2016. 3. 29, 1407호).

이 밖에도 '다문화 특구'로 지정된 안산시 원곡동을 찾아 다문화사회로 진입했지만, 여전히 이방인에 대한 편견과 선입견을 버리지 못한 우리 사회를 조명했고(설태인, 양민석, 2017. 11. 21, 1435호), 높은 자살률, 환경오염, 노인 문제 등 우리 사회가 직면한 사회적 이슈도 현장르포를 통해 생생하게 보도하고 있다.

일주일이 언제 지나갔는지 모를 만큼 바쁘게 돌아가는 신문제작 일정 속에서 이른 아침부터 밤까지, 또는 며칠을 고생하며 현장을 누비고, 심층 보도하는 일은 쉽지 않은 일이다. 그러나 똑같은 사회적 현상, 이슈라도 대학신문 기자의 시각에서 기성세대의 눈으로는 볼 수 없는 또 다른 단면을 짚어내고 표현할 수 있다는 것은 무척 매력적으로 다가온다. 현장르포에 대한 단대신문 기자들의 열정이 식지 않는 이유가 바로 여기에 있는 것이 아닐까?

(양하나 동우, 58기)

2장

신문의 기억 2

신문사 생활은 즐거운 가운데 '빡세게' 돌아간다.
생각은 볼펜을 거쳐 원고지로, 활자로, 지면으로 옮겨진다.
마음은 선후배로, 몸은 개골목으로, 이태원으로
옮겨가며 술을 저장한다.
그 시간들을 몇몇 키워드로 돌아봤다.

다 해봤어!

[편집회의]

과거 드라마에 등장하는 회사 사무실의 모습은 계층적 조직 구조이다. 부장, 차장, 과장, 계장, 대리와 사원 순으로 책상이 배열되어 있는 모습 말이다. 대학은 학문의 자유와 진리를 추구하는 곳이어서 대학에 입학하면 자유를 만끽하리라 하는 것이 입시 지옥을 뚫은 대학 신입생의 소망이다. 그런데 대학 신문사의 모습은 사회 신문사의 시스템을 그대로 가져왔기에 자유로움과는 다소 거리가 있는 풍경이다. 드라마 속 회사 사무실처럼 각자의 책상이 있고, 그 책상의 배열은 계층적이다.

월요일에 신문을 제작하는 경우를 예로 들면, 화요일에 신문을 배부하고 저녁에 편집회의에 들어간다. 그리고 취재한 후에 금요일에 기사마감을 한다. 하지만 보통 금요일을 넘기기 일쑤여서 실제 기사 마감은 월요일에 하는 경우가 허다하다. 그렇게 빠듯한 일주일을 보내고 나면 한 학기가 바람처럼 지나가고 한 해가 넘어가고, 그리고 한 세대가 흘러간다.

보통, 수습으로서 첫 편집회의에 적응하는 일은 쉽지 않다. 들뜬 마음과 무방비 상태로 입사식에 참석했다가 기절하지 않은 게 다행인 상태로 토요일을 보내고 다리를 절뚝이면서 첫 대면을 하는 날 대개 편집회의를 경험하게 되는 것이다. 조직에서 자리의 배열은 권위의 배열, 즉 책임과 권한의 순서를 나타내는데, 편집회의의 좌석 배열도 수습에게는 당황스럽다. 데스크가 맨 위에, 정기자가 그다음 위치의 자기 자리에 각각 앉아 있다. 그리고 가장 하단에 수습이 졸졸이 모여앉아 구경꾼처럼 참석한다. 회의에서 뭘 해야 하는지, 어떻게 기사를 만드는지 알지 못하는 시기에 이런 권위적인 분위기를 접하면 더욱 위축된다.

회의의 진행방식도 낯설다. 직급별로 앉아서 발표하고 반박하고 발표하고 반박하고……. 수습은 수평적이지 않은 관계인데 역량의 차이를 확인하는 자리도 편집회의이다. 그러나 달이 가고 학년이 바뀌어가면서 그 차이는 점차 줄어들고 본인도 주인이 되어감을 알 수 있게 된다.

한편으로 이런 회의에 참여한다는 것에 자부심이 느껴지기도 한다. 단어의 의미를 정확히 알지 못하지만, 저널리스트가 된다는 것은 이런 회의에 참여하는 것인가 보다는 생각도 들기 때문이다.

신문사의 중심축은 편집장이다. 편집장이 편집회의를 주재하면서 그날 발행된 신문을 먼저 검토하고 다음 호 신문의 기획회의까지 진행한다. 지난 것을 검토하면서 과오를 돌아보는 일은 아주 의미 있는 일이다. 데스크는 잘한 일, 개선할 일을 후배들로부터 가감 없이 듣는다. 심지어 수습기자도 선배의 기사나 편집 방향에 대해 '깔' 수 있다. 세상 어느 회사나 조직에서 후배로부터 잘잘못에 대해 들으려 할까? 좋은 시스템이다.

데스크는 수습기자에게 참신한 아이디어를 제시해보라고 권유한다. 표정과 눈망울로 기대감을 잔뜩 내비치면서. 그러면 수습기자들 중 한 명이 용기를 내어 아이템을 제시하고 이에 자극받아 다른 이들도 하나둘 나서게 된다.

"학교 내 주차질서가 엉망인데 주차장 증설과 주차질서에 대해 다뤄보면 어떨까요?"

"그 건은 지난 학기에 심층적으로 다뤘습니다."

"고시준비생의 공부 공간이 부족한 것 같습니다."

"그 건은 특집으로 세 차례 다뤘습니다."

"도서관 열람실이 너무 소란스러운데 이에 대해 다뤄보면 좋겠습니다."

"도서관 문제는 현재로서는 도서관을 증축해야 하는 문제라서 나중에 생각해보죠."

이런저런 아이디어를 동원해 아이템을 제시하면 데스크는 "다 해봤어요!"라는 말만 되풀이한다. 그렇게 기를 죽이고 속으로는 '생각 좀 하고 말하셔!'라고 한다.

편집회의에서 오간 말 중 가장 기억에 남는 단어는 "진부하다"라는 한마디였다. 웬만한 아이템에는 "진부한데요"라는 평이 따르고, 그러면 그 아이템은 죽는다. 그것을 넘어서야 학내 아이템과도 타 대학신문과도 경쟁할 수 있다.

더군다나 수습기자는 대학의 학사일정을 겪어보지 않았기에 이때쯤엔 어떤 일이 발생하고 다음 주엔 또 어떤 일이, 다음 달엔 또 어떤 일이 예정되어 있는지 알지 못한다. 그러니 겉도는 생각과 별 의미 없는 생각만 떠올릴 수밖에 없다. 사안의 원인과 결과를 심도 있게 파악하고, 그에 따른 대안을 제시하는 것은 아직 벅찬 것이다. 그렇기에 1학년 1학기에 수습기자가 제안한 아이템이 채택될 확률은 거의 없다. 그러다 시간이 흐르면서 사건과 사건, 학사일정 사이의 연관성을 이해할 수 있게 되고, 학우들이 관심을 갖게 만들 사안은 어떻게 연상해내는지 깨우쳐간다.

참신한 아이템과 진부한 아이템의 경계는 맞물려 있을 것이다. 같은 사안이라도 접근하는 방법, 자세, 결과 유도 등으로 그 경계가 갈릴 것이다. 그러나 수습기자 시절엔 그 경계를 가늠하기 쉽지 않고, 사안의 경중을 가릴 능력도 부족하다. 그럼에도 지속적으로 회의에 참여하고 아이템의 실패를 경험해야만 '선배'가, '기자'가 되어 갈 수 있다. 회의를 통해 앞뒤를 파악해두어야만 학내외의 입김도 이겨낼 수 있는 것이다.

결과론이지만 신문사는 다행스럽게도 모범생만을 뽑지도 않았고 수재들만을 뽑지도 않았다. 신문사 조직은 다양한 성격과 정체성을 가진 인물들로 구성되어 있어, 간혹 서로의 생각의 속도가 어긋나고 지체되기도 하고, 또 때로는 제대로 맞아떨어지기도 한다. 그러면서 정리되고 발전해나갔는데 이는 회의라는 시스템 덕분이 아니었을까 생각해본다. 때로는 데스크끼리 부딪치기도 하고, 선후배 사이에서 언쟁이 있기도 한다. 그런 모든 과정이 신문사를 지탱하는 힘이 되었을 것이다.

시간이 지나 수습기자 2학기, 그리고 2학년 정기자가 되어가면서 기사 아이템을 제시할 때 체계적으로 정리하여 제시할 수 있게 된다. 각 사안과 전체를 종합적으로 이해할 수 있고, 여러 사안을 조합하거나 분리할 줄 알게 된다. 3학년이 되면 매일 기사 아이템을 찾는 데 골몰하게 된다. 학내외의 새로운 사안에 촉각을 세우면서 타 대학신문의 아이템과도 경쟁해야 하기 때문이다.

신문은 언어로 채워지는데, 그 언어는 힘이 있어야 하고, 정서와 감성도 담겨 있어야 한다. 힘 있고, 여러 사람의 주목을 끌며, 마음을 울릴 수 있는 아이템을 자신 있게 제시할 수 있도록 매일 훈련하는 것이 바로 편집회의이다. 그런 체계적 시스템을 안정되게 유지해온 것이 바로 신문사 조직의 힘이 아닐까?

편집회의가 끝나면 으레 회식을 가진다. 그 회식이 신문사를 버티게 해준 보양식이었다고 생각한다. 멋모르고 따라간 첫 회식, 그 자리엔 주간님, 국장님, 간사님 그리고 선배 전체가 주욱 앉아 있었다. 이런(ㅠㅠ), 부담스럽고도 멋진 자리가!! 회식은 매주 이어졌다.

(구길원 동우, 45기)

다시 보는 신문제작 과정

단대신문의 경우 월요일이 조판일이니까, 일주일의 일정은 이랬다.

월요일: 조판일

이른 아침 1면 및 기자들 취재기사, 주간님 검토
- 가편집(와리시께) 및 기사 원고 송부
- 특집부장 중심으로 오전에 외간부 출장
- 게라(1차 교정지) 교정 및 조판
- 12시 전후로 전체 기자 외간부에 집합
- 오후 3시경부터 대장 출고
- 대장 교정 및 사진, 미다시(타이틀) 동판 제작
- 주간 및 국장 오케이 교정
- 오후 6시 지형 출고 및 검토
- 연판 제작
- 오후 8시 윤전 및 본지 교정 오케이
- 저녁 식사 - 오후 9시 신문 출고 - 학생회관에 신문 입고(기자 일부 시행) - 쏘주

화요일: 편집회의

아침 8시 30분 수습기자, 신문을 학내 사무실 배포 및 가두 배포
- 주간님 및 국장님이 총장, 이사장께 신문 검토 및 의견 청취
- 오후 5시 반 편집회의(면별 검토, 기획안 제출, 침묵 혹은 논쟁) (그리고 빠따!!!)
- 수습기자가 신문 발송 작업 - 약 600부를 접고, 주소록 띠지를 붙여서 우편번호별로 분류 포장 - 술……

수요일 ~ 금요일 오전: 취재

기획안에 따른 취재 및 청탁

금요일: 기사마감

오후 5시부터 전원 집합 – 기사 작성 및 마감 – 사진부 사진 인화 검토 – 미술부 각종 일러스트, 컷 제출 – 부장들 검토 – 기사마감 스트레스로 긴장감 고조 – 선배들 술 마시다가 전화 재촉(어서 나오라고...) – 청탁원고로 이뤄지는 기획특집 면 가편집 – 선배들과 술자리……

토요일: 기사 작성하느라 출근(부장들 와리시께는 주로 이 날 완성)

일요일: 출근하지 않는 날이지만 그냥 나옴

월요일: 제작

휴……. 저걸 어떻게 다 했죠?
수업은? 개인 생활은?
저 같은 경우는 1주일에 3일 정도는 외박을 했습니다. 뭐, 집보다 신문사가 더 좋았어요.

(김남필 동우, 41기, 네이버의 단대신문 카페에서)

일러스트, 윤중화 동우(37기)

녹색 칸

[원고지]

1990년 5월에 워드프로세서를 구입한 박완서 작가는 "나이가 들면서 악필이 돼가는 바람에 고민이 많았는데 그런 걱정도 덜게 됐다"고 말하면서 "공들여 문장을 다듬을 수 있어 좋다"고 인터뷰했다(매일경제, 1990. 11. 30). 나는 이를 TV 뉴스로 접했는데, 이 정도로 워드프로세서로 작업하는 일이 대단한 사회 이슈였던 것이다.

당시는 작가가 글을 쓸 때는 원고지에 직접 써야 한다는 것을 당연하게 여겼다. 일명, 육필 원고 시대다. 퍼스널 컴퓨터가 대중화되기 이전이고, 문서 입력기인 워드프로세서가 막 등장한 무렵이다. 작가가 직접 손으로 쓰지 않고 컴퓨터라는 문명의 이기에 기대어 표현하는 행위가 온당한 창작 행위인가 하는 것이 사회의 논쟁거리가 되었는데, 박완서 작가는 과감하게 첨단 문명의 도움을 받기로 한 것이다. 이후로 여러 작가가 워드프로세서를 사용하기 시작했고, 그 이후 PC의 시대가 본격적으로 열렸다.

신문사를 추억하면 녹색의 원고지가 필연적으로 떠오른다(물론 녹색이 아닌 시절도 있다).

원고지는 어떤 글이든 받아들인다. 무수한 생각들이 부딪치고, 수많은 논리들이 오가고, 회의를 마무리한 다음 취재한 내용이 담기는 공간이다. 오로지 원고지에 표현된 생각과 논리만 활자로 옮겨져서 독자에게 전달된다.

신문사에서는 수습기자가 첫 기사를 작성할 때부터 조금은 혹독하게 훈련시킨다. 데스크에서 일부러 가혹하게 원고 검토를 반복하여 더 정화된 글을 쓰도록 유도한다. 첫 기사를 작성할 때 육하원칙을 적용하여 문제점 없이 표현해내는 것은 거의 불가능하다. 이는 많은 시행착오를 거쳐야 가능한 일이다.

수습기자 때 보도기사로 원고지 두세 장을 완벽하게 써내는 일은 쉽지 않지만 첫 기사를 쓰는 일은 오히려 쉽다. 부담도 없고 무엇이든 써낼 수 있을 것 같은 기분이 들고, 선배들이 써놓은 형태를 좇아 베끼듯 써내면 안심이라는 생각도 든다. 더구나 고등학생 때 문예반 활동이라도 하고 입사한 학생은 기사작성을 편하게 생각한다. 하지만 첫 기사의 암흑 같은 검토 시간을 보내고 나면 두 번째, 세 번째 기사를 작성하는 일이 너무 어렵게 다가온다.

취재원을 만나서 쫄면서 취재하고 기사를 썼는데, 데스크가 원고지를 새빨갛게 만들어버린다. 심지어는 보지도 않고 그대로 던져버린다.(ㅠㅠ) 쓰고 또 쓰고, 다시 취재원을 찾아가서 보충 취재를 한 후 또 쓰게 한다. 원고지 두세 장을 흠 없이 채우는 일이 쉽지 않다는 것을 스스로 깨우치게 하고, 놓치고 있는 점이 없는지 늘 체크하라는 뜻에서 데스크가 채찍질을 하는 것이다. 취재한 기사감을 정확히 전달하기 위해서는 이처럼 조금은 혹독하게 기사작성 훈련을 반복해야만 한다. 만약 이 시기에 거센 검토를 경험해보지 않고 나중에 좀더 센 검토를 겪는다면 불만이 있을 수도 있다. 그런 점에서 신문사는 첫 경험을 무지 세게 하는 편이다. 입사식, 첫 원고 작성…….

수습기자의 눈에는 선배들, 특히 3학년은 관습에 얽매여 있어 자유와는 거리가 먼 '꼰대스러운 이미지'로 보이는데, 한 지점에 이르면 '높은' 선배로 보인다. 그것은 자신의 기사를 검토하는 선배를 대할 때와 선배의 기사를 읽을 때이다. 특히, 3학년 선배와 한 팀을 이뤄 동행 취재한 결과물을 읽을 때엔 과연 선배답다는 생각이 드는 것이다.

기사를 완벽하게 작성하는 능력을 타고난 사람은 많지 않을 것이다. 그래서 기사를 쓸 때마다 긴장하게 마련이다. 수습기자 때보다 더 힘든 시기는 누구의 컨펌도 없이 자기 스스로 해내야 하는 시절이 아닌가 싶다. 정기자가 되면서 점차 많은 분량의 기사를 작성하게 된다. 1년에 몇 번은 20매가량의 긴 기사를 써야 하는 순간도 있다. 그리고 전면을 혼자 작성해야 할 때도 온다. 셀 수 없이 많은 원고지 칸을 혼자 채워야 하는 것이다.

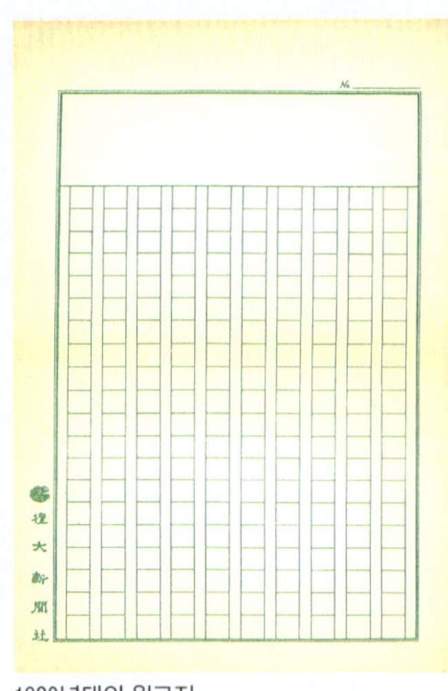
1980년대의 원고지

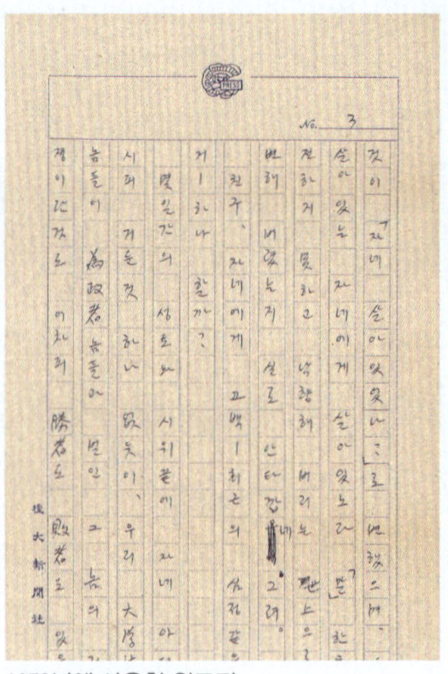
1979년에 사용한 원고지

그런데 기사 작성에서 정작 가장 어려운 일은 타인의 원고를 검토해주는 것이 아닐까? 아무리 확신에 차 있다 하더라도 혹시 내 판단에 문제가 있는 점은 없는가, 하는 생각이 들 때가 있다. 또 후배의 원고를 검토하다가 검토하고 있는 방향이 올바른지 그렇지 않은지 혼란스러울 때도 있다. 어떤 사안에 대해서는 스스로 이해가 부족하면서도 상대를 검토하는 입장에 서야 하는 상황이 생기기도 하는데, 그럴 땐 정말 괴롭다. 그러다 후배의 반박에 말려서 정확한 지침을 주지 못할 때엔 온몸이 확 달아오른다. 그럴 땐 한 템포 쉬어야 한다. 그리고 차분히 정리하면서 원래의 취재 의도를 상기하고 기사를 검토해야 한다.

또 데스크 본인의 기사 분량이나 다른 어떤 기사의 분량을 유지하기 위해 후배의 원고량을 줄여야 할 때도 어려운 순간이 아닐까?(나는 늘리는 것보다 줄이는 일이 더 어려웠다)

원고 분량을 조정하는 일은 데스크에게 흔히 발생하는 일이다. 그런데 두세 명의 원고가 부딪칠 경우 누구의 원고 분량을 유지하고, 누구의 원고를 잘라내야 하는지를 순간적으로 결정해야 하는데, 쉬운 일이 아니다.

지금도 그렇겠지만 신문사에는 전문 필자들이 존재했다. 글 쓰는 것을 즐겨하는 교수도 있고, 박사과정을 마친 취업 예비군도 늘어나서 필자 풀이 갖춰져 있었다. 그중에는 '빵꾸난' 원고를 이틀 만에 완성해내는 필자들도 있다. 그들은 자신만의 전용 원고지를 갖추고 있는 경우가 많고, 어떤 주제든 쉽게 써주었다. 주제를 '땜빵하는' 능력이 어찌 그리 대단한지, 5분 대기조처럼 웬만해서는 거절하지 않고 처리해준다.

요즘 현직 기자들은 원고지에 작성하지 않고, 〈한글〉 파일에 작성하여 이메일로 데스크에 보낸다. 그러면 데스크나 편집장이 빨간색으로 '첨삭'하여 되돌려 보내고, 다시 받아서 마무리한다. 빨간색이 동원되는 것은 동일하지만, 과거처럼 얼굴을 마주하지 않기에 심리적인 낙담, 좌절감은 덜 느낄 것 같다. 바로 눈앞에서 원고지가 찢기고 빨간 줄이 죽죽 그어지는 것을 보지 않으니 자괴감도 덜 할 것 같다. 하지만 고쳐야 할 부분이 지적되어 이메일로 반복적으로 되돌아온다면 그 또한 인내하기 어려울 것 같다.

나를 돌이켜보면 기사를 잘 쓰지 못하면서 신문사를 마쳤다. 얼떨결에 신문사에 지원해 원고지 앞에서 자신감이 확 떨어져 억지 문장으로 마감했던 기억도 떠오른다. 또 언젠가 A 후배의 원고를 위해 B 후배의 원고를 반 정도 줄인 적이 있다. 그때 B 후배가 지은 표정은 지금도 잊히지 않는다. 당사자는 그 원고를 위해 1주일간 취재하고, 선배에게 검토받는 과정도 이겨내면서 제대로 된 기사가 나오리라 기대하고 있었는데, 편집자가 반을 줄여버렸으니, 얼마나 낙담했겠는가? 그러나 실수 연발하던 그 시절이 요즘보다 더 열정이 있었던 것 같다.

(구길원 동우, 45기)

선배, 이 글도 체크하는 건 아니죠?

처음 내 이름을 달고 나가는 기사를 쓰기 전, 앞선 기사들을 꼼꼼히 챙겨서 읽어보고 비슷한 톤으로 써본다고 몇 날 며칠을 고민하며 열심히 썼던 것 같다. 당시 기사체크를 맡았던 선배는 평소에 늘 천사 같고 후배들에게 잘 대해주던 여자 선배. 아, 그러나, 그 선배는 혹독하게 무려 20번이라는 기사체크를 반복했다.

원고지 5~6매 분량의 기사를 20번 체크했으니까 100장 넘는 원고를 썼던 것 같다. 그날 거의 밤을 새워 기사를 쓰고 또 쓰고 했다.

'처음부터 그렇게 바꾸라고 하든지…… 우—씨~!'

나중에는 정말 집어 던지고 나오고 싶었다. 동이 틀 무렵 겨우 마무리 지었다. 내가 선배가 되어서도 수없이 많은 빨간 줄을 그었다.

수습기자로 들어온 1학년 국문과 후배가 생각이 난다. 나름 글 좀 쓴다던 문학소녀가 원고지에 그어진 빨간 줄에 처참하게 무너지며 눈물을 흘리고 있던 모습이 기억난다. 그 후배도 내가 느꼈던 것처럼 내가 참 원망스러웠을 것 같다. 한참 후에 나에게 생일축하 카드를 전해주면서 "선배, 이 글도 체크하는 건 아니죠?"라며 웃음 짓던 모습이 떠오른다.

치열하게 고민하며 제대로 쓰기를 훈련했던 기사체크. 지금 생각해보면 혹독한 훈련 덕에 살면서 많은 도움을 받았다. 군대에서는 가끔 대대장님 연설문을 쓴 적도 있고, 회사에 입사하여 마케팅 보고서를 만들었을 때 알기 쉽게 잘 썼다는 칭찬도 받았었다. 최근에는 회사에서 제휴를 맺은 〈한국경제〉 지면에 기고를 하기도 했다.

밤을 꼬박 새우며 써내려갔던 기사는 단순히 글 쓰는 걸 넘어서서 참을성과 성실성, 책임감 등을 배우게 했다. 가장 순수하고 감수성도 예민한 20대 초반, 선후배, 동기와 함께 모여 매주 공동의 목표를 위해 회의하고 치열하게 뛰어다니던 그때가 가끔 그립다. 그런 모습이 알게 모르게 내 인생에 스며들어 오늘을 살게 하는 밑거름이 되었다. 그래서 단대신문은 내 인생에서 참 고맙고 소중한 존재이다.

(손주성 동우, 50기)

게라와 쓰리다시

[조판과 인쇄]

글자로 자신의 생각을 표현할 때, 글자를 '쓴다'는 행위가 먼저 일어난다. 요즘은 글자를 입력한다는 개념이 있으나, 신문이라는 매체에서 생각해보면 과거엔 글자를 원고지에 쓰고, 그 글자를 누군가가 활자로 옮겨주어야 했다. 또 활자들이 잘 정돈되도록 조판하면서 넓이, 간격, 위치를 조정해주어야 했다. 이런 과정들을 잠시 살펴보겠다. 이 과정은 세대에 따라 경험의 차이가 있기에, 여기서는 활판인쇄의 기본 과정에 대해서만 이야기해본다.

용어가 귀에 익은 분도 있을 것이고 낯설고 생소하게 느끼는 분도 있을 것이다. 또 용어가 왜색이 짙다면서 멀리하는 분도 있을 것인데, 당시나 요즘이나 노동 현장에서 통용되는 용어는 대게 일본어 단어를 차용한 것이 많고, 인쇄 현장도 마찬가지이다.

활자 인쇄 과정을 크게 나누면 원고지에 기사 작성 → 데스크 편집 → 문선부에서 식자 → 조판 → 교정 → 지형 → 연판 → 윤전인쇄이다. 지금은 기술이 발전하여 대부분의 과정이 생략되어 전체 과정이 단순해졌다.

기사가 마감되면 데스크는 편집자가 되어 기존 신문 위에 다음 호 신문을 위한 기사의 배치를 빨간 색연필이나 빨간 사인펜으로 그리며 편집한다. 고정 칼럼을 비롯한 모든 기사의 배치를 대략 이미지화하는데, 단의 넓이, 제목의 크기, 사진의 유무 등을 치수와 기호, 선으로 표시해주고 이에 따라 원고지 분량도 조정한다. 이 빨간색 밑그림을 와리츠케, 즉 레이아웃이라 한다. 우리가 회식하고 마지막에 외치는 구호, "와리시케! 사시카이! 단, 대, 신, 문, 빅토리 야~!"할 때의 '와리시케'는 일본어 와리츠케(편집 밑그림=layout)를 발음하기 편하게 변형해 부르는 현장 용어이다.

인쇄하는 날에는 데스크와 대부분의 기자가 인쇄소로 이동한다. 현재는 〈한국대학신문〉에서 조판하지만, 예전 코리아헤럴드 외간부에서 활판인쇄하던 때를 예로 들어 보면, 신문사에서 외간부로 가는 것이다. 외간에 도착하여 와리시케와 원고지를 문선부장에게 인계하면 그의 집도하에 원고지들이 각 단에 맞게 구역별로 정리된다. 이 원고지를 받은 각 면 담당 문선공들은 수없이 많은 크고 작은 활자들 속에서 노련한 손놀림으로 해당 글자를 선별하여(문선) 글자들이 흐트러지지 않도록 실로 묶어 조판 틀에 정렬한다(식자).

신문인쇄가 활판인쇄에서 옵셋인쇄로 바뀌면서 문선부에서 일하던 분들이 가장 먼저 해직되었다. 안타까운 일이었다. 평생을 활자 뽑는 일로 사회에 기여해왔는데…….

식자와 조판이 동시에 진행되는 동안에 각 면 편집자들은 제목과 사진을 동판으로 만들어달라고 제판부에 따로 의뢰한다. 이렇게 해서 각 면들이 제목 동판과 사진 동판, 활자, 공목 등을 통해 어느 정도 조판되면 그 위에 잉크를 묻힌 롤러로 문지른 다음 꾹 눌러서 낱장의 단면 인쇄지(대장)를 뽑아주는데, 이 인쇄지로 보는 교정을 '게라'라고 한다.

일본어 '게라'는 '교정'이라는 뜻이다. 여기에서 게라(교정)가 의미하는 것은 일반명사 교정과는 약간 다른 의미를 띤다. 당시 사무실에서 데스크의 지도하에 이뤄지는 교정, 또는 교정 전문가가 '돼지꼬리'를 표시하면서 교정하는 것이나, 요즘의 아래아 한글 파일에서 빨간 밑줄이 그어진 곳을 고치는 것을 가리키는 것이 아니다. 신문사 사무실을 떠나 인쇄소로 넘어간 다음에 문선 현장에서 이뤄지는 교정을 가리킨다.

가장 먼저 담당 편집자가 게라 교정을 보고, 해당 기사를 작성한 기자도 가담하게 된다. 물론 그 자리에는 간사, 편집국장, 주간교수도 임석한다. 이 게라지를 현재의 신문 시스템에서는 '출력'이라고 하며, 출력(프린트)해서 최종 확인한다.

게라지로 교정하면서 사실관계가 다른 것, 제목을 수정해야 하는 것 등을 수정하여 마무리되면 오케이 권한을 가진 분이 해당 면에 대해 멋지게 오케이 사인을 한다. 이 맛에 간사나 국장할 기분이 나지 않겠는가.

오케이 사인이 나오기 전은 즐겁기도 하고 긴장되기도 한 시간이다. 일주일간의 노고가 끝나고 기사가 인쇄되어 나올 것을 생각하며 한 템포 쉬어가는 시간을 갖기도 한다. 반면, 민감한 기사에 대해서는 담당 기자, 데스크 대 주간단과의 일전이 시작된다. 지금은 정권에 비판적인 기사를 얼마든지 실을 수 있는 시대이지만, 군사정권 시대에 학생운동이 활발한 당시에는 어림없는 일이었다. 여기에 학내 문제까지 겹치면 제목부터 기사까지 모든 것이 검토 대상이 된다.

오케이가 끝나면 그 오케이지는 보관하고, 조판은 지형을 만드는 과정으로 넘어간다.

그런데 인쇄하기 전에 원고를 수정할 수 있는 기회는 여러 번 있다. 처음 원고를 작성하여 해당 데스크에게 검토받을 때 수정하고,

인쇄소에 가서는 게라지에 교정보면서 수정할 수 있다. 지형을 뜨면 끝났다고 여길 수도 있지만 마지막으로 한 번 더 수정할 기회가 있다. '쓰리다시' 인쇄 과정에서이다.

지형은 인쇄할 수 있는 판을 만들기 위한 준비 과정으로, 신문지 크기의 평평한 형상이고 재질이 펄프여서 지형이라고 부른다. 지형으로는 직접 인쇄할 수 없고, 인쇄기에 걸치는 판을 만들어서 인쇄해야 하는데, 납으로 제작하므로 '연판'이라 한다. 연판의 납은 뜨겁게 열을 가하면 녹아내린다. 조판에 사용한 활자도 납으로 주조하기에 녹여서 재활용하고, 연판도 인쇄가 끝나면 녹여서 재활용하므로 최종적으로 지형만 신문사에 보관한다. 이 지형 역할을 요즘엔 인디자인 같은 디자인 파일이나 PDF가 대신하고 있다.

연판은 동그란 윤전 인쇄기에 걸기 편리하도록 원형으로 제작한다(물론 평판 인쇄에 사용하는 평평한 연판도 있다). 윤전기에 연판이 걸리면 비로소 잉크를 넣고 인쇄기를 돌린다. 이때 곧바로 인쇄를 마치지 않고 종이와 인쇄판의 상하좌우 위치가 잘 맞는지, 한 면에서 인쇄도가 고르게 진행되고 있는지, 지형에 튀어나온 곳이 있어 얼룩이 묻지 않았는지, 앞뒤 양면의 위치는 올바른지 등을 살피고 조정하기 위해 윤전기를 돌려 인쇄지를 몇 차례 뽑아서 살피게 된다.

이때 뽑아보는 인쇄지를 '쓰리다시', 줄여서 '쓰리지'라고 한다. 쓰리다시를 확인하는 것은 반드시 거쳐야 할 과정이다. 쓰리다시를 살펴봤는데 문제가 발견된다면 수정할 수 있고, 문제가 없으면 본인쇄에 들어간다. 만약 쓰리지에서 문제점이 발견되어 수정해야 할 경우에는 비용도 더 들고, 시간도 지연되기 때문에 비상상황이라 할 수 있다.

5공화국 때 검게 칠해진 신문이 나오거나 잉크가 묻지 않은 채 백지 상태로 신문이 발행된 경우가 있었는데, 이는 모두 연판을 끌로 밀어서 인쇄했기 때문이다. 흔히 학생기자는 지형을 뜨기 전까지 주시하다가 지형을 뜨는 단계에서는 밤도 늦었고 피곤하여 한잔하러 간다. 이 순간에 기관에서 나와 쓰리다시를 확인한 다음, 문제 있다고 판단한 기사를 끌로 밀고 인쇄한 것이다. 물론 쓰리다시 이전 과정에서 만든 대장을 기관에서 확인하고 아예 기사삭제 지시를 하는 경우도 있었다.

한편, 저녁에 전체 면에 오케이가 떨어지고 지형이 제작되기 시작하면 기자들은 한잔씩 하러 간다. 좀더 잘 쓸 걸 하는 아쉬움이 남기도 하고, 마쳤다는 안도감도 느끼게 되는 것이 바로 이 순간이다. 윤전기가 돌아가는 소리가 들리고 드디어 신문이 쏟아져 나오면 뿌듯함은 배가된다. 신문을 실은 화물차를 타고 신문사로 귀가할 때 맡는 종이와 잉크 냄새는 태초의 향기인 듯 폐를 가득 채운다.

(구길원 동우, 45기)

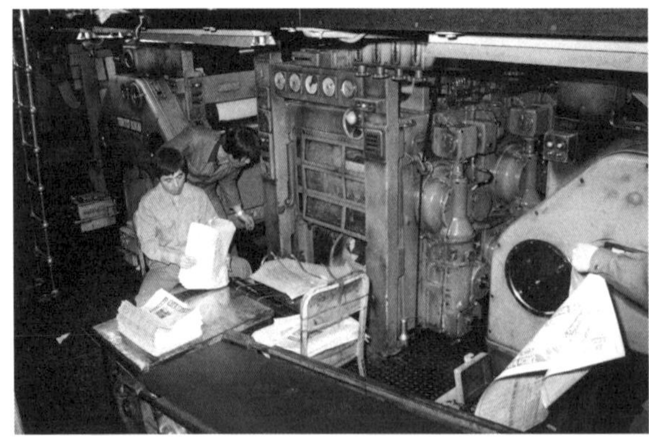

1970년대 윤전실 풍경

이름이 생겼어

[명패]

신문사 생활 첫날. 글을 쓰고 싶어서 지원했든, 언론에 관심이 있어서 지원했든, 서클 같은 무리에 속하고 싶어서 지원했든, 어떤 동기를 가지고 지원했든지 신입기자의 첫날은 기대와 설렘이 가득하다. 첫날을 보내면서 입사식 때는 눈에 들어오지 않던 선배들의 일상적인 모습을 보게 된다. 학교와 세상의 모든 걸 알고 있고 수십 년간 필드에서 뛴 베테랑처럼 여유 있어 보이기도 하지만 한편으론 취재하고 기사 작성하느라 스트레스에 쌓여 신경질적인 모습도 보인다.

시간이 흘러 사령이 나오면 수습기자가 되고, 수습기자가 된 지 약 한 달이 될 즈음 책상 위에 까만 명패가 놓인다. 과거엔 신문사 사무실이 좁아서 책상을 여유 있게 놓을 수 없었기에 하나의 책상을 수습기자가 공동으로 이용하면서 그 위에 두세 명의 명패를 놓기도 했다.

그전까지 자기 명패를 가져본 사람은 아마 없을 것이다. 대학에 입학해 아직 시회에 나가기 전이니 당연한 일. 까만 페인트를 칠한 가로로 기다란 삼각기둥에 흰 글씨로 써넣은 이름 석 자. 자개로 봉황무늬를 장식한 것도 아니고 반질반질하게 빛이 나는 것도 아닌, 투박한 나무토막에 페인트로 이름만 써넣은 명패지만 신문사에 입사한 자신의 존재를 처음으로 인정해주는 객관적인 증표였다.

"너희들도 명패가 나올 거야"라는 말을 총무부장에게 미리 들었지만, 본인 이름의 명패를 받으면 비로소 '나도 이젠 신문사 식구야'라는 소속감이 생기고, 책상 위에 놓인 여러 명패들을 보면 나도 학생기자의 세계에 발을 들여놓았다는 의식이 느껴진다. 고등학생 때까지 정착할 수 있는 공간을 가져본 적이 없는 '아이들'에게 방황이 아니고 정착이라는 개념도 준다.

수없이 거쳐 간 선배들 이름 위에 덧칠해 쓴 명패여서 이름 자국의 요철이 육안으로도 감지되고, 나무를 톱으로 자른 단면을 덜 다듬어 톱니 자국이 남아 있어도 신문기자의 명패는 단순한 물품 이상의 의미를 전해주는 상징이었다.

시간이 지나고 기자로서 경력이 쌓이면서 명패의 무게와 의미도 점점 변한다. 100g 정도의 까만 나무 덩어리가 어느 순간엔 100kg처럼 무겁게 느껴지기도 하고, 실수를 연발하거나 신문사에 더 이상 머무를 가치가 없다고 느끼는 순간엔 1g이 되기도 한다. 세상 무슨 일이든 어떤 마음가짐으로 자신의 역할을 해내고 책임을 감당해내는지에 따라 이름의 무게가 달라진다. 자신의 이름이 새겨진 명패의 위상도 그처럼 계속 변하는 것이다.

나는 1학년 2학기 가을, 신문사를 떠나기로 결정하고 편집장에게 통보하듯 내 결심을 전한 뒤 신문사를 내려왔다. 그런데 일주일을 버티지 못하고 다시 신문사를 찾았다. 다시 찾은 신문사에는 여전히 내 명패가 남아 있었다. 왠지 부끄럽기도 하고 반갑기도 했다. 그 명패가 내게 다시 시작해도 된다고 격려해주는 것 같았다.

새 학년이 되어 신입기자를 맞으면 그들의 명패를 만들기 위해 부장으로 진급한 선배들의 명패를 재활용한다. 그런데 알고 보니 떠나간 동기의 명패도 재활용한다. 그런데 당시엔 재활용되는 동기의 명

1972년 박소춘 동우(25기). 명패가 보인다.

패를 보면서 조금 당혹스러웠다. 선배의 이름이 내 명패의 이름 밑에 남아 있는 것은 알면서도, 이런저런 사정으로 신문사를 그만둔 동기의 이름이 새로운 수습기자의 이름으로 지워지다니……. 예상하지 못한 상황이었고, 저렇게 이름이, 기자로서의 존재가 지워지는구나 하는 생각을 했다.

명패는 책상 위에서 자리를 지키는 것이지만 지면의 명패도 있다. 본인의 기명기사에 기입되는 이름 말고 외자로 표기하는 이니셜을 모두 가졌다. 본인의 이름 중 한 글자를 택해 표기하는 것. 이니셜은 수습기자 때부터 사용하는데 정기자도 기사나 칼럼 등에 표기한다. 이니셜의 전통은 지금도 유지되고 있다.

학교를 졸업하고 사회생활을 하는 동안 멋진 명패를 가져본 동우도 있을 것이고, 반대로 아무런 명패 없이 살아온 이들도 있을 것이다. 대부분은 생애 처음이자 마지막으로 가져본 명패가 신문사 시절의 명패일 것이다.

그런데 2000년도 이후에 입사한 기자에게는 더 이상 명패가 주어지지 않는다고 하니 아쉬운 생각이 든다. 자신의 이름 석 자를 걸고 기사를 쓴다는 거창한 의미가 아니더라도, 자신의 이름이 새겨진 명패를 갖는다는 것은 꽤 즐거운 경험이다.

(구길원 동우, 45기)

엽차 컵

[발송]

신문사 생활에서 1학년은 모든 잡무를 도맡아 하면서 업무를 익혀야 하는 시기다. 1학년 수습기자, 2학년 정기자, 3학년 데스크의 시스템이 고정되고 3월에 한 번 입사식을 치르던 때가 있었다. 사정상 1년에 두 번 신입기자를 뽑는 때도 있고, 2학년이 수습기자로 입사하는 경우도 간혹 있지만 1학년 수습, 2학년 정기자, 3학년 데스크 체제가 가장 표준적이다.

1학년, 수습기자가 되면 가장 먼저 듣는 말이 '따까리'이다. 하긴 '학문의 이상과 한국 대학의 현실에 대해' 또는 서로를 피곤하게 만드는 형이상학적 주제를 두고 데스크와 대화할 처지도, 수준도 못 되는 수습으로서는 시키는 일만이라도 열심히 해내야 하니 '따까리'라는 용어가 가장 적절할 것이다.

수습에게 '따까리' 외에 비공식적으로 부여되는 명칭이 '조달'이다. 하물며 1학년에게 '조달부장'이라는 직책도 주어진다. 당시 조달의 주요 업무는 다방이나 술집에 가면 김이나 재떨이 가져오기, 담배 준비하기 등이었다. 조달업무는 굳이 싫다면 거부할 수도 있었다. 하지만 소속의 욕구라는 게 발동하고, 치사한 인간이라는 평가를 받지 않기 위해서라도 스스로 나서게 된다. 사실 우리는 이런 일들도 즐겁게 수행했는데, 비공식적인 역할을 비밀리에 수행했다는 점에서 대단한 능력의 소유자들이었다.

조달부장이 1학년의 비공식적인 직책이라면 공식적인 직책도 하나 주어진다. 발송부장이다. 발송은 졸업생 등 외부 독자에게 신문 1부씩을 우편으로 보내는 것인데, 이를 수습이 처리해야 한다. 요즘엔 발송 대행업체도 있고, 자동 발송기도 있지만 당시는 손편지와 엽서, 우표가 절정의 인기를 구가하던 시절이다. 당연히 신문을 보내는 것도 수작업으로 처리했다. 육백 부가량의 신문을 손으로 접어서 보내는 일이 당연하게도 수습에게 주어진다.

다만 직접 발송하는 일은 49기가 수습시절 때까지 진행되다가 그 후부터는 발송 대행하는 곳에 맡겨서 진행하고 있어서 추억의 강도는 다를 것 같다.

발송에는 크게 세 가지 단계가 있는데, 신문을 접고, 주소용지(띠지)를 붙이고, 우체국에 나르는 일이다. 이 중에서 접는 일이 가장 힘들고 시간이 많이 든다. 신문을 인쇄소에서 실어올 때에는 타블로이드판으로 접지되어 있다. 이 신문을 우편배달하기 용이하게 접어야 하는데, 접을 때 가장 요긴하게 사용되는 도구가 컵이었다. 한손에 잡히고 단단하여 힘을 받을 수 있는 컵. 그 컵이 일명 엽차 컵(또는 오차 컵)이다.

중국집이나 다방, 분식집에 가면 뜨거운 오차(보리차)를 따라주는 용도로 상비되어 있던 갈색 잔. 그 컵을 조달부장이 조달해 와서 신문을 접을 때 사용하는 것이다. 그런데 조달은 조달부장만의 임무는 아니다. 발송업무를 담당하는 수습 전체가 함께 해내야 하는 즐거운 과제이다.

어느 날은 다방에서 컵을 하나 가방에 넣고, 김치찌개를 먹으면서 숟가락을 넣고, 맥주가게에서 맥주잔을 각각 넣으면서 낄낄거리기도 했다. 그러니까 공동정범인 셈이다. 평소에는 소심한 이들도 술을 마시면 용기가 불끈 솟아 이런 손버릇을 몸이 거부하지 않는다. 결국 '컵, 너는 나와 인연이야' 하면서 자연스럽게 조달하게 된다. 우리가 그런 행위를 불법이라고 자각하기보다 낭만이라고 자위한 것은, 당시는 나라의 꼭대기부터 권력을 가진 모든 이들이 법을 지키지 않던 시대였기 때문인지도 모른다.

이처럼 대체로 정신없고, 대체로 허둥대고, 대체로 제 역할을 못하는 시기가 컵을 들고 신문을 접는 수습기자 시기인데, 이때 가장 관심을 갖는 것은 술뿐이다. 늘어나는 술과 함께 학점도 서서히 떨어지고, 강의실에서 수업을 받는 시간보다 신문사에서 개기는 시간이 늘어난다. 그러면서 입사할 때 지향한 이상, 목표, 꿈은 수습기간에 잠시 잊어버리게 된다. 오차 컵으로 신문을 문지르는 시간이 늘어가면서.

(구길원 동우, 45기)

1970년대 말 신문 발송 풍경

메모

[연락과 소통]

유명한 빅데이터 전문회사에서 2017년 하반기에 내놓은 결과에 따르면, 네이버 밴드를 이용하는 세대는 주로 60대, 페이스북은 주로 30~40대, 카카오톡은 대체로 모든 세대가 이용한다고 한다. 다만 10대와 20대는 거의 인스타그램을 이용하는데, 데이터를 주고받는 트래픽 양에서 10대와 20대의 것이 압도적으로 많아서 인스타그램이 빅데이터를 거의 지배한다고 한다.

특이한 점은 10대와 20대는 주로 사진으로 소통하고 설명이나 댓글은 'ㅋ' '억' 등의 유사어나 비(非)단어가 주류를 이룸에도 소통에 문제가 없다는 것이다. 또 소위 말하는 '좋은 글'이라는 것을 퍼 나르는 사람들은 거의 50~60대의 '아재'나 '아짐'들이라고 한다. 이제 아재나 아짐은 부정적인 이미지를 뿜어내는 단어가 되어버렸다.

이처럼 스마트폰을 사용할 때도 끼리끼리 주고받는 소통의 방식에서 세대 간에 분명한 차이가 나타나는데, 과거엔 어떤 방식으로 소식을 주고받았을까?

핸드폰이 없던 시절엔 공중전화를 이용하거나 직접 만나는 방법, 편지를 주고받는 방법 외에 별다른 것이 없었다. 신문사는 이보다는 훨씬 나았다. 전화가 있으니 전화로 확인해도 되고, 또 다른 방법들도 존재했다.

예전에는 신문사의 벽면 한 면을 칠판이 차지하고 있었다. 칠판은 만능의 기능을 했다. 편집회의 결과를 적어서 다음 호 기획이 어떻게 돌아가는지 체크할 수 있게 했다. 또 부재중 전화에 대한 메시지도 칠판에 적어두었기에 신문사에 들어서자마자 확인하는 것이 칠판이었다. 구두로 전해도 되지만 일단 칠판에 메모해두는 것이다.

입사한 지 얼마 지나지 않아 저녁 모임이 있었다. 그런데 나는 그 자리에 참석하지 않았다. 다음날 질책을 받았는데, 그러면서 알게 된 사실이 저녁 약속을 칠판에 적어놓았다는 것이다. 나는 칠판의 글을 읽고도 그것이 약속 내용을 적어둔 것인 줄 몰랐으니 눈치가 없었던 것이다.

기사가 모두 마감되고 일이 잘 마무리되면 다음 편집회의 때까지 칠판이 깨끗하게 지워진다. 이렇게 지워진 상태로 며칠 지내다 보면 일을 완수했다는 안도감보다는 공허감이 들 때도 있다. 아무것도 할 일이 없는 것인가, 무엇이라도 해야 하지 않은가 하는 목표의식이 발동하기도 한다. 특히, 한겨울 방학 때 건조하고 차가운 신문사에 앉아 있는데 칠판까지 휑하니 비어 있으면, 마음에 여유가 생기기보다 오히려 텅 비어 있는 공간이 무겁게 느껴지고 다가올 일들이 걱정되곤 했던 것 같다.

연락을 주고받는 장소는 또 있었다. 한남동에서는 로뎀다방이 사전에 약속하지 않은 경우에 꼭 들러서 확인해야 하는 곳이다. 다방 카운터 옆에 있는 메모꽂이에 간단한 메시지를 적어서 꽂아두면 누군가가 그것을 확인하고 약속장소로 이동하는 식이다. 로뎀다방의 메모는 신문사뿐만 아니라 다른 학생들도 모두 애용했고, 거기서 잠시 쉬면서 약속한 사람을 기다리기도 했다. 지금 생각하면 로뎀다방은 학우들에게 인정 넘치고 친근한 동네 사랑방 역할을 수행해주는 곳이었다.

로뎀다방의 2층 계단을 뛰다시피 올라가 문을 밀면 담배연기가 자욱하다. 입구의 왼쪽 기둥에 박힌 메모판에 압정으로 꽂힌 메모 중에서 자기에게 필요한 메모를 재빠르게 확인한다. 메모판엔 자기들끼리만 의미가 통하는 약식 언어로 메시지를 전하는 종이가 가득했다. "45기, 전주집으로 와.", "김명섭, 해남식당에 있다." 이런 식이다. 여기에서 '45기'나 '김명섭'은 꼭 45기에게만 전한다는 뜻이 아니다. 신문사 식구들은 모두 봐주세요, 라는 의미이다. 이처럼 스마트폰과 와이파이가 없던 시절엔 로뎀다방의 메모판이 가장 유용한 의사소통 수단이었다.

동기나 선후배들이 아무도 보이지 않고 혼자 떨어져 있는 밤엔 외롭다기보다는 조마조마한 초조감이 생긴다. 그렇기에 필사적으로 무리에 속하려고 하고, 모여서 '한잔' 하면서 애정을 과시하는 것이다.

사람을 찾는 좋은 방법은 습관과 본능에 의지하는 것이다. 익숙한 곳에 직접 들러서 확인해보는 것이다. 본능에 의지한 탐지는 꽤 효과가 좋아서 몇 곳의 가게에 들르면 꼭 한두 명은 만날 수 있고, 그렇게 몇 곳을 돌면 전체 멤버가 다 모이기도 한다.

익숙한 곳에 가고, 익숙한 행위를 할 가능성이 높다는 것은 그것을 해본 사람이 아는 것이다. 몸의 필요에 의지해 이곳저곳을 다니다 만나는 아날로그 만남이 GPS로 약속장소를 안내받아 만나는 것보다 더 반갑고 정겹다는 것은 체험해본 사람만이 알 것이다. 그리고 그렇게 만나면 반드시 소주가 있고, 음악이 있고, 노래가 함께했다.

신문사 생활에 점차 적응해가다 보면, 자기의 꿈은 오직 기자가 되는 것이고, 선후배의 애정은 절대 변하지 않을 것이라고 확신하게 된다. 그런데 그런 확신이 사라지는 순간이 온다. 한잔한 뒤 로뎀다방 1층 뒷골목이나 할머니집 뒷문 화장실 앞에서 선배들에게 '한 방' 먹을 때는 정신이 확 깨는 것이다. 그런 양면성이 있는 곳이 신문사의 밤이었다. 하지만 애정은 긴 기쁨과 잠시의 실망이 교차하면서 굳건해지는 습성이 있나 보다. 지금도 선후배와 고락을 같이 하고 있으니.

(구길원 동우, 45기)

연수회

— 사진첩 속 앳된 얼굴들이 그립다

2016년 5월, 경주로 다녀온 추억의 연수회는 잊을 수 없는 감동을 안고 돌아왔다. 김홍도 선배님의 해박한 지식과 함께한 추억의 연수회는 경주의 모습을 다시 바라보게 만든 시간이었다. 현직 때 느낄 수 없었던 깊이와 여유가 느껴지는 추억의 연수회였다.

돌이켜보면 현직 때 연수회만큼 기다리고 설레게 한 일은 없었던 것 같다. 학기 내내 신문 만드는 일로 이리 뛰고, 저리 뛰던 기자들에게 방학 때 맞이하는 연수회는 마치 지금의 해외여행을 가는 것과 맞먹을 정도로 기대를 갖게 했다. 큰 대형버스도 대절하고 주간교수님과 국장님, 퇴임 선배들과 맛난 현지 음식도 먹고 즐겁게 여행하는 연수회는 늘 기다려졌다. 물론 명칭이 연수회이다 보니 약간의 세미나 시간도 있었다.

내게 기억나는 연수회는 2학년 여름연수회. 동해의 7번 국도를 따라 속초와 강릉, 설악산 코스로 다녔던 것 같다. 숙소에서 밤새워 처음 술을 먹을 때는 둥그런 원형이 이뤄지지만 시간이 지날수록 그 자리에 뻗어 잠이 들고 원형은 점점 좁혀졌다. 나중에 최후의 승자 2~3명만 남게 되는 술자리. 마지막까지 남은 승자는 아침 일출을 보는 기회를 가지지만 대가가 따랐는데 하루 종일 술독으로 힘들어했다.

바닷가에 가면 늘 입수시킬 대상을 물색했다. 평소에 선배에 대한 불만을 이런 기회에 풀어보려 치밀하게 준비했다. 핸드폰도 없던 시절이라 일단 걸리면 옷 입은 채로 무조건 바다로 밀어 넣었다. 그러다 우리도 후배들에게 되치기를 당하곤 했다. 갈아입을 옷도 많지 않아서 그냥 입은 채로 말리는 경우가 다반사였다. 그래도 '깔깔깔', '헐헐헐' 하면서 버스를 탔다. 버스 안에서 하는 노래자랑도 흥겨웠고, 맨 뒷좌석에 앉아 퇴임한 선배님들께 술 한잔 얻어 마시는 맛도 즐거웠다.

기자들 전체가 설악산 대청봉까지 등반한 적이 있었다. 모두 처음에는 기세 좋게 출발했지만 가파른 길이 나타날수록 낙오자가 몇몇 생겨났다. 하루 꼬박 대청봉까지 왕복으로 다녀오니 다들 물집이 잡히고 힘들어 했던 기억이 있다. 그러나 그때처럼 재미있게 대청봉을 다녀온 적이 없었던 것 같다. 걷다가 노래 부르고, 장난치면서 서로 의지하며 올라갔기 때문에 많이 힘들지는 않았던 것 같다.

ㄱ 연수회 중 가장 기억에 남은 일은 연수회 도중에 군복무 중인 48기 이명구 선배 면회를 갔던 일이다. 연수회 장소가 군부대와 멀지 않아 깜짝 이벤트를 위해 연락도 없이 무작정 부대로 찾아갔다. 대형 버스로 30명 넘는 인원이 사병을 면회 왔다니 위병소 군인들도 놀라는 눈치였다. 이명구 선배는 너무 놀라면서 나왔고 눈물을 연신 흘려댔다. 나중에 군대에 가보니 그 일이 명구 선배에게 얼마나 큰 감격이었을까를 느낄 수 있었다. 강원도 오지에 외롭게 군생활 하던 중 연락도 없이 늘 가까이 지내던 선후배들이 한꺼번에 면회를 오니 얼마나 놀라고 감격스러웠을까. 나였더라도 눈물을 펑펑 쏟았을 것 같다.

지금은 사진첩에 남아있는 앳된 얼굴들의 활짝 웃는 모습이 아련하기만 하다. 마치 응답하라 시리즈처럼…….

(손주성 동우, 50기)

우리의 젊은 시절을 어떻게 기억하고

살아가고 있는지

모든 동우에게 질문을 던졌다.

그 질문의 키워드 중 입사, 퇴사에 관한

단상을 모아서 정리했다.

선배는 신과 동격(?)이다?!

[입사식]

입사식 때 김상배 교수님이 수산으로, 고 허구회 편집장과 박소춘 총무부장이 계셨고, 많은 선배들이 기라성처럼 포진하고 있었다. 차혜영, 이성균 선배가 1년 위에 있었고 박명희, 허희옥, 장사한 기자가 동기였다. 비록 전통의 '빠따' 신고식으로 다소 거칠었지만, 끝난 뒤 한남동 뒷골목에서 정신없이 마셨던 막걸리가 지금도 생생하다. 정과 의리, 젊음이 넘치는 환영, '마누라송'이었다.

(고명호 동우, 28기)

입사식하면 아무래도 장기자랑이 가장 먼저 떠오르는 것 같습니다. 지금은 비록 하고 있지는 않지만 제가 입사할 때만 해도 선배들 앞에서 장기자랑을 했었습니다. 그 당시에는 싫다고 불평했었는데, 돌이켜 생각해보면 장기자랑 연습한다고 동기들끼리 자주 모이면서 더욱 친해질 수 있었습니다.

(김태희 동우, 75기)

무려 47기수 차이가 나는 선배와 후배의 '입사식'에 대한 추억이다. 뭐라고? 빠따? 입사식에서 장기자랑을 해? 세대별로 많은 혼란과 충격이 있으시리라. 단대신문 출신들에게 있어 '입사식'은 남자들의 군대 무용담만큼이나 샘이 마르지 않는 소재이며, 사라졌던 끈끈함마저 느끼게 해주는 신기한 매개체이기도 하다. 일명 '빠따'라는 폭력을 당하고도, 그때 그 시절로 돌아간 듯 추억에 잠긴 선배들의 모습을 보며 더욱 확신했다.

현재는 많이 축소됐지만, 1948년부터 오랜 시간 전통을 이어 온 단대신문 입사식은 역대 주간교수님들을 비롯해 국장님, 전·현직 선배들의 환영 속에 제법 성대하게 치러지는 규모 있는 행사였다.

입사 동기 중 한 명이 대표로 선서를 하고, 단대신문 수습기자로 임명받는 그 순간의 뿌듯함이란! 그때까지 그 어떤 수습기자도 앞으로 일어날 일을 상상할 수 없었을 것이다. 공식적인 1부 행사가 끝나고 이어지는 입사식 2부, 3부가 선배들 사이에서 지금까지도 회자되는 입사식의 하이라이트다.

"○○○! 너 누구야?"

"네에? ○○학번 ○○○입니다."

"뭐라고?! 너 누구냐니까?"

"……."

"○○○! 선배는 뭐야?"

"………!? 선배는 신과 동격입니다!"

"뭐? 똥(?) 격?"

몇 번의 반복 끝에 답을 알고 나서도 목소리가 작아서, 발음이 꼬여서 목이 쉬도록 외쳐댔던 '단대신문 취재부 ○○○기자'. 몇십 년이 지나도 잊히지 않는 데는 이유가 있다. 1시간 내내 긴장감의 연속이었던 입사식 2부보다도 더한, 일명 '빠따'가 등장하는 3부가 있었기 때문이다. 입사식에서 장기자랑을 준비했다는 요즘의 현직 기자들은 상상도 못할 일이다.

분명한 것은 도구가 무엇이었든 간에 '단대신문'이라는 격전지에 뛰어든 수습기자들에게 입사식만큼 확실하게 정체성을 심어주는 방법도, 동기·선후배 간 '전우애'를 심어주는 의식도 없으리라는 것이다.

(양하나 동우, 58기)

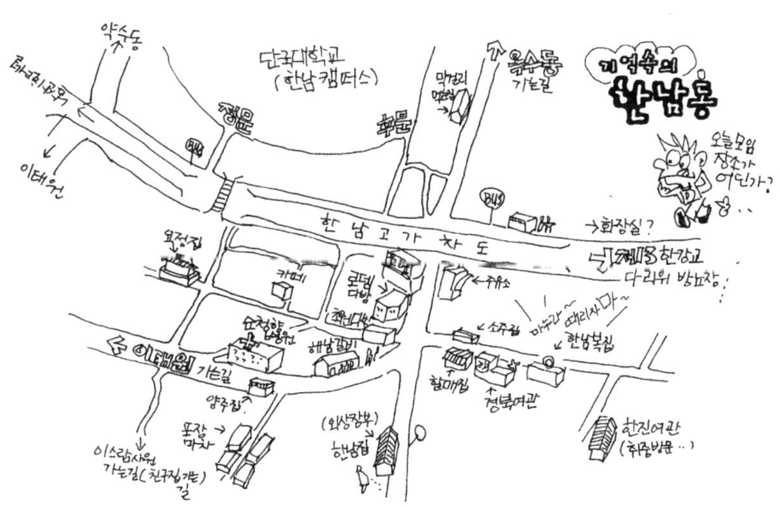

일러스트, 윤중화 동우(37기)

나 - 단대신문 = ?

[중도 퇴사]

이런 질문이 던져졌다. '재직시절, 가장 슬펐던 일은 무엇입니까?' 가장 슬픈 경험은, 함께 하고팠던 동료의 이탈이다. 신문사라는 것이, 워낙 개인의 시간과 힘을 많이, 오랫동안 투자해야 하기 때문에 끝까지 뜻을 같이하지 못하는 기자들이 있다. 그 기자 또한 나름의 개인 사정도 있고, 앞으로의 진로와 계획이 있다는 것을 알기에, 그리고 그만두겠다는 말을 밖으로 꺼내기까지 수없이 많은 고민과 슬픔을 겪어왔다는 것을 어렴풋이 알기에, 더더욱 잡지 못하는 현실이 너무 슬펐다. 그리고 그에 따른 외로움이 참 힘들다.

(남성현 동우, 70기)

슬펐던 일은 지금 이 설문지를 작성하고 있는 이 순간입니다. 신문사를 그만둬야 할 것 같아 마음먹고 있었는데 설문지를 작성하다 보니 그간의 일들이 주마등처럼 스쳐 지나가고 괜히 슬퍼집니다.

(이상윤 동우, 76기)

현직 기자들의 고민과 그동안 단대신문에 쏟았을 열정이 느껴지는 대목이다. 신문사 생활을 하면서 누구나 한 번쯤은 생각해봤을 '중도 퇴사'. 누군가는 학업에 대한 부담감과 부모님의 반대로, 다른 누군가는 남들보다 늦어지는 입대 문제로, 또는 '내 기사에 매번 태클을

거는' 선배, 주간교수님과의 갈등을 이유로 퇴사를 고민하기도 한다.

작게 일렁이는 파도에도 쉽게 동요되던 그때, 대학생활 4년 중 3년이라는 시간의 무게감은 때론 견딜 수 없이 크게 다가온다. 고민에 고민을 거듭해 학교를 그만둘 생각을 하면서도 스스로의 결정에 의해, 타의에 의해 쉽사리 끊지 못했던 것이 '단대신문'이라는 단단한 끈이다.

해가 갈수록 커져가는 책임감, 대학생활 내내 쏟아부었던 시간과 열정만큼, '단대신문'을 빼면 나라는 존재 가치가 없어져 버릴 것 같은 두려움 때문에 그 끈을 놓지 않았는지도 모르겠다.

가끔 이런 생각을 해볼 때가 있다. '단대신문에 들어가지 않았더라면', '이런저런 고비들을 넘기지 못하고 중도퇴사를 했더라면'……. 내 자기소개서 한편에는 '단대신문 학생기자'라는 이력 대신 어떤 문구가 채워졌을까? 'ㅇㅇㅇ에서 어학연수?', '토익 ㅇㅇㅇ점 ?', ㅇㅇㅇㅇ과정 이수?' ……

캠퍼스 생활은 어땠을까? '공강' 시간 넓디넓은 취재처를 돌고 신문사 책상에서 취재 수첩을 들여다보는 대신 캠퍼스 벤치에 앉아 '꽁냥꽁냥' 소소한 데이트를 즐기는 대학생이었을까?

어느 누구도 누군가의 선택을 잘했다, 못했다 평가할 수는 없을 것이나. 그때 신댁하지 않았던 길에 대한 호기심과 퇴임까지 함께하지 못한 선후배, 동기들에 대한 그리움, 아쉬움만이 남아있을 뿐…….

다만, 이 지면을 빌려 동우 여러분께 한 번쯤은 묻고 싶다.

'단대신문과 함께한 3년, 후회한 적 있습니까?'

(양하나 동우, 58기)

용돈, 향토장학금, 아르바이트비로도 부족해!

[총무부장]

어떤 큰 단체, 소모임이든 '총무'라는 역할은 회장직만큼이나 책임감이 막중한 자리다.

구성원들의 연락처는 물론 각종 경조사 챙기기, 회비 관리, 행사 기획부터 장소 섭외, 사후관리까지……. 총무의 역량에 따라 그 모임의 활성화가 결정되기도 한다.

하물며, 하루 두 끼(어디 하루 두 끼뿐이던가)를 신문사에서 해결하곤 했던 후배들의 끼니를 챙기고 각종 사건·사고를 수습해야 했던 '총무부장'들의 노고는 어떠했을까? 부모님께 받은 책값과 시골집에서 보내온 '향토장학금', 아르바이트비로 항상 모자란 제작비를 충당해야 했음에도 "그땐 그게 당연한 줄 알았다"는 총무부장들의 지난 기억들을 소환하기로 했다.

일시: 2018년 1월 24일

장소: 강남 모처

참가자: 백란희 동우(41기), 정미의 동우(47기), 장문식 동우(50기), 황형희 동우(51기)

백란희 나는 그 시절에도 그랬고, 지금까지도 후배들이 '엄마'라고 불러. 후배들 점심, 저녁 챙기고 살림을 도맡다 보니, 어떻게 보면 총무 역할이 '엄마'지 뭐.

장문식 제 별명은 '돈 나오는 샘'이었어요. 제작비는 떨어졌는데, 동기나 후배들이 술이 당기는 날이면 "문식아, 빨리 샘에 좀 다녀와" 하며 조르곤 했죠.

양하나 그때 제작비가 많이 모자랐어요?

백란희 늘 모자랐지. 제작비를 월요일 조판 후에 받는데, 수요일이면 거의 바닥이 났어.

양하나 아, 그럼 남은 3일은 어떻게 충당했어요?

장문식 내 용돈으로 메꾸기도 했고, 부장들 원고료 받는 날이면 슬쩍 다가가서 "너 받았더라?" 하고 협박도 하고……. 그것도 모자라면 원고료를 가불받기도 했지.

정미의 저도 당시에는 용돈이 좀 넉넉했던 편이라 부모님께 받은 용돈으로 충당하곤 했어요.

백란희 하하, 맞아. 그때 나도 '외동딸' 찬스를 많이 썼지. 아버지께 책 산다고 하고 책값 받은 날은 신나서 "얘들아, 오늘 뭐 먹을래?" 하곤 했어.

황형희 전 총무부장을 맡은 1년 내내 아르바이트를 했어요. 새벽에는 신문배달, 야간에는 편의점에서 일하기도 하고, 학교 앞 레스토랑에서 서빙 알바를 하기도 했죠. 그렇게 해서 번 돈으로도 모자랐을 땐, 당시 유명한 프랜차이즈 식당을 하시던 먼 친척 어르신을 찾아가서 안부를 여쭈곤 했어요. 그럼 말없이 용돈을 쥐여주셨거든요.

백란희 그렇게 번 돈을 제작비로 쓴 거야? 형희를 상 줘야겠다. 왜 그렇게까지 한 거니?

황형희 그땐 그럴 수밖에 없었어요. 식사 시간 때가 되면 동기들이랑 후배들이 약속이나 한 듯이 우르르 신문사로 오는데 그걸 보고 모르는 척할 수가 없었거든요.

장문식 하하하. 너 정말 대단하구나.

양하나 총무부장 역할이 그 정도일 줄은 몰랐어요. 저희 때는 기자들 수가 적어서 모자라거나 그런 적은 없었는데…….

장문식 50기인 나 때만 해도 양 캠퍼스 합쳐서 스무 명은 됐으니까 어떻게 보면 큰살림이지. 하루 두 끼뿐인가? 술 마시고, 그리고 차가 끊긴 동기들은 우리 집에서 재우기도 했고, 여기 동석한 허정민 선배(49기)도 총무부장 대행(?)으로 자취집을 자주 오픈했지. 선배들 '향토 장학금' 오는 날만 손꼽아 기다리던 후배들도 있었어!

양하나 기자들 밥값, 술값 외에 나가는 지출이라도 더 있었으면 그땐 정말 파산이네요!?

장문식 사실은 우리 동기들이 사고뭉치라……. 우리가 정기자 때 총무부장 선배들이 애를 많이 쓰셨지. 가뜩이나 제작비도 부족한데 여기서 밝힐 수 없는 각종 사건, 사고 때문에 총무부장들이 '해결사'로 나서는 경우도 있었거든. 민경 선배(49기 총무부장), 죄송해요!

황형희 나는 그때 총무부장을 했던 1년이 지금도 약간 트라우마로 남은 것 같아. 지금도 어디 모임을 가면 이거 내가 내야 되는 자린가, 먼저 생각을 하게 된다니까……. 그런데 오늘은 딱 들어오니까 백란희 선배님이 계시더라고!

백란희 그래 오늘은 총무인 내가 쏜다! 마음껏 시켜!

양하나 저는 오늘 선배님들 말씀 들으면서 많이 놀랐어요. 선배님들 용돈도 넉넉하지 않으셨을 텐데 사비까지 몽땅 털어 보태시고, 그 와중에 아르바이트까지 하셨잖아요. 정말 왜 그렇게까지 하신 거예요?

정미의 글쎄, 그땐 그게 당연한 건 줄 알았어! 난 총무부장이니까!

(정리 양하나 동우, 58기)

영수증

'간이영수증'이라 읽고, '가라' 영수증이라고 부릅니다. 결산 시즌이 오면, 정말 열심히 뛰어다녀야 해요. 식당, 문구점, 철물점, 마트, 여관 기타 등등……. 영수증을 얻으려고요. 단골이 있으면 좋았죠. 그리고 메꾸는 겁니다. 아름답게 돈이 딱 맞아 떨어지도록.

"팩스 용지를 너무 과다하게 쓴 거 아냐? 무슨 팩스 종이를 한 달에 4통이나 써?"
"복사지, 잉크를 궤짝으로 살 수는 없는 거지."
"아니, 여관을 왜 이리 자주 가?"
음…, 평소 영수증 처리를 확실히 해둘 걸, 후회가 들더군요.

어쨌든, 일단 국장님 결재를 부드럽게만 마친다면야…….(뭐, 알고도 넘어가셨겠죠. 흠흠)
한시름 놓았네요. 이제 저는 점심시간이면 쪼르르 신문사로 올라올 후배들 생각에 아르바이트하러 갑니다.

(황형희 동우, 51기)

3장

잊을 수 없는 동우들

함께한
모든 날이 좋았다

고 허구회를 처음 만난 때는 1970년 9월, 내가 단대신문에 입사하면서였다. 학년 초에 먼저 입사한 구회는 24기, 내가 25기로 만났지만 그는 늘 나를 가르쳐주고 보살펴 주는 형과 같은 존재이면서도 친구로, 신문사에서 학창생활을 보냈다.

신문사에서는 구회가 편집장, 내가 총무부장으로 있으면서 단짝이었고, 또한 영창이와 세 명이 군세게 붙어 다니면서 우애를 키웠다.

졸업 후, 군 복무들을 마치고 구회는 단국대학교에 취업했고, 나는

1970년 계룡산 동학사에서

1987년 동우회 야유회

'수출공단'에 취업한 후에도 만남을 가졌다. 내가 결혼하고 집을 얻을 때 '친구 따라 강남 간다'는 말대로 구회는 논현동에, 나는 삼성동에 정착했다. 1988년도에 내가 천주교 세례를 받을 때 구회는 대부가 되어주었고, 나중에 견진대부가 되어주기도 했다.

1992년 6월에 단국대학교에 볼일이 있어 갔다가 잠깐 구회를 만났고, 그 후 성당의 피정차 용인에 갔을 때 만나고 헤어졌는데, 그때가 마지막으로 본 순간이 될 줄 그 누가 알았을까?

1992년 7월의 어느 토요일이었다. 신문사 후배가 전화로 구회가 전라도 지방으로 갔다가 사고를 당해 대학병원 중환자실에 입원하고 있다는 소식을 전해주었다. 참 어처구니없는 전갈에 다음 날 김 주간님과 후배들과 같이 전북대부속병원 중환자실에 갔더니 구회의 발이 너무나 차가웠다. 죽음의 벽이 가까이 와 있음을 직감할 수 있었다. 조금 후 서산에 계신 구회의 부모님께서 오셔서 결정을 하셨다.

장례는 서울에 있는 병원에서 하신다는 말씀을 듣고 잠실성당에 가서 수녀님께 사정 이야기를 하니 깜짝 놀라시면서 장례미사 준비를 해주시겠다고 하셨다. 다음날 아침 현대아산병원 빈소에 가서 3일 동안 마지막 가는 친구를 편안히 가도록 노력하였다. 그 후에도 기일이면 가족들과 같이 제사를 지내곤 했었다.

나는 단대신문을 생각할 때면 구회를 생각하게 되고, 구회는 하늘나라에서 늘 단대신문과 우리 동우들을 지켜보며, 또 70주년을 맞는 우리들을 축하해주고 있으리라 생각한다.

친구야, 잘 있거라!

(박소춘 동우, 25기)

1학년 수습기자 시절, 3학년 편집장이었던 유인식 선배가 가장 기억에 남는다. 내 생각에 가장 대표적인 외유내강형 리더십의 전형이 아닐까 생각해 많이 존경하고, 닮고 싶었던 인물이다. 이후로도 쭉 일관된 선배, 아니 형님의 모습으로 살아가는 모습을 보며 "진정 당신은 나의 멘토였습니다"라고 말하고 싶다.

(이종운 동우, 41기)

신종한 당시 편집국장(국문과 교수)님을 잊을 수 없다. 인쇄소 편집 작업 후 갖는 회식자리에서 술과 문학, 인생에 대한 멋진 강연을 자주 해주신 것으로 기억난다. 3년 동안 수차례 자의·타의로 퇴사할 뻔했을 때마다 잡아주신 선배였다.

(김명섭 동우, 45기)

정태환, 이승구, 이한상 동우. 지금은 이승을 등지고 먼저 떠난 사람들이다. 비보를 접하고 너무도 억울하고 비통했던 후배 태환이, 씩씩하고 끔찍이 선후배를 아끼던 이승구 선배, 좋은 집안에서 태어나 미국 유학도 갔다 오고 박학다식하던 이한상 선배.
덧없이 홀연히 떠난 사람들이 늘 가슴속에 아픈 생채기로 남아 있다.

(장현철 동우, 46기)

내가 1학년 때 편집장이던 고 정태환 선배. 후배들에게 늘 씨―익 선하게 눈웃음 지으며 개구쟁이처럼 장난도 잘 쳤고, 혼낼 때는 또 그렇게 무서울 수가 없었다. 그런데 막상 혼을 내놓고도 스스로가 미안해서 어쩔 줄 몰라 하며 눈치를 보던 그 선한 얼굴이 지금도 생각난다. 간단한 수술이라며 들어간 맹장염 수술에서 갑작스레 돌아가지만 않았어도, 아마 우리는 지금도 여전히 그런 선한 웃음을 볼 수 있을 텐데……. 지금 생각하면 너무나 어처구니없는 의료사고 아닌가? 가장 아름답고 빛났던 청춘의 시간에서 그대로 멈춰버린 태환 선배가 보고 싶다.

(방미정 동우, 50기)

대학시절 내가 마신 술의 반 이상을 함께했던 나의 동기. 180이 넘는 키에 마른 체형, 하지만 숨길 수 없이 두드러지게 나온 아랫배, 긴 얼굴에 짧지만 단정하지 않은 머리, 맑고 큰 눈을 지닌, '나의 사랑하는 동기 S군'.
수습기자를 마치고 정기자를 준비하던 겨울, 서대기련(서울지역 대학신문기자연합) 남부지역 MT가 있었다. S군은 이 자리에서도 단대신문사를 각인시켰다.

서로에 대한 소개 후 대학기자의 위상과 역할 등 많은 주제로 남부지역 각 대학신문 정기자들은 열띤 토론을 진행했다. 하지만 S군은 자기 이름을 밝힌 것 외에는 입조차 열지 않았다.

여러 주의·주장이 난무한 가운데 유독 A대학신문사 B 기자의 발언이 길어졌다. 무슨 말을 해도 'A대신문이 최고다. 내가 잘났어!'로 해석됐다. 회의 이후, 뒤풀이까지 그의 발언은 지속됐다. 하지만 S군은 이미 술을 급하게 마셔버린 탓에 사슴 같은 눈망울의 초점이 흐려졌다.

그러던 중 B 기자를 향해 차분하고 낮은 톤을 던졌다.

"야!!"

한참 열을 올리던 B 기자는 S군과 눈이 마주쳤다.

S군은 입술 한 쪽으로 약간의 침을 흘리며, 한 방 날렸다.

"뷰웅~~시인."

B 기자는 당황한 빛이 역력했고 지금 벌어진 상황이 현실이 아니길 바라는 눈치였다. 그는 서서히, 느껴지지 않을 정도의 속도로 눈을 깔았다.

침묵이 흐르고 조용히 자신의 소주잔을 비운 B 기자는 옆의 동료에게 "나 그만 자러 갈게"란 말을 남기고 방으로 이동했다.

나의 동기 S군이 그토록 간절히 기다렸던 술자리까지 홍겹지 않은 주제를 유난스럽게 끌고 왔던 B 기자를 없애버린 것이다. 이제 S군의 시간이고, 그는 마음껏 퍼 마셨다. 술판에서 어설픈 주의·주장은 가라!

다음날 아침, S군은 한 시간 정도 떨어진 남대문경찰서 유치장에 있었다.
새벽까지 이어진 술자리, 눈도 못 붙인 채 첫차로 서울역까지 함께 버스를 탔던 동기들 증언에 따르면, 목적지인 서울역 직전 정류장에서 문을 박차고 혼자 버스에서 뛰어내렸다고 한다. 동기들은 지켜만 봤다.
S군은 서울역 인근의 어느 사무실에 출근한 직원을 통해 발견되었다. 그 사무실 출입문이 부서져 있었고, 사무실 안에서 S군이 자고 있던 것이었다.
신고를 받고 출동한 남대문 경찰서의 두 경관은 S군의 양쪽 팔짱을 끼고 연행했고, S군은 그 순간 모든 상황들이 슬로모션으로 진행되는 듯했으며, 마음속에 비장한 음악이 깔리며 경찰차에 실렸다고 회상했다.
전일 술자리 후 먼저 귀가해 상황을 몰랐던 나는 당시 총무부장인 이민경 선배의 전화를 받았다.
"S 때문에 미치겠어. 제작비도 모자라 죽겠는데 수리비만 20만 원이래."
그날 저녁 늦게 가본 남대문 경찰서 유치장. 이민경 선배와 김명섭 선배의 도움으로 합의를 마친 S군은 이미 자리에 없었다.

(장문식 동우, 50기)

50기 이상래 선배가 원톱이다.(앞의 S군은 여기 이상래 동우일 것이다_편집자) 1991년 범민족대회를 잊을 수 없다. 행사가 열리는 경희대에 진입하기 위해 한남동에서 사전 미팅을 할 때 도청될 것을 이유로 칠판에 이니셜로 집결지와 시간을 썼다 지우던 게 첩보작전처럼 느껴진 터라 시작부터 스릴이 넘쳤다.

석계역 근처 한산했던 거리가 순식간에 나타난 학생들로 채워지고, 그 많은 인원에 섞여 골목골목을 정신없이 달렸던 기억, 코끝 찡한 최루탄을 뚫고 들어간 경희대 후문 바닥에서 몇몇 여학생들에게 어깨를 내어줬던 기억이 난다.

당시 취재팀에는 50기 선배들도 함께했었다. 경찰이 경희대를 둘러싸 고립된 환경 때문에 돈도 없이 며칠을 버텨야 하는 상황에서 냄새나는 옷, 씻지 못해 부스스한 머리 말고도 배고픔이 가장 원초적인 고충이었던 시간이었다. 50기 선배들과 수돗물로 배를 채워가면서 생전 그렇게 맛있는 수돗물은 처음이라며 자위하기도 했다. 행사가 비는 시간엔 잔디밭에 누워 잠을 청하다가 일어나면 수돗물 먹고 취재하고, 또 먹고 눕고…….

하루하루 취재기간이 길어지면서 슬슬 수돗물이 지겨워질 무렵이었다.

집회 취재 중 한참 동안 보이지 않던 50기 선배 몇이 자리로 돌아왔다. 어디 다녀왔냐는 말에 50기 이상래 선배가 당황하며 입을 열었다. 살짝 떨리는 입술 속에서 검은 물체가 술, 담배에 찌든 누런 치아 사이에 나타났다.

그렇다. 그 검은 물체는 입 속에서 검은 잎이 난 것도 아니고 '김'이었던 것이다. 후배들 격려차 잠시 경희대에 들어왔던 49기 데스크들이 준 격려비로 50기만 김밥을 사 먹고 나타난 것이다. 치밀하지 못했던 상래 선배 덕에 50기 선배들의 만행이 드러난 사건이었다. 사다 주려 했으나 배고픔에 자제력을 잃고 말았다, 고의로 그런 건 아니다, 라는 뻔한 변명을 한동안 들어주어야 했다.

1991년의 그 배신감에 1992년의 범민족대회는 단대신문사 취재팀과 별개로 나는 공동기자단으로 활동했다(사실은 다른 경험도 해보고 싶었다). 지금도 있는지 모르겠지만 당시 단대신문은 서대기련 남부지회 소속이었고, 1991년에 해본 경험을 한껏 발휘할 기회였고, 공동기자단이라서 그런지는 몰라도 적어도 굶고 취재활동을 하지는 않았다. 당시 단장이었던 90학번 숭실대 학보사 편집장 형과는 1학년 신입 때부터 안면이 있던 터라 '공기단' 활동은 수월했다.

대회는 우여곡절 끝에 폭우가 쏟아지는 서울대에서 열렸다. 10여 명의 기자단 중에 나는 왜 그랬는지 모르지만 아크로폴리스에서 정문까지 빗속을 오가며 상황을 취재하는 역할을 자청했다. 육체적으로 매우 힘든 일이라서 그랬는지 몰라도 어렴풋한 기억에는, 서로 나서는 사람이 없기도 했고 그때는 현장을 뛰어다니는 게 체질에 맞기도 했었다.

그렇게 젖은 몸에 신문지를 붙이고 강의실에 누워 새벽을 보내다보니 컨디션이 말이 아니었던 것은 당연한 일. 마지막 날 전경들이 교

S군이기도 한
이상래 동우(좌)와 김병광 동우(우)

내에 진입할 것을 앞두고 새벽에 관악산을 넘어 빠져나왔을 땐 몸살이 심하게 났다. 그리고 공동기자단 해단을 위해 대학로 마로니에 공원에 모였을 때 배낭에 기대 시체처럼 쓰러져 있었다. 그런데 공동기자단에 같이 있던 이대학보사 기자가 어디선가 감기약을 사와서 건네주었다. 감동을 안 할 수가 없었다. 상당한 미인이었기 때문이다. 잠시 사라졌다가 감기약을 챙겨준 그녀와 1년 선 바찬/가시로 사라졌다가 김밥을 먹고 나타난 이상래 선배가 묘하게 대비가 됐다. 중요한 건 그녀는 이름도 알 수 없고 얼굴도 기억나지 않지만, 상래 선배는 뚜렷한 기억 속에 있다는 것이다. 저는 50기가 정말 좋거든요!

(김병광 동우, 51기)

김남필 선배님……. 우선, 맛있는 것을 가장 많이 사주시면서 격려를 해준 최고의 선배님. 신문은 둘째치고(?) 맛이라는 것에 눈을 뜰 수 있게 해주었다. 사실, 팀장님이 없었다면 권항주 국장님이 떠나시고 나서의, 과도기의 단대신문이 살아남지 못했을 것이라고 생각하고, 나 또한 방황으로 편집장 생활을 끝냈을 것이다. 후배인 우리 현직 기자들에게 팀장으로서가 아니라 동년배 선배처럼 솔직하고 다감한, 하지만 최고의 스승으로서 멋진 뒷받침과 지원군이 되어주었다.

(이다혜 동우, 73기)

신문사에 처음 들어갔을 때 반갑게 맞아주셨던 권항주 선배님의 모습이 아직까지도 기억에 남는다. 편집장이 되었을 때 선배님 생각이 가장 많이 난다. "신문사를 잘 부탁한다"고 했는데 잘 지키지 못한 것 같아서 죄송하다.
"역사고백" 코너 김명섭 선배님. "역사고백"은 재직 당시 외부 기고자 칼럼 중 개인적으로 가장 좋아했던 장수 코너였다. 특히 현직 후배기자들이 선배님과 함께 역사현장을 탐방하고 후기를 써본다는 제안을 드렸을 때 흔쾌히 받아주어서 정말 감사했다.

(김보미 동우, 74기)

선배 중 취재기자를 하다가 미술부 기자로 전향한 이용호 기자가 기억에 남는다. 취재하는 것도, 일러스트 아이디어를 생각하고 그려내는 것도 무엇 하나 내게는 쉽지 않은데, 두 가지를 모두 해낸 이용호 기자가 대단하다고 느끼는 사람 중 한 명이었다.
또 면접에서 나를 뽑는 것을 제일 반대한 사람이라고 들었는데, 마지막 퇴임할 때 "너란 보석을 첫 모습에 낮게 평가한 나 자신에게 배움을 가르쳐 준 사람이야"라고 나에게 말했다. 이때 들었던 이 한마디는 신문사의 임기를 마치게 해 준 가장 큰 원동력이 됐다.

(이상은 동우, 75기)

4장

묻혀진 이야기

네이버의 단대신문사동우회 카페에서
많은 이야기들을 주고받았다.
여러 에피소드 가운데 기억할 만한 이야기를
뽑아 이곳에 옮겼다.

창경원
벚꽃 놀이(1981년)

버스커버스커의 〈벚꽃엔딩〉이라는 노래에 이런 가사가 있다.

> 봄바람 휘날리며 / 흩날리는 벚꽃 잎이 / 울려 퍼질 이 거리를 / 우우 둘이 걸어요 ~ (…)

죽전 교정의 벚꽃나무가 제법 자라서 이제는 벚꽃이 그럭저럭 볼만하다. 그래도 한남 교정의 작은 정문 앞에 서 있는 아름드리 벚꽃나무의 풍요로움이나 천안 교정의 벚꽃 터보다는 한참 아래이지만.

그 흐드러진 벚꽃을 보면 꼭 생각나는 일이 있는데 내가 수습시절이던 1981년의 봄, 벚꽃놀이였다.

그때 양 캠퍼스에 우리 기수(11명)가 많이 입사하면서, 그리고 선임 선배들도 그만큼 많아서 신문사 식구들이 꽤 많았다. 한 40명 정도……. 입사하고 이제 막 한 식구 같은 느낌이 들 무렵인데, 바로 벚꽃 시즌이었다.

"자! 벚꽃 놀이 가자!!!"

그때, 그러니까 1980년대 초의 벚꽃놀이는 '창경원(지금 창경궁)'이 으뜸이었다. 시즌이 시작되면 하루에 10만여 명이 한꺼번에 몰려들 정도였다. 그때 우리나라 전체 인구가 3천만 명인데 여기로 시즌 동안 1백만 명이 몰린 것이다.

창경원 벚나무는 일제시대에 심어진 나무들이라 이미 50년이 넘었으니 아주 우람하고 기세가 좋았다. 시즌이 되면 좋은 자리를 먼저 차지하고 벚꽃 그늘 밑에서 '벤또'랑 술을 먹고 노래도 부르고, 심지어 춤도 추고, 흥이 나면 남녀 간에 야외 즉석 부킹도 하고, 그러다가 시비가 붙으면 옆자리와 주먹다짐도 하는 복합 놀이공간이었다.

암튼, 신문사 식구(선배들을 포함)가 즉흥적으로 창경원으로 몰려갔다. 아마 20여 명 정도였을 것이다. 잘 놀다가 갑자기 어떤 선배가 제안했다.

"지금부터 41기(그러니까 우리 기수)들이 나가서 남자는 여자를, 여자는 남자를 꼬셔서 우리 자리로 데려온다."

말하자면 즉석 부킹을 해서 우리 술자리에 찬조 출연을 시키라는 거였다. 물론 1등한테는 상금도 준다는 미끼도 걸었고.

우리는 약간 필사적이었다. 상금 때문이 아니라 사실은 무서워서. 수습 초기니까 기합이 바짝 들어 있었고(매주 편집회의 때 결산을 겸해서 '빠따'가 있었으니까…), 뭐든 기자정신으로 돌파하라고 세뇌를 당했으니까.

곁들이자면 그때 내 여자 동기들이 좀 이뻤다. 광고 모델로 픽업된 누구도 있었고, 백란희, 이종숙, 한영희 등.

우리는 일제히 튀어나갔다. 그 십수 만의 인파 속에서 각자 미션을 풀고자 두리번거렸다. 나는 아마도 조 모라는 동기랑 같이 헌팅을 한 것 같다. 그렇게 정해진 시간이 지났고 나는 소기의 성과를 거둬 자리로 돌아왔다. 그리고 모두들 속속 도착을 하는데 다들 성공했다.

1인당 1명 이상이었으니까 남기자들은 적당히 여인네들을 모셔온 것이다. 그렇게 모인 여인들이 한 10여 명이었다. 남자 선배들이 많았으니 다들 흐뭇해했다.

문제는 여기자들이었다. 당시만 해도 여자가 남자에게 합석을 요청하는 일은 정말 '생 날라리' 같은 일이었고 남자가 여자를 꼬시는 게 당연한 일로 여겨지던 '봉건적 부킹 체제' 시대였다.

이게 그만 사달이 난 것이다. 여기자들이 좀 이쁘다 보니까 술도 먹었겠다, 그렇잖아도 여자와의 합석을 갈구하던 늑대 놈들이었기에 모두 개떼처럼 따라온 것이다. 거기에 여기자들도 선배의 지시이니 나름 열심히 뛰었고.

많이들 왔다. 여기자 한 명에 수컷들 3~4명 정도 따라왔다.

문제는 여기서부터이다. 우리가 모셔온 여인들이야 적당히 합석해서(사실 아마도 이걸 노리고 선배들이 우리에게 미션을 준 것일 게다!) 놀면 오히려 그럭저럭 흥겹겠지만 저 늑대들은 어찌하란 말인가?

당장 같이 앉을 자리도 부족했다. 우리가 잡은 공간이 그러했고, 공간이 있다한들 낯선 남자와 우리 기자들이 어떻게 친해지겠는가? 우리 여기자들에게 눈독을 들이고 온 '새끼'들인데!!!

이를 간파한 그 늑대들(여기저기서 여기자들을 따라온)은 빈정 상한 모습이 역력했다.

"뭐야, 이거. 우릴 갖고 논 거야?"

술에 취해 벌개진 얼굴들이 점점 험상궂어지자 선배들이 당황했다. 분위기가 싸~해지면서 자칫 주먹다짐이 벌어져도 당연할 정도로 험악해졌다.(당시 벚꽃놀이를 하면 곳곳에서 패싸움이 많이 일어났다. 신문지면을 장식할 정도였다.)

결국 선배들이 사과하고 간신히 달랬는데, 아마 김상택 선배나 김일수 선배가 나섰던 걸로 기억한다. 우리가 모셔온 여인들도 그 마당에 남아 있을 리 없고 다들 돌아가 버렸다.

어색한 분위기가 진정되기까지 시간이 걸렸다.

뭐 그러고 나선 역시나 우리끼리 재밌게 놀긴 했다. 술만 많이 마시면 되니까.

지금 생각하면 참 촌스럽고 소박한 놀이였다. 아이든 어른이든 벚꽃만 피면 전국에서 창경원으로 몰려나와 그렇게 술 마시고 놀았다니……. 그것도 일제의 농간으로 놀이공간이 된 왕궁에서. 뭐, 달리 놀 데도 없던 국민소득 1천 불 시대의 얘기다.

바로 그다음 해부터 창경원 벚꽃놀이는 없어졌다. 국가가 정신을 차린 것이다. 그 벚꽃나무들은 서울대공원으로 이사 갔다.

3줄로 요약합니다.

1. 당시 신문사는 뭘 하면 단체, 떼거리로 몰려다니길 좋아했다.

2. 우리 신문사의 여기자들은 이뻤다.

3. 선배들은 좀 어리버리했다. ^ㅠ^

정태환을 기억하십니까?

정태환.

88학번 상경대 회계학과 졸업. 전남 영광 출신. 신문사 48기. 1993년도 2월 졸업.

아주 순하고, 별로 말도 없고, 술을 마시면 얼굴이 빨개지는 타입이라 술도 즐기지 않았다. 언젠가 그가 술에 취해 말을 나눴는데 집이 상당히 어려운 형편이고 빨리 졸업해서 동생 공부시켜야 한다고 하면서 신문사 생활을 하느라 성적이 신통찮은 것을 걱정했다.

신문사를 마치고, 태환이는 6개월 방위인가, 미필보충역인가로 휴학을 한 뒤 졸업했고, 축협에 들어갔다. 지체 없이 취업했으니 다행이었고 이후 연락이 뜸해졌다.

아마도 바로 취업한 뒤 얼마 안 되서, 그러니까 1993년 5, 6월쯤이었다. 태환이가 죽었다는 연락을 받았다.

폐기흉으로 간단한 수술을 받으러 대림성모병원에 입원했는데 마취를 받은 뒤 그대로 깨어나지 못하고 결국 죽었다는 것이다. '허파에 바람이 든', 어찌 보면 우스개 같은 병인데 창창한 젊음이 없어져 버렸다니…….

그때 기억하기로 나는 하루인가 뒤에 연락을 받았고 김명섭 동우 등이 병원에 모여 있다는 소식도 들었다. 나도 어렸지만 나보다 어린 후배들이 태환이를 위해 뭔가를 하겠다고 해서 나 역시 동참하러 나갔다.

주성인가 하고 여자 후배들이 눈이 퉁퉁 부어 있던 것이 기억난다. 후배나 선배들이나 모두 무엇을 해야 하는지 갈피를 잡지 못하고 그저 황망한 가운데 누군가는 울고, 흥분하고 그런 분위기였다.

병원 측은 이미 발뺌을 하고 어서 장례를 치르자는 입장이고, 시골에서 올라오신 부모님은 정말 순박한 어른들이라 우리보다 더욱 갈피를 모르시고…….

우리는 서로 의견을 모아 일단 농성을 하기로 했고, 언론사에 부당한 의료사고를 알리면서 싸우자고 다짐했다. 병원 측은 아주 노회했다. 팔자가 그러니 죽은 거라는 식이고, 할 테면 해보라는 식이었다.

그때, 후배들이 도움을 요청한 선배가 진천규 선배였다. 한겨레신문에 있으니 압박을 넣어달라는 요청이었다. 천규 선배님이 취재하는 모양도 갖춰주시고, 여기저기서 관심을 보이고 하니 병원도 약간은 후퇴했다.

후배들은 병원 내에 대자보도 붙이고 연좌도 하고, 내원하는 이들에게 설명도 했다. 당시 호걸 선배와 성의제 교수님이 국장과 주간을 하셔서 다른 줄을 통해 병원 원장에게 병원의 고자세를 시정하도록 압력을 넣었다.

문제가 조금씩 커지자 병원은 이렇게 나왔다.

"이런 일은 원인을 규명해야 한다. 그러려면 부검을 해야 한다. 그러니 선 부검, 후 책임추궁을 하라. 그리고 병원 영업을 방해하면 학생들이라 해도 책임을 묻겠다."

어찌 된 일인지, 그런 말을 듣고, 가족에게 전하는 창구를 내가 맡게 되었다. 태환이 부모님은 세상이 억울하고, 기둥 같은 장남을 잃은 슬픔에 정신이 없었다. 유족 일부는 '돈'이 문제해결의 핵심이라면서 은근히 내게 액수를 밝히기도 했다. 그런 말을 하는 분의 입장도 틀린 건 아니었다.

부모님께 사정을 들었는데, 태환이는 위로 형이 한 분 있었다. 그 형이 군대에 가서 기합을 받다가 변을 당해 죽었다는 것이다. 군대에서 많이 쓰는 장풍, 그걸 맞고 죽은 것이다. 그래서 태환이는 군 면제를 받은 것이다. 어려운 집안에서 그래도 공부 잘하는 태환이가 있어 희망이 되고, 하나 있는 동생도 형에게 의지하는 형편이었다.

상황을 알아보니 의료사고는 '피의자'가 원인규명의 책임이 있는 것이 아니라 '피해자'가 스스로 원인을 밝혀야 하는 것이었다. 말도 안 되는 사회 시스템이지만……. 더욱 우스운 것은 의료분쟁의 원인을 규명하는 사람도 결국 의사이므로 누가 의료사고의 책임이 병원 또는 의사에게 있다고 말해주겠는가?

나중에 나도 홍보팀을 이끌면서 우리 대학의 병원 의료사고 관련 일을 보면 환자와 병원의 싸움에서 명백한 절차상의 하자나 실수가 드러나지 않는 이상 병원이 유리한 입장이 된다는 것을 알았다.

상실의 슬픔, 무기력한 서러움이 우리의 것이었다면 노회한 회피와 지갑을 만지작거리는 당당함은 병원의 것이었다.

젊은이의 시체를 놓고 차마 돈 얘기를 할 수도 없고, 그렇다고 무슨 권력이 있어서 병원에 압력을 넣을 수도 없고, 오로지 후배들이

나서서 소리치는 일밖에 없었다.

하루는 정보과 형사가 찾아왔다.

“학생들이 너무 세게 나와서 오히려 유가족과 협상이 안 된다고 하는군. 그리고 사람이 죽었다고 병원 영업을 방해하면 어떡하나. 법을 지켜야지. 부검을 하자구. 아니면 합의하던가. 이러면 후배들을 억지로 해산해야 되네.”

나는 겁도 났지만(제가 겁이 좀 많습니까?) 흥분도 되었다.

“해보세요. 형사님, 이곳에 경찰관이 들어오면 아마 우리 후배만이 아니라 대학 총학생회도 나설 겁니다. 그리고 우리 대학에 법학과 유명한 거 아시죠? 동문 선배 검사, 판사들이 많아요. 정히 그러면 우리도 동문 선배들 찾아갑니다.”

사실 마음만 그렇지 나 역시 세상을 잘 모르는데 이런 일이 쉽게 마무리되겠는가? 근데 그 형사는 나의 조곤조곤한 말에 의외로 감명(?)받았는지 나를 데리고 가 병원 사무처장을 만나게 했다.

그래서 돈 얘기를 했다.

태환이 죽음을 놓고 합의금 얘기를 했다. 마음 같아서는 병원이 잘못한 일을 추궁하고, 형사처벌을 받게 해야 하는데……. 입에서는 돈 얘기가 나왔다. 비참하기도 하고, 무기력하기도 하고…….

내 입장에서는 집안의 기둥인 태환이가 없어졌으니 어떻게 해서라도 보상금을 많이 받아주어야 한다고 생각했지만 병원 측은 한 푼이라도 덜 주려 안달이었다.

병원의 얘기를 가족에게 하면 친척들이 난리를 피우고(사실 그분들은 앉아서 소주를 마셨고, 후배들은 농성을 하느라 지쳐갔다), 친척의 요구를 병원에 전하면 그네들이 콧방귀를 뀌고.

부검하는 일은 부모님이 죽어도 못하겠다고 하고(이미 부모님들은 군에서 죽은 큰아들 일로 그 일이 얼마나 못할 일인지 알고 계셨다)…….

결국 태환이 삼촌인가 하는 분들에게 낮술을 하면서 말했다.

"정히 요구하시는 수준을 맞추려면 우리 태환이 친구들은 그만 빠지려니 병원이랑 직접 하세요."

그렇게 며칠이 또 흘렀는데, 당시 주간이시던 성의제 교수님이 연락을 해왔다. 성 주간님이 가톨릭 신자이신데 여기 대림병원 오너도 그렇다는 것이다. 그동안 연을 이어서 원장을 만나기로 했으니 원장을 만나러 와서 직접 결론을 내리라는 거였다.

만났다. 여의도 63빌딩. 꼭대기인가에 무슨 바가 있는데 거기에서 만났다.

그런데 차마 돈을 얼마 달라고 말할 수가 없었다. 하지만 이렇게 얘기했다.

"우리 태환이 친구들이 나선 건 사실 돈 때문이 아닙니다. 우정 때문이고, 태환이와 우리 신문사 선후배들은 다른 대학 친구들과는 다릅니다. 같이 형제처럼 지냈습니다. 그래서 이런 결례를 했지만 저는 분합니다. 태환이가 억울하게 죽은 걸 풀지도 못하고 이렇게 돈을 달라고 구걸하게 돼서 분합니다."

그러고는 갑자기 설움이 복받쳐서 울음이 터졌다. 말을 잇지 못하고 그냥 울었다. 성 주간님이 나를 달래고, 그 원장도 나를 달래고…….

이후 병원도 나름 태환이 부모님께 사과와 위로도 하고, 친척들이 이해해줘서 합의금을 받았다. 3천만 원인가, 4천만 원인가…….

장례를 치르고 또 후배들이 많이 울었다. 태환이 부모님이 나를 만나서 친구들이 너무 고맙다며 인사를 하셨다. 진심으로 고마워하셨다. 그리고 학교에 장학금으로 쓰라고 1천만 원을 내놓으셨다.

그걸 동우회에서 관리하느냐, 학교에 맡기느냐로 설왕설래가 있었는데 학교에 기부하는 걸로 결론 내렸다.

그런데 마침 학교가 그때부터 급격히 재정이 악화되면서 장학기금 운용은 흐지부지되었다. 이게 내가 태환이를 기억하는 이유 중 하나이다. 모교에 있는 내 잘못이다.

권항주 동우가 경리과에 확인하니 분명히 기금 계좌는 있다고 하니 언제고 이를 부활시켜야 할 책임이 모교에 있는 동우들의 몫이리라.

장례를 마치고 태환이는 재가 되었다.

한남동 교정의 학생회관 뒷산에 명섭이랑 동기들이랑 아이들이 올라가 뿌렸다. 난 신문사에 그냥 앉아 있었다. 왠지 가기 싫었다.

지금은 고급 아파트가 들어선 모교 서울캠퍼스. 모교의 이 옛터에 기념비가 들어서는데 그 기념문안을 내게 쓰라는 업무가 하달되었다. 깊은 밤에 그 기념 조형물 문안을 쓰면서 태환이를 생각했다.

세상의 인연은 끊임이 없다. 싫든 좋든, 멀든 가깝든 단국대와 단대신문, 그리고 우리들의 인연은 그렇게 이어지고 숨쉴 것이다.

뒷줄 맨 왼쪽에 서 있는 이가 정태환 동우

1992년 신년호 일출 사진의 비밀

우리 50기는 인원이 좀 많았다. 데스크만 서울 5명, 천안 5명 총 10명이었다. 아래 2학년 숫자는 더 적었다.

때는 1991년 겨울방학이었다. 우리가 2학년에서 3학년 데스크를 맡게 되는 시기였다. 그래서 이제 우리가 데스크가 된다는 책임감도 컸고, 의욕도 넘치는 시기였다.

우리가 처음 만드는 1992년 신년호를 정말 잘 만들어보자고 의기투합했다. 편집회의를 참 열심히 했다.

당시 편집회의는 3~4시간이 기본이었다. 신년호에 대한 각종 아이디어들이 난무한 가운데 제일 큰 문제는 신년호 1면을 장식할 사진을 어떻게 할지였는데 의견이 분분했다. 그러던 중 누구의 아이디어인지는 모르지만, 이번에는 강화도 마니산에 가서 바다에서 떠오르는 해를 찍어 멋지게 1면을 장식하자는 제안을 했다. 모두들 괜찮다고 생각했다.

당시 사진부 장문식 기자(50기), 이상래 기자(50기)도 좋은 생각이라고 맞장구를 쳤다. 그리고 언제 떠날 거냐 등등 일정을 정하고 편집회의도 마무리되었다. 나는 사진부가 아니라서 같이 떠나지는 않았다.

당시에 장문식 기자와 이상래 기자 그리고 강문순 선배(46기)가 같이 강화도 마니산으로 향했다. 그런데 강문순 선배는 왜 동행했는지 기억이 나지 않는다. 워낙 후배들을 아껴서 그런 건지, 아니면 술이 고파서 그랬는지 잘 모르겠다.

강화도에 도착해서 여관을 잡았다고 한다. 남자 셋이서 추운 겨울날 여관 잡고 딱히 할 일이 뭐 있었겠는가? 초저녁부터 술을 시작했다고 한다. 그렇게 한 잔 두 잔 하다가 만취가 되어서 늦게 잠들었단다. 강화도니까 뭐 무지 마셨겠지.

다음날 아침. 그래도 일출 사진을 찍어야 한다는 책임감에 조금 일찍 일어나서 마니산을 열심히 올랐다고 한다. 해가 떠버리면 안 되니까 눈 덮인 산길을 속도 안 좋은데 헉헉거리며 참 열심히 올랐다고 한다.

눈이 있는 산길을 등산화도 없이 운동화로, 이상래는 구두로 그렇게 마니산을 올랐다. 장문식 말로는 정말 죽을 것 같았다고 한다. 눈밭에서 이상래는 계속 넘어지고, 추위와 눈과 사투를 벌이면서 그렇게 어렵게 마니산에 올랐는데…….

이게 웬일인지~ 바다에 떠 있어야 할 해가 산에서 뜨고 있었단다. 마니산에 열심히 올랐는데…… 바다에서 해가 떠오르지 않고 산에서 해가 떠오르더라는 것이다. 솔직히 해가 동쪽에서 뜨는 건 정말 당연한 이야기인데 말이다.

이게 뭐지? 왜 이제야 이걸 깨달았지?ㅠㅠ 셋은 어쩔 수 없이 산에서 뜨는(동쪽에서 뜨는) 일출 사진을 몇 장 찍고 신문사로 돌아왔다. 나는 그 말을 듣고 한참을 멍하니 있었던 기억이 난다. 왜 우리가 그 아이디어에 좋은 의견이라고 좋아했는지, 모두 바보 같았다.

그 결과 그 마니산 사진은 결국 쓰지 못하는 걸로 결론이 났다. 사실 해가 한참 떠오른 이후의 작품이라 못 쓴 것도 있었을 것 같다. 마감은 다가오고 몇 번을 고민하다가 결국 동문인 최우일 작가의 일출 관련 사진을 신년호 1면에 실었다.

지금 생각하면 참 어처구니없는 일이긴 하지만, 처음 데스크가 되어 불멸의 신년호 사진을 만들어보려 했던 의욕 넘치는 그때 일은 가끔 동기들을 만나서 술 먹다가도 웃게 만드는 이야기이다.

우리들 외침이 울려가는 출항의 신새벽

◇사진 : 최우일 (사진작가 · 단대출판부근무)

신 년 사

"역사속의 주인으로 지혜와 힘 한데 모을때"

한 해가 가고 또 새해가 밝아 옵니다. 언제가 가고 오는 세월이지만 해를 보내고 맞는 마음이 항상 같은 것만은 아닙니다. 왜냐하면 우리는 매일 그리고 매년 새로운 모습으로 다시 태어나기 때문입니다. 우리 단국대학교는 작년에도 발전의 고삐를 조금도 늦추지 않고 새롭고 알찬 미래를 향하여 힘차게 달려 왔습니다. 그러나 새해를 맞는 우리의 가슴은 또 다른 미래의 지표와 계획으로 설레입니다. 우리 대학은 불혹의 나이를 훨씬 넘어 이제 반세기의 역사를 눈 앞에 두고 있습니다. 우리는 이제 창년 단국의 역사를 이끌고 갈 막중한 책무를 지게 되었습니다. 이 단국의 역사 앞에, 이 막중한 임무와 책임 앞에 우리는 조금의 주저함도 망설임도 없습니다. 왜냐하면 우리는 창년 단국의 미래를 이끄는 주인이고, 우리 모두의 헌신적인 노력 속에서 찬란한 단국의 미래는 환하게 밝아 올 것을 굳게 믿고 있기 때문입니다.

단국인 여러분! 새해를 맞이하면서 우리는, 무엇보다도 먼저 우리 자신들이 모두 단국역사의 주인이라는 사실을 다시 한번 깊이 자각해야 하겠습니다. 주인이 아니고서 우리는 아무런 일도 해낼 수가 없습니다. 많은 사람들이 스스로 자기 자신의 주인됨을 포기하고 세상풍파에 되는 대로 자기를 맡겨 버리는 무책임한 경우를 우리는 주변에서 흔히 보게 됩니다. 우리는 우리 각 개인의 주인이자 동시에 우리 「단국공동체」의 주인됨을 지금 이 순간 새해 벽두에 다시 한번 확인합시다. 단국대학교의, 단국역사의, 단국공동체의 주인으로서 우리 대학을 내 몸처럼 사랑하고 아낍시다. 우리 대학의 발전이 곧 우리 자신의 발전이라는 주인정신이야말로 갈수록 파편화되고 개인주의화 되어가는 이 황량한 시대에 우리가 찾은 소중한 덕목이 아닐 수 없습니다.

다음으로 저는 이 모든 전진과 연대와 발전의 대오에서 우리가 항상 거시적이고 세계적인 안목을 견지해야 한다는 사실을 말씀드리고 싶습니다. 세계는 놀랍도록 빠르게 변하고 있습니다. 동서독의 통일, 사회주의 초강대국 소련연방의 해체가 보여주는 새세계의 질서를 우리는 헤아릴 수 있어야 할 것입니다. 오늘날 세계는 갈수록 점점 더 좁아지고 있습니다. 전 세계는 이제 하나의 공동운명체가 되어가고 있습니다. 따라서 모든 세계사의 대격변으로부터 자유로운 곳은 지구상 어느 곳에도 존재하지 않습니다. 우리는 이 변화의 자장을 항시 민감하게 포착하고 나아가 그것을 선도해야 할 대학인이라는 사실을 한시도 잊어서는 안 될 것입니다. 조국의 미래가 우리 대학인, 우리 단국인의 지혜와 창의력을 기다리고 있습니다.

우리 대학은 그간 큰 발전을 거듭해 왔습니다. 단국인 여러분! 반세기의 역사를 몇 년 앞 둔 이 시점이야말로 우리 대학으로서는 더 없이 소중한 시기임에 틀림이 없습니다. 이제야말로 단국인 모두의 지혜와 힘을 한데 모을 때입니다. 총력을 다해 전진함으로써 적어도 창학 반세기를 맞이할 때까지는 우리 단국대학교를 명실공히 국내 최고 수준의 사학으로 만듭시다. 모든 단국인이 이 큰 길에 서로 앞장 서기를 자처할 때 단국의 미래는 저절로 환하게 밝아 올 것입니다.

단국인 여러분! 저기 희망처럼 새해가 밝아 오고 있습니다. 새해는 살아있는 모든 존재들에게 마치 『새로우라, 끊임 없이 다시 태어나라!』고 말하기라도 하듯이, 그 생명의 찬연한 빛을 부챗살처럼 온 누리에 펼치고 있습니다. 단국인 여러분! 저 햇살처럼 새롭고도 밝은 미래를 우리 자신의 것으로 힘차게 안아 옵시다. 우리 개인의 미래가 바로 단국공동체의 미래이고 나아가 조국의 미래임을 서로에게 확인하고 실천하는 한 해를 만들어 나갑시다. 단국인 모두의 건강과 행복과 전투를 빌어마지 않습니다. 감사합니다.

1992년 새해를 맞이하며

총장 장충식

檀大新聞

(주 간)

발행인 장충식
편집인겸주간 안 미 제
인쇄인 박 남 수
편집국장 변 효 경
편집장 허 원 민

발행소 단대신문사
서울캠퍼스 : 서울특별시 용산구 한남동 산8
전화 : 798-1546(직) 797-0581~2546(교)
천안캠퍼스 : 충남 천안시 안서동 29
전화(63)6040~60(교)

새해 복 많이 받으세요

단대신문사 기자일동

단대신문사 기획광고

새해, 새 소망

이런 모습은 어떨까요?

합번에 합격한 것이 아니라, 남들보다 1년 더 공부해 합격한 것이라, 기쁨이 더욱 큰 것 같다.

'입시가 끝나면 무엇을 할까, 대학엘 가면 무엇을 할까' 이런 생각을 하다가 막상 합격하고 나니 그냥 쉬고만 싶다.

대학엘 들어오면 공부에도 충실해야 겠지만, 적성에 맞는 동아리를 찾아 동아리활동도 열심히 할 생각이다.

그리고 마지막으로 덧붙인다면 92년도 한해는 누구보다도 열심히 살아갈 것이다.

조원규(토목공학 · 신입생 · 목포 문태고 졸)

1991년, 지난해는 사고방식이 단순했던 내게 많은 것들을 정착했고 난 그것들속에서 가치관을 세운다는게 무척 힘들었다. 1년을 돌이켜 보건데, 가장 후회스러운 것은 뚜렷한 목표 의식이 없었던 것이다.

92년 올해엔 뚜렷한 가치관과 목표 의식으로 내 삶의 길을 닦아야겠다. 그리고 진정한 대학인으로 성장하기 위한 자질을 구비하기 위해 더욱 추진력 있는 노력을 해야겠다. 다가오는 새해가 무척 기대된다.

김미옥(사범대 · 과교 · 1)

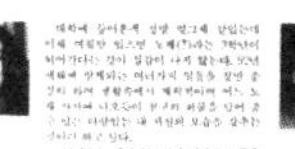

대학에 들어온 후 정말 얼그레 보냈는데 이제 어렴풋 윌스턴 노래(?)라는 3학년이 되어간다는 것이 실감이 나지 않는데, 92년 새해에 맞이하는 여러가지 일들을 잘 할 것이 하여 생활속에서 계획적이며 어느 노래 가사에 나오듯이 부드러 와닿은 담어 주는 있는 다양함는 내 자신의 모습을 갖추는 것이다 하고 싶다.

끝으로는 새해에는 정말 아름답고 좋은 기억이 생겼으면 좋겠다.

이선화(사회대 · 행정 · 2)

난 올해 한자에 신문 방지부 기자가 되고 싶다. 그래서 그도의 수업으로 이별을 좋면서 가난한 이들을 돌락하고, 미천한 자들을 더욱 채우기는 한 해도 언론의 참용수를 넘다 투쟁하고 싶다. 실패하더라도 새기는 새해의 새 사람고 싶다.

올해도 그 꿈을 이루기 위해 더욱 열심히 살련다.

또 어느날 몇년 후에 결혼하는이가 한겨레 다녀오 사오면서 네-이 주문지.

김동근(사범대 · 수교 · 3)

檀大新聞社

PRESS

3부

활자의 기억과 노래

1장

단대신문, 그립다

단대신문은 여전히 뜨겁다

김상배
제2대 주간

1. 김 주간

1959년 5월 간행된 〈檀大學報〉 85호에 '편집국장 김상배'로 표기되면서 공식적으로 나는 현재의 단대신문과 인연을 맺게 되었다. 20여 년간 편집국장, 주간 등의 직책을 맡으면서 한국 대학신문 역사에서 장기 근속을 기록한 사람으로 알려졌다.

특히, 1979년 말까지 20년 가까이 단대신문사 주간으로 재직하면서 '김 주간'으로 통칭된 직함 때문인지, 그 후에도 대학에서 일하는 동안 내 본명보다는 '김 주간'으로 불리는 일이 많았다. 지금은 환갑이 넘은 당시의 학생기자들이 나를 아직도 '김 주간님'으로 부르기도 하고, 때때로 '김 주간' 이름으로 우편물이 배달되기도 한다.

2. 단대신문의 역할

1977년 말에 간행된 『단국대학교 30년사』는 집필진에게 대단한 스트레스를 안겨주었다. 필진들은 집필에 앞서 자료수집에 매달려야 하

는데, 관련된 모든 기관에서 보내진 자료는 공문서에 준하는 것으로 연사(年史) 기록으로는 한계가 있었다. 사화(史話)가 빠졌던 것이다.

그 공문서에는 해당 작업을 수행한 사람의 생각과 작업동작이 드러나 있지 않았다. 단순한 통계 숫자나 연월일의 날짜만 있을 뿐 언제, 누가, 무엇을, 어떻게 또는 어디서, 왜 그 일을 했는가 하는 내용이 부실했다. 그 상황에서 단국대학교 교사 편찬에 필요했던 자료는 거의 단대신문에서 해답을 얻었다. 경험이 전무하거나 많지 않았음에도 학생기자들이 성실하게 취재, 기록한 대학신문 기사가 교사 편찬위원들에게는 황금 같은 정보를 주었다. 소박하고 열성적인 학생기자들의 현장감 있는 리포트는 서툴기는 해도 당시의 사건(사실)을 정직하고 성의 있게 알려주어 교사 집필진들의 고생을 덜어주었다. 그 연사(年史)가 지금 우리 곁에서 단국대학의 역사와 정신을 당당하게 증언해주고 있다.

3. 학교신문 제작

학생기자들은 수련기간이 지나면 취재에만 매달리는 것이 아니라 원고 교정은 물론 조판과 제작과정에도 전원 참여해야 했다. 대판 4면이 기준일 때 1면은 학내 동정, 2면은 사설과 논설, 3면은 기획기사와 연재물, 고정 칼럼, 그리고 4면은 문예 창작과 학생들의 투고 작품 등으로 짜여졌다. 특별한 경우 1년에 5~6회 8면이나 12면으로 특집호를 간행했다. 내가 관여하기 전까지는 부정기적으로 제작되었다가 순간(旬刊)으로, 그리고 몇 해가 지나서 주간(週刊)으로 정기 간행하게 되었다. 학생기자들은 일주일을 하루처럼 바쁘게 뛰어다녔고, 각자 결강은 다반사였다고 회고한다.

제작도 일간신문 제작하는 방식과 똑같았다. 지면의 편집 구상이 그려지면 원고 뭉치를 들고 제작처인 일간신문 공무국으로 가서 본지와 똑같은 과정으로 작업에 들어간다. 납으로 만들어진 활자를 원고 내용대로 문선공들이 채자(활자를 뽑아 맞추는 일)하고, 그것을 정판으로 넘겨 편집자의 계획과 의도대로 조판하고, 지형을 뜨고 연판을 만들어 윤전기에 걸면 순식간에 몇만 부가 신문으로 인쇄되어 나온다.

우리는 당시 서울신문사, 경향신문사, 조선일보사 그리고 지금은 폐사되었지만 대한일보사, 신아일보사에서 제작했다. 학생기자들은 이런 과정에서 신문이 어떻게 만들어지는지 제작 전반을 알게 되었고, 그래서 신문 한 장, 한 장을 소중하게 다루었다.

학생기자들은 일간신문 조판부의 사원 아저씨들을 항상 존중하며 친근하게 따랐고, 조판부 정판 아저씨들 또한 참으로 친절하고 따뜻하게 학생기자들을 가르쳐주며 동생처럼 여러 가지로 배려해준 것을 나는 지금도 잊을 수가 없다.

인쇄 제작소를 여러 신문사로 옮긴 이유는 일간 신문사의 사정을 따랐기 때문이었다. 윤전기를 타고 갓 돌아 나온 신문에서 풍겨 나오는 잉크 냄새는 신문제작에 땀 흘렸던 학생기자들에게는 영원히 잊을 수 없는 향수(香水)가 아닐 수 없다고 늘 회고한다.

인쇄된 신문을 택시나 트럭으로 실어와 학생들에게 배포하고 나면, 다음 날부터 다시 다음 호 제작에 몰두하게 되는 학생기자들의 일과는 일간신문 기자보다 더 바쁘고 책임도 막중했다. 그러다 자칫 오자나 오보가 발생하면 지금까지의 수고는 다 묻히고 혹독한 질책만 따르기 마련이었다. 그래도 학생기자들은 졸업할 때까지 자리를 떠나려 하지 않았으니, 그것이 매력이었을까? 마력이었을까?

4. 동문 모임

기자 경험을 한 졸업생들의 모임에서는 역전의 전투병들이 나누는 경험담 이상의 재미있고 흥분되며 흐뭇한 이야기가 끊이지 않는다. 불과 2~3년 동안 한 척박한 대학신문 기자실에서의 생활을 무슨 훈장처럼 자랑한다. 어떤 학생은 졸업 후 사회생활을 하면서 어느 대학을 나왔느냐고 물으면 "나는 ○○대학 신문사 출신이다"라고 당당하게 말한다. 그만큼 그들에게 대학신문사는 젊은 날의 고향이었다.

기자들은 재학생 어느 누구도 경험할 수 없는 대학사회의 모든 것을 보고 듣고 느낀 그 경험이 장차 사회생활에서 어떤 도움이 될 것인가는 생각지도 않고 오롯이 주어진 학생기자로서의 책임에 전력을 다했다. 제한된 기간 내에 선배들의 끊임없는 재촉과 과제를 수행하다 보면 대학생활은 순식간에 지나고, 그 무한 책임이라는 기자생활이 지겨울 만도 한데, 물러나야 하는 임기만료의 기자들은 졸업을 눈앞에 두고 정신적 공황 상태에서 벗어나기 힘들었다고 회고한다.

그리고 졸업. 사회에서 만나는 옛 동료들과 선후배는 치열한 전투현장이나 화려한 무대에서 함께한 끈끈하고 우의 깊은 애정을 바탕으로 밀어주고 끌어주며 다시 인생의 협력자요 동행인으로 정을 나눈다.

5. 책임감 있는 일꾼, 학생기자

세월이 한참 흘러서 어쩌다 일을 맡길 신선한 일꾼을 찾는 일이 종종 있을 때 광고하면 적지 않은 인재들이 몰려온다.

그 일꾼이 해야 할 일은 창의성이 있어야 하고 책임감이 투철해야 하며 언제 어느 일이건 리포트로 말할 수 있어야 하고 게다가 나름대로 정감 있고 설득력 있는 문장력을 갖추어야 한다. 즉시 공감할 수 있는 구호와 다수의 정서에 호소할 수 있는 주장을 담아야 한다.

그러려면 현실감과 역사의식이 분명해야 한다. 이렇게 폭발력 있는 글, 신뢰할 수 있고 공감 있는 글을 즉석에서 표현할 수 있는 훈련은 대학신문사에서만 가능하다. 그런 경험은 대학신문 기자생활을 경험한 사람만이 가능하다는 것이다.

대학을 나온 뒤 사회생활을 무난하고 성공적이며 게다가 멋있게 현실을 장식하고 있는 사람을 보면 학생시절 대학 언론기관에서 활동했다는 것이 증명된다. 현실감각, 신선하고 박력 있는 내용, 역사의식과 설득력 있는 문장이나 주장은 대학신문 기자생활을 한 사람이 갖는 특기다.

긴 세월이 지나고도 추억이 새롭고 신뢰가 확인되고 다시 '그때'로 돌아간 듯 가슴 뜨겁고 뭉클한 것은 생소하게 시작된 대학신문 기자의 책임이 얼마나 무겁고, 선배기자가 얼마나 무섭고도 정다웠던가를 생각하게 한다고 대학신문 출신 올드보이들은 공통적으로 추억한다.

나는 재직하는 기간 매년 학생기자를 선발했고 그때마다 선임기자들 앞에서 무릎을 떨며 긴장하던 응시 학생들을 지금도 기억한다. 학생기자에 선발된 기자들이 취임 첫날 혹독한 신고식을 통과해야 했다는 것을 알게 된 것은 편집책임자로 선임된 훨씬 뒤에야 알았지만 그런 통과의례가 전통 행사라며 중단할 수 없다는 선배들의 억지를 막지는 않았다.

신고식의 공포 과정(!)을 끝내고 난 신입기자들은 며칠이 지나면 나무에 새순이 돋듯 캠퍼스 이곳저곳을 쏘다니며 '취재'의 열기를 내뿜었고, 이렇게 학생기자들은 '대학사회'의 참모습을 그리는 데 분주했다. 그리고 임기를 마치고, 졸업하고 몇 해 뒤 만나면 그들의 표정에서는 일상에서도 세상 두려울 것 없는 자신감과 창의성, 신선함이 넘치는 것을 발견할 수 있었다. 얼마나 대견하고 황홀한 정경인가!

6. 늙지 않는 학생기자

단대신문 동우회는 통과의례인 정글을 헤쳐 신기루를 세운 역전의 '쟁이'들 모임이다. 각기 자기 위치에서 분명하게 소임을 다하고 있는 전임 대학신문 기자들의 우정 깊은 모임이다. 선후배가 한자리에 모이면 눈빛 하나만으로도 옛 모습이 재현되고 서로서로 아끼고 있다는 것이 드러난다.

매년 모임에 초청받고도 여의치 못해 이따금 참석할 때면 옛날 학생기자와 옛날 '김 주간'이 재현되면서, 반갑고 미덥다. 모임 현장 분위기는 나를 과거로 되돌아가게 하며, 감동의 추억들이 꽃피듯 한다. 헤아리기조차 아련한 세월이 흐른 지금도 나는 배송되어오는 〈단대신문〉을 가슴으로 받아든다. 그리고 빨간 펜을 들고 줄을 긋거나 교정을 본다. 단대신문 지면 위에서 바쁘게 뛰어다니는 기자들의 발소리를 들으며 그때 혈기왕성한 그 학생기자를 추억한다. 단대신문 기자 출신들은 늙지 않는다. 그들의 가슴에는 항상 붉은 장미가 피어나고 별을 따려는 열정으로 뜨겁다. 지금도 기사 쓰기에 열중하는 자신으로 돌아가고 있는 꿈을 꿀 것이다.

올 봄에도 모임이 있다. 단대신문 70주년 기념으로 전국에서뿐 아니라 외국에 거주하고 있는 동문까지 참석한다고 들었다. 나의 성급함으로, 아니 단대신문의 명예를 사수(!)하려는 열화로 선의의 고통을 받았을 동문들에게 사과 대신 단대신문이 누려야 할 모든 영광을 그들에게 몽땅 안겨주고 싶다.

각향 각지에서 동문들을 모두 모이게 하는 어려운 일을 기꺼운 마음과 희생으로 받아들이는 역대 동문 회장단에게 특별히 고맙게 생각한다. 단대신문의 발전과 동문들의 멋진 활동에 축의를 보내며, 단대신문이 모교에 기여하는 기회가 지금보다 더 많이 있게 되기를 믿으며 70주년을 함께 축하한다.

나의 주간 시절을 회고한다

권용우
제4대 주간

단대신문(檀大新聞), 그 장한 이름. '조선학도의 등불이 되고 햇빛이 되리라'고 고고의 성(聲)을 울린 그날, 1948년 3월 1일. 그로부터 대 단국의 산증인으로서 70년의 연륜을 묵묵하게 지켜오면서 오늘에 이르렀다. 낙원동 시절부터 한남동을 거쳐 죽전(竹田) 캠퍼스로 이어오면서 학내에서 일어나는 크고 작은 일들을 기록함으로써 단국 역사의 기록자로서의 소임을 다해왔다. 그러나 단대신문은 단순히 소식을 전달하는 홍보매체로서가 아니라 대학발전의 올바른 방향을 설정하고 나아갈 바를 밝혀주는 등불이었다. 그리고 새로운 지식을 소개하고, 정보를 교환함으로써 미래에로 한 걸음 다가서는 길잡이였다.

〈단대학생신문〉으로 출발하여 〈단대학보〉로, 그리고 1961년 4월 1일부터 현재의 〈단대신문〉으로 그 이름을 바꾸어가면서 대학언론의 목탁으로서의 역할을 쉼 없이 수행하였다. 월간에서 순간으로, 순간에서 주간으로, 타블로이드판에서 배대판으로 체제를 새롭게 다듬어가면서 명실공히 국내 제1의 대학신문으로 성장하였다. 이제 지령 1,500호를 눈앞에 두고 있다니 참으로 자랑스럽다.

단대신문은 '웅비단대'의 기치 아래 날로 성장하는 단국대학교와 더불어 자유·정의·진리의 파수꾼이요, 우리 단국인의 영원한 반려자임을 자임하면서 오늘에 이르렀다. 그러나 70년의 연륜을 쌓아오면서 숱한 어려움도 겪었으리라. 이러한 단대신문의 지난날의 페이지는 우리 단국대학교가 걸어온 역경과 고난, 의지와 도약의 역사 바로 그것이었다. 연구하는 교수, 면학하는 학생들의 진지한 모습이 함께 담겨져 있으며, 세계적인 대학으로의 발전을 기약하는 청사진이 여기에 자리잡고 있다.

단대신문과의 인연

1982년 1월 1일, 신문이 무엇인지 전혀 알지 못하는 나에게 주간이라는 보직은 참으로 힘겨운 자리였다. 그러나 당시의 상황에서 이

자리를 피해갈 수만은 없었다. '배우는 자세'로 신문사 학생기자들과 머리를 맞대고 신문 만드는 일에 첫발을 내디뎠다. 1982년 1월 4일, 신년호 발간을 시작으로, 3월 1일에 창간 34주년 기념호를 준비하면서 신문과 친숙해지려고 노력했던 기억이 새롭다.

이 글을 쓰기 위해 지난날을 되돌아보니, 1984년 12월 5일 천안캠퍼스 학생처장으로 보직을 옮겨갈 때까지 3년간 학생기자들과 함께 '좋은 신문' 만들기에 많은 시간을 보냈던 기억이 잊을 수 없는 추억으로 남아 있다.

나는 단대신문을 통해서 우리 대학의 품격을 높이고 건전한 학풍을 조성하고자 노력했다. 그리고 단대신문이 구국·자주·자립의 창학정신으로 응집된 단국 가족에게 긍지와 자부심을 심어주고, 진리·봉사의 교시 구현을 위한 중추적 역할을 할 수 있어야 한다고 학생기자들을 독려하였다. 또, 단대신문을 통해서 '진리의 탑'을 높이 세워 굳건한 단국의 혼을 잇고, 구국·자주·자립의 창학정신을 단국인의 가슴속에 새기려고 노력하였다.

3년간 주간으로 재임하는 동안 큰 보람을 느끼는 때도 있었다. 나는 취임과 동시에 '대학신문의 저널리즘과 아카데미즘을 아우르는 언론매체로서의 기능'을 강조하면서 학술면을 강화해나갔다. 이를 위해서 지면의 구성을, 1면에는 기사를, 2면에는 사설·화경대·교수논단을, 3면에는 연간 기획물을, 7면에는 학생논단을, 8면에는 학생문예작품을 게재하는 것으로 편집하였다. 그렇게 함으로써 단대신문을 교수와 학생들에게 '학문연구와 발표의 장'으로 제공하였다. 강의실에서 못다 한 교수의 가르침을 논단이나 칼럼을 통해서 학생들에게 전달할 수 있게 하였다. 학생들로 하여금 대학생활을 어떻게 해나갈 것인가를 일러주는 안내자의 역할도 하게 하였다. 건전한 학풍의 진작, 국가관·가치관의 확립, 민주시민으로서의 자세 확립, 창작의욕의 고취, 건전한 취미생활의 안내, 바람직한 과외활동 등 크고 작은 일에 이르기까지 단대신문의 손길이 미치지 않는 곳이 없었다. 나는 이것을 '단대신문의 교육적 기능'이라고 확신하였다.

그래서 단대신문을 보다 아카데믹하게 꾸며보려고 노력하였다. 나는 그 첫 시도로서, 1982년 5월부터 "현대사상과 사회발견"이라는 연간기획을 통하여 31명의 동서양의 사상가를 선정, 그들의 '주장과 기본적인 사상이 무엇이냐?'라는 물음을 던지고, 이를 통해서 학생들로 하여금 사회를 보는 시각을 넓혀주려고 하였다. 이 기획특집에서는 종교·철학, 사회·경제, 법률·정치, 문학 및 자연과학의 5개 분야로 나누어 그 분야의 사상가를 분류하고, 교내외의 전문가에게 집필을 의뢰하였다.

이 기획에 이어서 1983년 6월부터는 이상과 현실의 조화를 위한 학문적 접근으로서 "당위성과 가능성"이라는 주제를 설정하고, 새로운 연간기획을 시작하였다. 이 기획에서는 교육·정치·경제·사회 및 문화의 5개 분야에 걸쳐 전문가의 격조 높은 논문을 34회에 걸쳐 연재하였다. 이 기획에서는 마땅히 있어야 할 당위(Sollen)와 이를 실현시킬 수 있는 매체로서의 가능성의 문제를 다루었는데, 이는 현재를 토대로 하여 미래를 어떻게 열어갈 것인가의 과제를 담고 있었다.

위의 두 연간기획을 구상하고 필자를 선정함에 있어서는 정치외교학과 전락희 교수와 특수교육학과 황원영 교수의 도움이 참으로 컸다. 이 두 교수와 함께 관련 자료를 찾고, 서로 의견을 교환하면서 방향을 잡아나갔다. 오랜 세월이 흘러갔지만, 그때의 좋은 기억이 가슴을 두근거리게 한다.

그리고 연재가 끝난 뒤에 이 두 개의 기획물은 각각『현대사상가선집』(단대신문 총서 1, 1985)과『당위성과 가능성』(단대신문 총서 2, 1986)이라는 제호로 예쁘게 단장되어 새로운 독자와의 만남을 이어가고 있다.

연수회에서 배운 것들

1982년 10월, 개교 35주년을 맞이하여 그동안 단대신문 8면에 연재되었던 "민족과 전통의 자취"에 게재된 사진들을 정리하고, '단국대학교 35년의 역사'를 조감할 수 있는 사진들을 모아 "보도사진전"을 개최한 것도 잊을 수 없는 기억으로 남아 있다.

그뿐만이 아니다. 매년 실시되는 "단대신문 학술상·문학상" 시상제도도 단대신문사의 빼놓을 수 없는 자랑거리이다. 이 제도는 1977년에 시작되었는데, 해를 거듭하면서 학생들의 많은 관심 속에 질적인 성장을 거듭해왔다. 내가 주간으로 취임한 1982년에 제6회를 맞게 되었는데, 재임하는 동안 3회에 걸쳐 학술상·문학상을 위한 작품을 모집하고 시상식 준비를 위해서 분주하게 움직였던 기억이 새롭다.

그때, 이 행사를 위해서 나와 함께 이마를 맞대고 열심히 일했던 역대 편집장 김호성·김남필·권항주를 잊을 수가 없다. 어디 이들뿐이겠는가. 때로는 학과 수업마저도 빼먹으면서 정열적으로 일했던 학생기자들의 얼굴이 하나하나 스쳐 지나간다.

또, 나는 단대신문 주간으로 재임하는 동안 '연수회'에 참석하면서 많은 것을 배웠다. 수련회는 여름과 겨울로 나누어 연 2회 실시되었는데, 그 주된 목적은 한 학기 동안 발간된 단대신문을 각 분야별로 자체 평가하는 일이었다. 대개 1회에 2박 3일간 실시되었는데, 이 연수는 신문제작에 큰 도움을 주었다.

매 연수 때마다 특정한 주제가 정해지고 기자들 사이에 열띤 토론이 전개되곤 하였다. 그때, 다루었던 주제는 '대학신문의 보수성과 전통성', '기자의 책임의식', '저널리즘과 아카데미즘의 조화', '대학신문의 역할'…… 이런 주제들이었던 것으로 기억된다. 나는 신문제작에 대한 문외한이었기에 학생기자들의 재기 넘치는 주고받는 대화를 지켜보면서 참으로 많은 것을 배웠다.

3년간 주간으로 재임하는 동안 연수회의 이름으로 많은 곳을 여행하는 과외의 소득도 있었다. 내장산, 변산반도, 안동 하회마을, 해남 대흥사, 장성 백양사, 설악산……. 재기발랄한 젊은 학생들과의 여행은 내 인생에 있어서 많은 도움이 되었다.

단대신문 동우회 회원 여러분과 함께 마음을 모아서 '단대신문 창간 70주년'을 진심으로 축하하며, 그리고 앞으로 100년, 200년의 역사를 이어가기를 기원하면서 이 글을 마무리한다.

나는 복 많은 독거노인…
느리고 투박한 일상에 만족해!

2017년 12월 23일, 크리스마스를 앞둔 주말을 맞아 성의제 주간님이 기거하고 있는 강원도 진부를 구길원(45기), 장현철(46기) 동우가 방문했다. 1987년 3월, 사회적으로 교내적으로 질풍의 시대에 주간직을 맡아 신문사와 고락을 함께해온 성 주간은 당시보다 훨씬 커지고 우렁찬 목소리로 그 시절을 즐겁게 회상했다. 그 이야기를 장현철 동우가 작성했다.

성의제
제6대 주간

"너무 이쁘게 쓰지 말어.
나 결점 많은 사람인 것 니들이 잘 알잖어……."

강원도 평창군 진부면의 성원아파트. 수년째 이곳에 은거(?) 중인 성의제 전 단대신문 주간의 첫인사는 여전히 겸손이 묻어난다. 그러나 굳이 교수님의 당부가 없어도 눈앞에 보이는 내부 풍경은 '이쁜' 것과 거리가 한참 멀었다.

방 하나에 거실, 화장실까지 일직선으로 늘어선 열다섯 평 남짓 규모의 아파트는 홀아비 냄새가 물씬 풍겼다. 비좁은 거실 한쪽에 놓인 마작용 테이블, 낡고 해진 흔들의자, 빛바랜 커튼과 책상 위의 부모님 영정. 꾸밈없고 치장을 싫어하는 성 주간님의 취향이 독거노인(?) 이미지와 겹쳐지면서 그로테스크한 분위기를 연출하기 직전이었다. 그나마 방 가득한 책더미가 집주인의 전직이 먹물 쪽이었음을 짐작하게 할 뿐이다.

"아이고, 주간님 여기서 혼자 사십니까?"

노교수의 화려한 전원생활을 짐작했던 탓일까? 제자들의 첫 질문은 다분히 호들갑스럽다.

"여기 온 지 10년 됐어. 그때 분양가가 2,500만 원인데 그것도 다 미분양이었지. 1,500만 원 장기 저리 융자받으니 현금 1,000만 원이면 아파트 한 채를 갖게 되는 거였어. 친구들을 내가 꼬셨는데, 어떤 놈은 서울 아파트 화장실 값도 안 된다며 스무 개, 마흔 개씩 콱 잡았지."

주간님이 진부행을 선택한 결정적인 계기는 낚시.

"전에 살던 퇴촌에 개발 바람이 불면서 러브호텔이다, 펜션이다 막 들어서더라구. 보니까 동네 사람들 눈깔이 달라져. 인심이 사나워지더라구. 떠나야겠구나 생각하고 여기저기 돌아다녔지. 하루는 월정사 앞에서 낚시를 했어. 난 낚시가 초보거든. 그런데 그날 빠가사리(동자개)를 50마리나 잡은 거야. 낚싯대만 들이대면 고기가 물고 올라와. 여간 재밌는 게 아니야. 그래서 여기가 바로 대한민국 청정지역이구나 하는 결론을 내리고 집을 알아보려 다녔지."

그렇게 찾아서 정착한 곳, 알고 보니 진부의 장점이 한두 가지가 아니었다.

"여기가 왜 좋으냐. 공기하고 물이 아직은 다른 데가 따라올 수 없을 만큼 맑고 깨끗해. 강릉 경포대가 40분, 용평스키장·오대산 등산로·월정사 염불 가는 데 10분이면 해결돼. 콘도 회원권만도 수천만 원을 호가 하는데, 베이스캠프나 세컨하우스 삼기에는 이렇게 저렴하고 좋은 데 없어."

실제로 진부면에서 만난 '정관장' 진부점장은 "전원생활을 즐기려는 외지인들이 주거와 투자 목적으로 진부를 점령했다"고 설명했다. 아파트 창밖으로는 때마침 평창송어축제를 찾은 사람들이 거대한 군락을 형성하며 얼음 위에서 송어 낚시를 한창 즐기는 중이었다.

평창올림픽 여파로 경강선 진부역도 만들어졌다. 진부면사무소 주변의 중앙로는 주차하기가 어려웠다. 시골에서 보기 힘든 활기와 분주함이 느껴졌다.

그러니 지역은 발전했지만 성 교수님과 함께 10년 전 진부행을 선택했던 '귀촌 동지'들은 서너 명만 남고 대부분 떠났다. 정신적 준비 없이 의욕만 앞섰다가 실패한 것이다. 잔류파를 대표하는 교수님의 시골 생활 노하우는 질그릇 같은 특유의 투박함과 인간미였다.

"무엇보다 똥 폼 잡는 놈은 시골서 오래 못 가. 목에 힘주지 말고 마음을 비워 동네 원주민 속으로 들어가야지. 왕년에 교수 한 게 뭐

벼슬이야. 이장, 군수 들먹이며 인사 안 온다고 탓하는 사람들도 있던데 대접받을 맘 있으면 시골로 들어오면 안 돼."

성 교수님의 시골 생활 노하우는 곧잘 현장지도로까지 이어진다. 몇 년 전, 같은 아파트 엘리베이터에서 담배 피우던 교수 출신 친구에게 했던 행동이 대표적이다.

"친한 친구 놈이 아파트의 다른 사람들도 엘리베이터에서 담배를 다 피운다며 그 안에서 버젓이 담배를 꼬나물지 않겠어? 그래서 내가 그랬지. '야 인마, 동네사람 다 피워도 너는 안 되지. 당장 담배 꺼.' 외지인이 더 조심하고 고개 숙여야지. 안 그러면 이웃들하고 같이 지낼 수가 없어."

교수님의 이른바 현지화 전략은 처음 전원생활을 시작한 경기도 남양주 퇴촌 시절부터 유감없이 발휘됐다. 낯선 이방인을 경계하던 동네 주민들에게 '구충제'와 '승용차'로 마음을 얻어낸 것이다.

"늘 호주머니에 구충제를 몇 알씩 갖고 다니면서 어르신들 뵐 때마다 구충제를 나눠 드렸지. 구충제를 사서 먹는 사람은 없거든. 그리고 틈만 나면 승용차로 동네 분들 태우고 여기저기 모시러 다니고. 누가 아프면 앰뷸런스를 대신했어. 진심으로 모셨더니 하나둘 마음을 열고 동네 사람으로 인정해주더라구. 아마 내 외모도 한몫했을 거야."

당시 40대 중반이던 교수님의 귀촌 배경은 단순했다.

"같은 과에 나하고 죽이 잘 맞던 교수 한 분하고 둘이서 제자들 장학기금을 모았거든. 장학금 모으다가 시골에 집 하나 사서 제자들 중에 휴학하거나 몸 쇠약한 제자들 휴양소로 삼자는 생각으로 시작했지."

내심 퇴직 이후를 겨냥한 포석도 있었다.

"어느 날 곰곰이 생각해봤지. 퇴직하면 뭘 할 수 있을까? 내가 복은 좀 타고났지만 재주가 별로 없거든. 택시 운전하는 것하고 닭 기르는 것, 아니면 북한산 주위 맴돌며 빈 소주병 모아서 술 사 먹는 것, 세 가지가 겨우 생각나더라구.(웃음) 그래도 시골서 닭 기르면서 사는 게 제일 안전하고 근사하게 보이더군."

귀촌의 기쁨은 컸다. 번거롭고 잡다한 일은 서둘러 처리하고 틈만 나면 시골집으로 줄행랑을 쳤다. 그 즐거움은 명문장을 탄생시켰다.

"한 폭의 수채화 같은 호수가 내려다보이는 서울 근교 산언덕의 7평짜리 보잘것없는 초가집. 버려지다시피 한 오두막이요, 진입로도 없고 대지도 남의 땅. (…) 그러나 나는 소유의 개념이 아닌 존재의 개념으로 알뜰살뜰 가꾸고 산다. 앞산도 바라보는 내가 임자요, 뒷산도 나 혼자 오르락내리락 하니 내가 주인이다. 저만치 바라보이는 넓은 호수도 내 것이라 주장한들 누가 뭐라 하랴!"(성의제 산문집, 『나 이제 청산으로 돌아가네』 중)

그렇게 산촌에 귀의한 지 30년. 1936년생이니 한국 나이로도 여든을 넘겼다. 이제는 도회지 생활이 어색할 정도로 몸도 마음도 자연인이다. 시골생활의 외로움과 무료함을 극복한 비결 중 하나는 철저한 규칙생활. 게으름 피우지 않고 부지런해야 적응할 수 있기 때문이다.

성 교수님의 하루는 철학자 칸트를 빰칠 정도로 반복적이고 규칙적이다. 저녁 9시 취침 → 오전 3시 기상 → 커피 한 잔 → 영어 성경 독파 → 오전 5시 30분 보건체조 → 아침식사 → 일반 독서(수필류 등 가벼운 책) → 번역으로 이어지는 일정을 거의 30여 년 간 반복하고 있다. 저녁식사 시 반주로 소주 두 잔을 마시는 것도 변함이 없다. 치매

예방 차원에서 영어 성경을 손에서 놓지 않는다. 신약, 구약 성경을 10번 독파했다. 그러나 외워도 외워도 금방 까먹는 인생 최대의 고민이 바로 영어.

"가끔 내 머리를 내가 때릴 때가 많어. 방금 외운 단어가 뒤돌아서면 생각이 안 나. 사전을 통해 확인해보면 너무 쉬운 단어야. 그 쉬운 것도 몰랐다고 자책하면서 스스로 바보 같은 내 머리를 쥐어박지."

마작도 시골생활의 즐거움을 배가시킨다. 1990년대 중반 단국대 교환교수로 들어온 한 중국인 교수가 "마작을 모르면 중국문화를 이해할 수 없다"며 권해 배웠다. 무료한 시골생활에서 마작은 적절한 활력소다. 과거 한가락 하던 전직 중문과 교수들이 파트너다. 마작도 놀음의 일종인지라 일탈을 경계하며 '마작클럽 서약서'란 것도 만들었다. 직접 펜으로 써내려간 서약서는 자못 비장하다.

"우리가 마작을 하는 이유는 노후생활을 즐겁게 하고 치매를 방지하며 상호 간의 친목을 도모하는 것에 있다. 점당 100원의 전통을 고수하며 아울러 우아한 매너와 말씨를 유지하여 과한 조크로 상대방에게 정신적 상처를 주지 않도록 노력한다. 특히 마작을 하는 동안 주고받은 대화는 마누라에게 발설하지 않도록 엄숙히 선서한다."

마작을 하다 오고간 대화가 친구 집 안방에까지 전달되어 심각한 후유증을 빚어내는 사태가 자주 발생하자 고심 끝에 서약서까지 만들어 참가자들의 다짐을 받았다. 마작클럽은 판돈의 일부를 모금하여 고아원, 시민단체에 기부하는 일종의 기부클럽까지 겸하는 놀라운 발전(?)을 이루어냈다.

"시골생활이 맞는 사람도 있고 적응하기 어려운 사람이 있겠지. 세상에 공짜가 어디 있어? 시골생활의 낙을 느끼려면 불편한 수고도 감수해야지. 나도 땅 잘못 사서 사기도 당해보고 오해도 사는 경우가 많았어. 그러나 뒤돌아보면 시골생활이 없었다면 지금도 난 까닭 모를 울렁증에 시달렸을 거야. 훌훌 털고 들어온 시골에서 무리하지 않고 과욕 안 부리며 규칙적으로 살아가는 지금 이 생활이 시간이 더할수록 좋아. 도시생활을 고집하는 사람들을 난 이해 못 하겠어. 나이 먹으면 다 시골로 오세요."

마치 산속의 맑고 투명한 시냇물처럼 '느림의 미학(Slow Life)'을 증명하고 계신 교수님. 위만 보고 빨리 달렸다면 이젠 천천히 걸어보자는 쉽고 간명한 메시지가 그분의 삶 전체에 녹아 있다. 평범하지만, 누구도 쉽게 단행하기 힘든 시골생활을 성공적으로 이루어낸 교수님의 건강과 평안을 기원한다.

신문 OK 사인 후
학생기자들과 나누던 막걸리 한 잔,
다시 그 장면으로 돌아가고 싶어!

성 교수님은 충남 예산 신양면에서 성백현(부), 오복유(모)의 4남 4녀 중 장남으로 태어났다. 아버지는 지방의 작은 기업을 운영하는 사장이었다. 걸인이 와도 안경 벗고 일어서서 인사하는 인격자였는데 자식들은 엄하게 키웠다. 부유하지도 가난하지도 않았지만 장남에게 부담을 주지 않기 위해 고군분투하던 부모님의 배려가 지금도 잊히지 않는다.

한때 정보기관 중국 담당요원으로 7년간 활동하기도 했지만 마음속에서 솟아오르는 학문에 대한 강렬한 열망을 주체하지 못하고 대만 유학(대만정치대학)길을 택했다. 유학을 끝내고 귀국해 시작한 것이 보따리 장사라는 이름의 대학 시간강사였다. 직업 중에는 서러운 입장과 처지가 많겠지만 대학의 시간강사도 여기에 속한다. 강사를 해본 사람들만이 공감할 수 있는 쓸쓸함이 있는 직종이다. 대학 전임으로 갈 수 있는 여러 번의 기회가 있었지만 뜻하지 않게 기회를 놓쳤다.

그런 고단한 처지를 단국대가 해소해주었다. 친구(김현욱 전 국회의원) 소개로 위치도 모르는 단국대로 발령을 받았다.

"이 학교를 나와 우리 가족의 의식의 부모로 삼아 행정 보직 같은 것은 금하고 성심성의를 다해 교학에만 전념할 생각이었어. 남들보다 세 배, 네 배 더 노력해서 우리나라에서 가장 좋은 대학교 중문과를 만들겠다고 다짐했지."

성 교수님은 자기와의 약속을 지키기 위해 끊임없이 노력했다. 80년대 학내 시위로 수업거부가 빈발했지만 신문지를 깔고 강의를 강행했다. 심지어 전국야구대회 첫 결승에 올라 전교생이 동대문운동장으로 향할 때도 강의를 쉬지 않았다.

"그 덕에 우리 중문과는 서울대·연고대에 뒤지지 않는 명성을 유지했지. 북경대 석박사 입학시험에서 우리 대학 출신들이 수석·차석을 놓치지 않았고 말 안 통하는 SKY 중문학 전공자들을 우리 제자들이 대신 통역해줬어. 내가 가르친 학생들이 누구보다 실력 있고 공부 잘하게 성장했다는 자부심이 지금도 마음 깊이 남아 있어."

단국대에서 맨 처음 받은 보직은 단대신문 주간이었다.

“신문에 대한 문외한이 신문발행의 무한 책임을 져야 하는 막중한 책무를 부여받았지. 김상배 교수가 고생한 덕에 신문사 주간이 학교 내에서도 위상이 꽤 높았어. 민주화의 소용돌이 속에서 주간과 학생 기자들 사이에서 견해 차이로 마음 상하는 일이 없지 않았는데 그러나 그것은 신문을 제작할 때에만 국한된 일이지. 기사에 주간의 OK 사인이 떨어진 심야에 사제 간에 나누는 한산의 막걸리 파티는 우리 사이의 정을 더 두텁게 하던 아름다운 추억이지. 다시 한 번 그때의 그 장면으로 되돌아가고 싶은 강한 충동이 일 때가 많아.”

성 교수님은 “대학에서 정년퇴임으로 떠난 지 15년, 모든 세월이 흘러간 이 노년에 아직도 인연의 끈을 쥐고 있는 것이 단대신문과 단대산악반 OB팀”이라며 “나의 일생에 있어 소중한 인연이요, 아름다운 관계였음을 자랑스럽게 간직하고 살아간다”고 전했다.

그리움의 서재

신종한
전 편집국장

내 이야기를 하자면, 훨씬 앞에서부터 시작해야 한다. 단국대학교 68학번으로 가장 힘든 시기—1·21 사태로 복무기간이 연장되고 월남파병으로 어수선하던 시기—에 해군 복무를 마치고 1972년도에 복학했다. 스물여섯의 나이에 여섯 살 어린 동생들과 같이 신입생 노릇 하기는 참 멋쩍을 수밖에 없었다. 그때 단대신문 기자 모집 공고를 봤는데 응모를 하고 싶었으나 나이 때문에 가능한 일이 아니었다. 할 수 있는 일이란 늘 관심을 갖고 투고하는 일이었다. 한때는 연재소설을 쓰기도 했으나, 능력부족으로 중도하차 하기도 했다. 참으로 잊을 수 없는 일이지만.

그 후 졸업하고 경기도 중등교사 임용시험을 거쳐 경기도 화성군 비봉에서 교사생활을 시작했다. 신문사 후배들은 내가 근무하는 학교를 선택해 교생실습을 하기도 했고, 수시로 내 하숙집에서 묵기도 했다.

3년이 지난 후 나는 결혼과 함께 근무지를 서울에 있는 문일중학교로 옮겼다. 그러나 삼십대 후반에 찾아오는 흔히 두 번째 사춘기인지는 몰라도 어쩐지 삶이 진부해지고 틀에 매인 것 같아 교사 일에서 의미를 발견하기가 점점 힘들어졌다. 솔직히 말해 나는 반복되는 일상 속에 갇혀 있었고 새로운 변화가 필요했다.

당시 시대적 상황은 엄혹했다. 1979년 10월 26일, 박정희 대통령 시해 사건 이후 군부가 정권을 장악하여 계엄령이 내려져 있던 시기였다. 어수선한 가운데 전국 대학가의 분위기는 그야말로 일촉즉발의 상태였다. 민주화의 여명이 점점 밝아오고 있었다. 그 시대의 대학생들은 지금과 달리 역사와 민족에 대한 사명감과 공동체 의식이 강했다. 대한민국 현대사에서 70년대를 산업화의 시대로 본다면 80년대는 민주화의 시대라고 할 수 있다. 4·19도 있었고 6·3도 있었지만 80년대만큼 치열하고 조직적이지는 않았다.

나 또한 시대적인 분위기에 휩쓸렸는지는 몰라도 먹고사는 문제가 아닌 옳으냐 그르냐에 대한 회의가 가득할 때였다. 개인적인 고뇌와 사회적 갈등은 무언가 변화를 필요로 하고 있었다.

때마침 모교에서 연락이 왔다. 당시 존경하던 학과 선배인 이동희 교수가 단대신문사 주간을 맡고 계실 때인데, 단대신문사 편집국장으로 오지 않겠냐는 제의였다. 하루 이틀 말미를 두고 생각하였지만 그 일은 결국 내 인생의 전환점이 되었다. 내친김에 목말라했던 대학원 공부도 병행하기로 작심하고 근무하던 학교에 사직서를 제출했다.

발령을 받고 출근한 단대신문사는 왠지 썰렁했다. 학생기자들의 경계의 눈초리가 예사롭지 않았다. 왜들 그럴까, 하는 의구심이 들었고 그들을 이해하는 데는 시간이 필요했다.

학교 신문사의 기자는 학생이고, 이들은 1학년에 들어와 3학년이면 퇴사를 해야 했다. 그러므로 관리자가 필요한데 그 전에는 주임이라는 보직으로 선배기자가 그 역할을 담당했었다. 그러나 편집국장이라는 명칭으로 바뀌어 낯선 사람이 와서 관리하게 되니 편집권이 침해 받을까 하는 우려에서 거리를 두는 것 같았다.

당시는 군부의 계엄령 하에 통제를 받고 있으니 그에 대한 반발이 전국의 대학에서 만만치 않았다. 특히 학생기자들은 신문의 특성인 계도성과 고발성으로 더욱 첨예하게 대립각을 세울 수밖에 없었다. 가끔은 그 화살이 학교 당국으로 날아왔다. 그러나 대한민국 사립대학이 어찌 정치권력 하에서 독립성을 지키고 편할 날이 있었겠는가? 참으로 힘든 나날이었다.

일주일에 한 번씩 신문을 조판하면 편집장이 시청으로 달려가 군인들에게 사전검열을 받아야 했다. 군인들은 무식해서인지 문장이나 단어 하나에 삭제를 요구하고, 평범한 글귀에도 시비를 걸었다. 그러면 기자들은 울분을 삭이지 못해 해당 기사를 뺀 채 신문을 발행하려 했다. 그 또한 신문으로서는 있을 수 없는 일이기에 반발심은 더욱 커져만 갔다.

80년대 민주화 운동은 그렇게 시작되었다. 8여 년에 걸친 운동의 시발점의 한 모습이 신문과 대학에 대한 억압이었다. 대학은 수시로 휴교령이 내려지고, 학생들은 이념서적을 찾고 조직화되어 갔다. 총학생회와 대학본부는 매일 살얼음판을 걸었다.

이때 내가 할 수 있는 일은 무엇일까? 위기가 닥쳤을 때 사랑하는 사람들을 어떻게 지킬까? 내가 할 수 있는 일은 옳고 그름의 논리 토론이나 이성적인 냉철함이 아니었다. 무조건 보호하고 바람막이가 되는 수밖에 없었다. 그래서 '한 사람의 낙오자도 없이 졸업시키고 사회에 내보내자'를 목표로 삼았다. 돌이켜보면 나 자신도 예전에 대학 4년을 보내기가 벅찼다. 겨우 졸업이란 것이 실감 났었다. 지금

이인상, 이승구 동우와 함께(아래)

이들은 더 어려운 상황이지 않은가? 같이 가자고 다짐했다.

서울·천안 기자들을 합하면 많을 때는 40여 명이 넘었다. 고등학교 교사시절 한 학급의 담임이 된 기분이었다. 혹시 기자 장학금을 받지 못할까 봐 일일이 학점을 관리해주고, 서로 간의 갈등을 조정해 주고, 멀리 가려면 함께 가야 한다고 공동체 의식을 고취해주고 하느라 하루해가 짧았다. 그 때문인지 내가 있던 동안에는 서울·천안 기자들의 우애는 돈독하였다. 지금도 하느님께 감사하는 마음은 10년 근무하는 동안 한 명의 낙오자도 없이 제대로 커주었다는 사실이다. 각자들 희생도 따랐지만, 그래도 기자생활을 하는 동안 세상을 보는 눈도 생겼고, 생각도 깊어졌을 것이다. 사회에서 성취하는 것도 의미 있겠지만 산다는 것에 대한 고뇌와 자각을 대학생 때 하지 않으면 언제 하겠는가?

이제 내 나이 고희를 넘어 일흔둘이 되었다. 세월의 풍상 속에서 고집과 열정은 사그라지고 흐르는 물처럼 흘러가고 있다. "벚꽃은 바람에 휘날리며 질 때 화사하고 저녁노을은 해돋이 못지않게 아름답다"고 했던가. 이제 노년이다. 어디 나쁜이랴. 80년대를 같이 보낸 그들도 환갑 나이가 되었다. 큰 탈 없이 같이 흘러가고 있다. 새삼 그들 한 사람, 한 사람들과의 에피소드가 별빛을 스치는 바람처럼 다가온다. 그들 또한 벌써 대학생을 자식으로 둔 부모들이 되었으니 그때 내 심정을 이해하겠지.

농익은 노년의 삶 속에서 추억의 갈피들을 다시 펼쳐보니 그리움이 앞선다. 그때 그 모습들을 고스란히 간직하고자 내 추억들을 봉인해 머릿속에 있는 '그리움의 서재'에 차곡차곡 쌓아둔다.

2장

아직도 마감 못한 이야기

내 인생의 가장 중요한 기회

박소춘 동우
25기

1970년, 어쭙잖게 서울로 올라와 한남동과 인연을 맺은 후에도 학교와 재수학원을 오가며 한 학기를 보냈다. 어찌하면 대학생활을 잘할 수 있을까, 하며 고민하던 중 하교길에 단대신문에 난 '25기 수습기자 모집'이라는 "사고(社告)"를 보고, 그 순간 '이것이구나!' 하였다. 다음날 응시 접수를 하고, 토요일 오후에 상식 등의 시험을 거쳐 10월부터 수습기자 생활을 시작하니 이것이 나의 새로운 생활의 전환기가 되었다.

갑갑하고 무료했던 시간들이 신문사의 동료이자 친구인 구회, 영창 등과 우리를 늘 아껴주고 배려해주는 선배들 덕분에 재미난 시간들로 메워졌다. 늘 무언가를 고심하는 듯한 이태규 편집장과 조폭 같으면서도 다정했던 고교 선배 전창진 총무부장, 조용한 미소로 답해주던 채홍모 사진부장, 깐깐하면서도 인자하게 보살펴주던 최인식 문화부장 등 선배들과 함께하는 시간들이 좋았다.

취재원이 되는 캠퍼스를 바쁘게 뛰어다니며 취재하고, 원고를 써가면서 새로운 세계에 푹 빠져들었다.

2학년이 되면서 나는 무역학과로 전과(轉科)하고 신문발간에 필요한 기사를 취재하고, 편집도 하고, 교정 등을 배우면서 본격적인 신문사 생활을 할 수 있었다.

3학년이 되어서 허구회가 편집장, 나는 총무부장, 김영창이 취재부장으로 승진 발령을 받게 되었다. 총무부장은 신문사의 살림살이는 물론 후배들을 보살펴야 하는 실정이어서 집에서의 엄마 같은 역할을 해야 했다. 그러다 보니 학업보다는 신문사 업무에 매진하게 되었고, 학과 교수님들과 친구들로부터 '학교에 다니냐? 신문사에 다니냐?'라는 핀잔 아닌 핀잔을 듣곤 했다.

신문이 나오기 전날에는 교정을 보기 위해 산업경제신문사로 가야 했고, 신문이 나오는 날에는 아침 일찍 산경신문사로 가서 신문을 찾아 택시에 싣고 와서 배부했다. 또 원고료와 신문제작비에 대한 결재를 받아와 집행했다.

요즘과 달리 신문을 대외발송하는 일은 학생기자들의 몫이었다. 그런데 시험 때가 되어 발송이 2, 3주씩 밀리게 되면, 후배들을 집합시켜 잔소리하면서 '빠따'를 치고 발송을 했다. 그렇게 발송이 끝나면 한남동 소주 집을 순회하면서 회포를 풀곤 했다. 내 잔소리에 대해 어느 여기자 후배가 나중에 이런 이야기를 했다. "총무부장님은 화가 난 것은 알겠는데, 무슨 이야기를 하는지는 전혀 알아듣지 못했다"고. 이미도 부산의 억센 사투리 때문이었을 것이다.

구회와 영창, 그리고 나는 1년이면 열 달은 늘 같이 붙어 다녀서 '3총사'라는 별명이 있었다. 3학년 1학기에는 학기 초부터 계속된 신문사 일과 학교행사, 그리고 계속된 주연(?) 등으로 구회가 맹장이 터져 복막염 수술을 받게 되어 한 달 정도 내가 편집장 역까지 맡기도 했다. 남들은 신문사 생활을 3학년 말로 끝냈는데 구회와 나는 4학년

1학기까지 직을 맡아 수행해서 후배들의 눈총을 받기도 했지만 끝까지 최선을 다하였다.

나는 신문사 생활로 내성적이던 성격이 활달한 성격으로 전환되었고, 역동성도 커지고 어떤 일에도 무서움이 없도록 변했다. 이는 이후 군 생활이나 사회생활에도 많은 도움이 되었다.

학교 졸업 후 군대에서 25사단 포병사령부에서 정훈병 생활을 할 때였다. 정훈 과장님이 책 한 권을 주면서 1주일 이내에 차트 20장 정도로 요약하라고 해서 기간 내 완성해주었다. 그 교안으로 사단에서 실시한 대회에서 사단장으로부터 칭찬을 받았다며 과장 댁에서 거한(?) 식사대접을 받기도 했다. 이 역시 신문사에서 연마했던 제목 뽑기(미다시) 덕이 아니겠는가?

제대 후 1977년 6월 한국수출산업공단에 입사했다. 첫 임지는 공장새마을연수원이었다. 그 연수원에서 교관으로서 임무를 충실히 하면서 연수원 교재 편집 및 교정까지 담당했고, 이후 기획과, 구로·부평공단 입주 기업체 지원업무 등과 남동공단 개발업무를 했다.

그러던 1992년 7월 어느 날 친구 구회를 하늘로 떠나보냈다. 너무나 가슴이 아프고 허망했다.

회사에서는 당시 노태우 대통령의 공약사항이었던 남동공단 아파트형 공장 건축을 위한 마스터플랜을 세우고 설계도 하라고 하여 내 전공인 무역하고는 전혀 다른 업무를 용역사와 함께 6개월의 고생 끝에 완성했다. 또한 '수출공단 30년사(1964~1994)' 작업에 초창기부터 참여하면서 문서 창고에서 거의 살다시피 하면서 역사 부문을 거의 나 혼자의 작업으로 완성했는데, 이 또한 단대신문에서 연마한 실력이 아니겠는가?

1997년 1월, 우리 회사는 큰 전환기를 맞게 되었는데, 종전 5개 권역별(한국수출, 반월시화, 구미, 창원, 여수)로 관리되던 조직이 '한국산업단지공단'으로 새롭게 출범하게 되었다. 나는 본사에서 또 하나의 새로운 사업으로 진행하던 '한국산업단지 총람'을 기획총괄, 편집, 발간까지 해냈고, 이를 근거로 정보화 사업을 추진하여 현재도 이 시스템이 잘 돌아가고 있다고 한다.

그 이후, 처장으로 승진하여 1년 동안 반월시화에서 입주기업 지원업무를 하다가, 본사로 옮겨 정보화사업실장, 조사연구실장, 감사실장을 역임했다. 2006년 1월부터 경북 구미에서 중부지역본부장으로 2년 6개월 동안 무사히 업무를 마치고, 2008년 12월, 31년 6개월의 직장생활을 마감했다. 그 후 다니던 성당에서 사목회 활동과 봉사활동을 하면서 지냈고, 2017년 2월에 40년 동안 살아온 서울 삼성동에서 용인으로 이사하여 지금은 복지관 등지에서 봉사활동을 하고 있다.

돌이켜보건대, 살아가면서 누구나 세 번의 기회가 주어진다고 하는데, 내 경우 그 하나의 기회는 바로 '단대신문 입사'였다.

내 청춘의 하이라이트

차혜영 동우
26기

내 삶에 각인된 기억들과 추억들을 하나하나 꺼내보며 지나간 시간을 회상하는 일은 참 즐거운 일이다. 더구나 내 청춘의 하이라이트를 되돌아보는 시간이 아닌가?

그런데 안타깝게도 막상 글을 쓰기 위해 기억을 되살리려니 삶의 어느 막다른 골목을 헤매다 돌아온 듯 머릿속이 캄캄하게 느껴진다.

나는 강원도가 고향이고 71학번이다. 당시는 시골에서 여자가 대학에 가는 일은 가뭄에 콩 나듯 하던 시절이었지만 내 꿈과 목표는 대학생이 되는 것이었다.

더군다나 홀어머니 밑에서 자란 내겐 언감생심 꿈도 못 꿀 일이었지만 우여곡절 끝에 나는 대학생이 되었다. 특수교육학과가 처음 생긴 덕분이기도 했다.

누군가에게는 별 것 아닌 대학, 그깟 대학생활이 내게는 사치와 꿈의 기회로 다가왔기에 누구보다 알차고 야심찬 대학생활을 하고 싶었다.

언니의 권유도 있었고 이리저리 탐색한 끝에 나는 대학신문 기자가 되어야겠다는 생각으로 단대신문 수습기자 모집 광고를 기다려

떨리는 마음으로 시험에 응시했다. 그곳에 무엇이, 어떤 환경이 나를 기다리고 있을지에 대해선 구체적으로 생각해본 적도, 아는 것도 없었다.

이 시골뜨기가 꼭 합격해야겠다는 결연한 마음으로 시계까지 책상 위에 풀어놓고 입사시험을 치렀다. 그러나 긴장된 마음에 그 시계를 책상 위에 그냥 두고 나와 후에 선배님들로부터 놀림을 받고 홍당무가 되었던 기억이 지금도 생생하다.

그렇게 시작된 단대신문과 나의 인연은 나의 대학생활을 화려하게 수놓아주었다.

내가 단국인의 알 권리를 대신하는 메신저라도 된 듯 늘 바쁘고 당당했고, 늘 흥미진진했고, 늘 달콤한 재미로 가득했다. 갓 인쇄되어 나온 신문 냄새는 왜 그리 좋았던지.

세상 밖으로 나와 삶의 질곡을 넘나드는 긴 세월 동안 나의 기억들은 옛날에 멈춰 있는데 시간만 무심히 흘러간 걸까? 분명 모든 시간과 추억들이 모두 아름답거나 달콤하지만은 않았을 텐데 씁쓸하고 시리고 아프고 힘들고 부끄럽고 두려웠던 기억들은 다 어디로 간 걸까?

아마도 힘들고 지쳤던 기어들은 아픔 속에서 한 뼘씩, 한 발자국씩 성장해 나를 우뚝 세웠을 테고 부끄러움과 좌절과 실망들은 한데 섞여 나의 청춘의 밑거름이 되어주었나 보다.

온갖 언어의 기교가 난무하는 이 시대에 비해 컴퓨터도 인터넷도 SNS도 그 어떤 IT 미디어 매체도 존재하지 않던 시절. 아날로그 방식과 우리들의 언어로 원고지와 씨름하던 일들이 주마등처럼 스쳐 지나간다. 먹이를 찾아 헤매는 하이에나처럼 기사에 목말라 뛰어다녔고 데스크의 호통이 두려워 원고 마감일엔 피를 말리던 순간들……. 그리고 기사는 왜 꼭 마감시간이 임박해야만 풀리던지. 특집을 기획하고 마무리했을 때의 성취감은 훗날 사회생활에서도 자신감과 추진력을 더해주었다. 수업시간에 맞추려 동분서주했기 때문에 지금 이 나이에도 수업결손으로 졸업을 못하면 어쩌나 하는 악몽을 꾼다. 시험기간엔 늘 벼락공부에 날밤을 새워야 했다. 등교가 아니라 신문사로 출근했고, 그래서인지 학과 친구들은 신문학과로 아예 치부해버리기 일쑤였다.

참 분주히 열심히 뛰었고 신문제작과 학과 공부라는 두 마리 토끼를 다 잡으며 알찬 대학생활을 마무리할 수 있었기에 단대신문은 내 인생의 덤이 아니라 축복이었음을 고백한다.

아울러 나의 단대신문은 내 대학생활의 전부였으며 자부심과 긍지로 남게 되었다.

어느덧 70회의 생일을 맞은 단대신문. 지금은 함께할 수 없는 유명을 달리하신 선배님들과 친구들을 생각하며 먼 하늘나라로 그리움을 띄워 보낸다. 그리고 훌륭하고 자랑스러운 후배님들 덕분에 엄청난 세월의 격차에도 불구하고 공감대를 함께하는 인생의 평생 친구들을 얻어 노년이 외롭지 않아 고맙고 기쁘

뒷줄 박소춘(25기), 아랫줄 오른쪽부터 차혜영(26기), 이성균(26기) 동우

1972년 연수회(서산염전)

다. 단대신문과 내 모교가 영원무궁 발전하길 바라는 간절한 소망을 담아 이 소회를 쓴다.

삶의 한순간도 잊히지 않았던, 단국인의 동참을 호소하며 벌였던 배지 달기 캠페인, 스마일 캠페인 등등. 문득 이 글을 쓰는 지금 너무 오래된 기억들을 되돌리려니 머릿속이 캄캄하다.

내 청춘이 아무리 아름답고 화려했다 해도 이제 나는 도전과 욕망과 시련들을 내려놓음으로써 만난 노년의 자유와 청춘을 바꾸고 싶지는 않다. 지금 평화롭기 때문이다.

삶의 기본과 실력을 다진 곳

고명호 동우
28기

1972년 봄, 20세 나이로 한남동에 왔다. 대구에서 경북 중·고를 거쳐 방황 끝에 정착한 단국대였다. 허나 마음은 계속 흔들리고 아픈 청춘이었다. 그때 본 게 단대신문 28기 수습기자 공고였다.

중고시절 문예부와 미술부 활동을 해왔기에 어느 정도 자신은 있었다. 입사 시 김상배 교수님이 주간으로 계셨고, 고 허구회 편집장과 박소춘 총무부장 그리고 많은 선배들이 기라성처럼 포진하고 있었다. 차혜영, 이성균 선배가 1년 위에 있었고 박명희, 허희옥, 장사한 기자가 동기였다.

비록 전통의 '빠따' 신고식으로 다소 거칠었지만, 입사식이 끝난 뒤 한남동 뒷골목에서 정신없이 마셨던 막걸리가 지금도 생생하다. 정과 의리, 젊음이 넘치는 환영식과 마누라송이 있었다.

단대신문사에서 일한 2년 동안은 신문방송학과에 준하는 이론과 실습을 현장에서 체득할 수 있었다. 기사취재 방법, 기사작성 요령, 5W1H의 육하원칙에 의거한 작문, 문제의 원인을 분석하고 대응책을 강구하는 접근, 팔로어 업과 피드백, 인터뷰 작성요령 등과 신문 편집 방법, X-Y축의 사진 편집기술, 미다시(제목) 뽑기, 기사 경중에 따른 톱기사 선정법, 교열교정 방법 등 신문 제작에 관한 A에서 Z까지 섭렵했다. 그땐 일본신문협회 잡지와 텍스트를 활용하곤 했다.

- 신문을 만들 때 가장 중요한 것은 데드라인을 지키는 것이다.
- 현장을 취재하고 발로 쓰는 기사가 살아 있는 기사다.
- 개가 사람을 무는 것보다 사람이 개를 무는 기사가 토픽이다.
  (이것들은 당시 선배들의 충고이다. 학교를 졸업하고 산업 현장에서 일을 할 때도 그대로 통용될 수 있는 소중한 가르침이었다.)
- 시간엄수! 소정의 장소에서 일과 마음의 준비를 갖추고 대기하라(일본 지옥의 훈련 행동력 기본동작 중)
- 5WIH를 기본으로 5Why를 외쳐라!(문제의 핵심원인 찾기 프로세스 중)
- 스피드와 창조적 경영은 변화와 혁신을 부른다.
- 기록과 매뉴얼은 또 다른 리스크를 방지한다.(취재 노트 활용)
- Plan-do-check-Analysis 관리사고 Pattern

단대신문 시절 나는 별명이 하나 생겼다. '달파(達波)'였다. 한자에 해박한 최석귄 편집장이 붙여준 별명이다. 고명호는 취재 등 고생을 많이 한다는 뜻으로 '고달프다'의 운을 빌려 '고달파(高達波)'라고 했다. 어려움과 파도를 극복하고 훌륭한 기자로 성장하라는 격려와 성원이 내포되어 있었다. 이는 지금 나의 아호가 되었다.

1973년에 단편소설 「北回歸線」을 연재할 때 달파라는 필명을 사용했고, '백색볼펜'에는 '高'라는 이니셜을 사용하여 칼럼을 이어나갔다.

2학년 때 최 선배와 나는 편집장과 취재부장으로 신문제작에 몰입하였다. 조선일보 조판실에서 주 1회 꼬박 밤을 새워 만들고 새벽부터 퇴계로에서 말술로 국후담을 했다. 최 선배는 분석력과 문장력이 매우 예리했다. 후에 29기 안옥련 후배와 결혼하고 진주에서 경남지역 언론인으로 큰 활약을 하였으나 애석하게도 불의의 사고로 돌아가셨다.

대학 3학년 때, 긴급조치 등으로 학내외가 살벌한 분위기였다. 유신이 스멀스멀 다가오고 있었다. 나는 신문사 편집장을 거쳐 '새로운 단국'을 슬로건으로 총학생회장 마지막 선거에 출마, 당선되었다. 그 뒤 총학생회는 학도호국단 체제로 바뀌었다.

졸업 후 공군장교를 거쳐 삼성그룹과 한솔그룹에서 40년간 기업현장에서 일했다. 현재는 친환경건축자재 ㈜새한/선워드의 회장으로 있다. 계열사의 CEO로 나오기 전, 그룹의 인사, 홍보실장을 10년간 수행했다. 그때 회장의 스피치 라이터, 언론사 및 대관(對官) 업무를 수행했는데 단대신문에서 단련한 기본과 실력이 크게 도움을 주었다.

아스라이 떠오르는 그 시절은 '질풍노도'의 '꿈 많고 아름다운' 20대 청춘이었다.

꿈과 희망,
친구와 낭만이 있는 곳

김혁수 동우
29기

한남동 학교 정문에서 배부하는 단대신문에서 기자 모집 광고를 보고 사진부 기자로 지원하였다. 단순히 사진을 하고 싶어 입사한 신문사는 내가 생각했던 것과는 모든 부분이 달랐다. 도무지 이해되지 않던 선배들의 상황판단과 지시사항. 그리고 좀처럼 자기 시간을 낼 수 없는 기계적인 일상의 지속. 그렇지만 그 시절이 나의 대학생활과 인생의 방향타 역할이 되었던 것 같다.

카메라를 둘러메고 사진기자는 현장에 있어야 한다는 것을 철칙 삼아 발로 뛰면서 한남동 캠퍼스를 하루에도 몇 번씩 오르내렸다. 기자가 무엇인지도 모른 채 오직 사진을 할 수 있을까 하여 입사하고 4년 동안 주인공의 얼굴에 포커스를 맞추며 뛰고 또 달렸다.

한참을 달리다 보면 '내가 뭐 하고 있는 거지?'라는 생각과 '나는 언제 주인공이 될 수 있을까?' 하는 생각에 사로잡히지만 기자는 음지에서 일하고 양지를 지향한다는 말로 위안을 삼았다.

신문사 장학금을 받아 학교 앞 DP점에 필름값, 인화비 등 외상값을 갚고 나면 소주 한 번 먹을 것밖에 남지 않았다. 졸업 직전에 짐을 정리하다 보니 필름이 들어있는 비닐봉투가 삼양라면 박스 2개에 가득 찼던 기억이 난다.

열정, 긍지와 자부심, 분석과 판단, 저널리즘, 편집, 선배와 후배라는 단어는 그 시절의 표상이며 가장 많이 부딪쳤던 말들이었다.

사진 작품을 꿈꾸며 고등학교 때부터 준비했던 ASAHI PENTAX 카메라는 나의 분신이었다. 입학 후 우리 대학에 없던 사진서클(동아리)을 등록하기 위해 신청하였으나 당시 정부 정책으로 인해 기존 서클마저 폐쇄하고 신규 등록도 불가하였다 그 후 3학년이 되어서야 정식 등록을 마치고 창립할 수 있었다. 처음 6~7명의 회원으로 시작된 단대사진예술연구회는 지금까지 전공이 다양한 1천여 명 넘는 회원들을 배출했다. 이들은 졸업 후 지금도 동우회원으로 모임을 갖고 있으며 나는 사진동아리 지도교수로서 후배들을 지원하고 있다.

대학 3학년 2학기 시작과 동시에 나는 진로에 대해 결정을 내려야 했다. 기자, 사진작가, 도예가 중에서 어느 길로 가야 할지, 어느 것에 집중해야 할지 고민했다. 범정관 등나무 아래서 깊은 생각을 한 끝에 도예가의 길로 결정을 내렸다. 그날부터 사범대학 지하실에 있던 실기 작업실에서 숙식하며 도예작업에 매달렸다. 낮에는 카메라를 들고 뛰고, ROTC 후보생 훈련과 수업에 정신이 없었으나 밤에는 학과 친구들과 라면을 끓여 먹으며 도자기 작업으로 밤을 새웠다.

4학년이 되면 신문사에서 자연스럽게 뒤로 물러설 수 있었으나 당시 4학년은 나 혼자밖에 없어 할 수 없이 사진부장과 편집장 역할까지 하게 되었다. 4학년 여름방학 때 모든 것을 내려놓고 ROTC 여름훈련을 떠났다.

지방의 군사시설에서 훈련하면서 방학 전까지 만들었던 도자기 작품들을 모아놓고 친구들에게 소성하여 전국대학미술 전람회에 출품해줄 것을 부탁하였다. 10여 점의 작품 중 제일 좋은 것을 내 작품으로 하고 친구들 이름으로도 출품했는데 거의 다 수상하였다. 그 중 아끼던 작품은 소위로 임관 후 국전에 출품하여 우리 대학 졸업생 최초로 국전 공예부에 입선하는 영광도 얻었다.

전역 후 지금의 EBS가 출범하기 전 AD 보십에 학과 교수 추천으로 지원하여 시험도 보고 최종 면접에서 합격 언질도 받았다. 그러나 대학원에 갈 수 없다는 답변에 입사를 포기하고 작업장을 만들어 작업에 몰두하고 강의도 시작하였다.

신문사 생활을 하며 대학의 모든 구석구석까지 알게 되고 전공이 다르고 생각의 폭이 다른 선배들과 술잔을 기울이며 밤새워 이야기를 나눴던 그 시간들이 아련하다. 그곳엔 꿈과 희망이 있었고 친구가 있었으며 낭만이 있었다.

교수가 된 후 후배 기자들을 가끔 연구실에서 만나면 환경과 생각들이 많이 달라졌지만 그들의 열정과 섬세함, 약간의 전문성을 느끼게 된다. 신문사 주간으로 일할 때는 화요일마다 조판과 인쇄로 후배들과 같이 한 주의 시작과 끝을 함께하는 복을 누렸다. 단대신문 70년 역사의 한 토막을 기록했던 나의 사진들을 보며 '지금 나는 후배 기자들과 제자들에게 그들이 필요한 언덕이 되어주고 있는가'라는 물음과 함께 열정의 시대를 뒤돌아본다.

내가 신문을 만들고 신문이 나를 만든다

이갑용 동우
31기

단대신문이 창간된 지 70주년이 되었다. 오랫동안 단대신문이 이어져온 것을 진심으로 축하한다. 단대신문을 만들었던 한 사람으로서 자랑스럽기도 하고, 단대신문이 내 삶에 많은 영향을 주었기에 감회도 새롭다.

내가 단대신문과 인연을 맺게 된 동기부터 말해야겠다. 나는 남의 말을 참 잘 믿는다. 그만큼 순진하고 순수하였다는 말이다. 1974년 특수교육학과에 입학했는데, 아침에 등교할 때는 예쁜 목소리로 진행하는 음악방송을 들으며 강의실로 갔다. 참 행복했다.

화창한 봄날에는 외국 교수와 이야기를 나누는 학생들을 보면서 이국적인 느낌을 받기도 하였다. 누가 저렇게 외국인과 대화를 잘하는가 하고 궁금했는데 영자신문사 학생이라고 들었다. 또 금요일 아침에 교문에서 나누어주는 신문을 보면서 선택과 자유의 화신 같은 대학생이 되었다는 기쁨을 만끽하면서 운동장 스탠드나 벤치에 앉아 신문을 읽었다. 그러면서 고등학교를 벗어나 이제까지와는 다른 뭔지 모를 낭만적인 흥분감에 푹 젖어들기 시작하였다.

교내에 여러 가지 학생활동을 할 수 있는 서클이 있어서 3월부터 새내기 모집을 하고 있었는데, 처음에는 고등학교 때부터 해오던 서예부에 들어가서 좀 더 다른 시각으로 붓글씨 연습에 몰두하고 있었다.

그러던 어느 날, 친구가 교내 학보사에 있는 고등학교 선배를 만나러 간다기에 그 친구를 따라갔다. 그 선배는 안경을 쓴 푸근한 인상이었는데, 학생기자 활동을 하면서 재미있었던 이런저런 경험담을 정말 입담 좋게 말해주었다. 그 선배 이야기를 들어보니 학보사에서 기자활동을 하면 장학금도 받을 수 있고 의외로 매력 있고 좋을 것 같다는 생각이 들었다. 그래서 학보사 기자생활을 하고 싶다고 했더니 선선히 그러라고 하면서 2학기에 기자 모집할 때 들어오라고 했다. 그 선배는 지금도 기억에 생생한 허구회 선배이다.

31기 기자 합격의 기쁨을 안고 다시 만난 그 선배는 너는 특수교육과에서 받는 장학금이 있으니 학보사에서 주는 장학금은 교내 장학금이 중복되므로 받을 수 없다고 하면서 잘 생각해서 결정하라고 말해주었다. 장학금을 안 주면 그만두겠다는 말을 할 수는 없어서 의젓하게 말했다. "열심히 하겠습니다."

그 후에는 강한 신고식이 있었고, 당시에 유행하던 청바지와 통기타 그리고 생맥주로 대변되는 청년문화라는 시대적 여유보다는 학보사 기자로서 무서운 책임감이 두 어깨에 가득하였다.

그러던 중 1974년 가을경, 많은 선배들이 당시 동아일보 백지 광고 사태와 연관된 교내 시위사건 등 정치·사회적인 사태 속에서 일거에 신문사를 떠나게 되는 초유의 사태가 발생했다. 우여곡절 속에 1975년 3월부터는 김혁수 선배와 4~5명의 1학년 병아리 기자들만 남아 신문사의 명맥을 이어가기 위해 고군분투했던 것으로 기억한다.

나는 4면으로 편집되는 신문에서 2면 부장을 맡았고 그때부터는 교수 원고 청탁, 편집과 교정을 위해 뛰어다녔다. 당시엔 동판과 지형, 데드라인이라는 용어가 머릿속에 가득하였다. 이렇게 뛰어다닌 덕에 강의에 무수하게 결석하는 등 학교생활을 하는 게 아니라 단대신문사에 취업한 것 같았다.

이렇게 나름 열심히 활동했지만 적응하기가 쉽지는 않았다. 그 이유는 내 사고방식의 문제이기도 했다. 편집할 때도 제목을 잡는 게 쉽지 않았고, 원고 매수에 맞춰 편집, 조판하는 일들에 익숙해지는 데 오래 걸렸다. 그래도 익숙해지면 무리 없이 잘 해냈다.

내가 바쁜 것처럼 교수님들도 바빴나 보다. 원고 맞추기가 쉽지 않았고, 달필로 쓴 원고를 올바르게 교정을 보는 것도 만만치 않았다. 마감 시간이 코앞이어도 교정을 보는 데 몰두할 수밖에 없었다. 그런데도 신문이 나오면 오자가 있어 편집회의 때 지적 받기 일쑤였다.

그래서 급하게 하기보다는 좀 늦더라도 천천히 생각하면서 진행하다 보니 다른 일을 할 때도 그 습관이 몸이 배었다. 그래서 과 친구들은 '거북이'라는 별명을 붙여주었다.

나는 감히 신문을 만들었다고 말한다. 비록 혼자 한 것은 아니지만 동료들과 호흡을 맞춰가며 신문을 만들었다. 기사를 쓰고, 편집하고, 청탁한 원고를 받아 챙기고, 교수님들의 원고를 읽으면서 참 좋은 공부가 되었다.

젊은 날에 이리 뛰고 저리 뛰면서 단대신문과 함께 보낸 대학생활이 순간순간 내 인생에 많은 영향을 주었다. 처음에는 엄벙덤벙하기도 하였고, 모든 게 좀 느렸지만 다른 동료들과 함께했기에 가능했다.

어느 날 김상배 당시 주간님이 나를 평가하는 말씀을 해주셨다. “넌 제 털 뽑아 제 구멍에 박는구나.” 그 말씀을 듣고 난 후 살아가면서 자꾸 그 구절이 생각났다. 나름 창의성이 있다고 생각하지만 융통성 없고, 남을 잘 이해해주는 따뜻한 사람이라고 생각하면서도 고지식한 사람이 나라는 걸 알았다.

당시에는 누가 뭐라고 해도 내가 이해할 수 있어야 행동했다. 그래서 조용하게 말없이 지낼 때가 많았다. 잘잘못을 떠나 결정된 내 행동에 대해 누가 뭐라고 하든 절대로 바꾸지 않으려는 못된 버릇이 지금도 있지만…….

그래도 살아가면서 그 말씀이 자주 나를 돌아보게 한다. 젊은 날에 들었던 그 한마디 말을 나 자신을 돌아보는 거울로 삼아 늘 반성하고 고쳐보려 애써왔다.

돌이켜보건대 단대신문을 만드는 학생기자 생활이 헛된 순간은 단 한순간도 없었다. 데드라인을 지키려는 책임감은 인생에 약이 되었다. 편파적인 기사를 쓰기보다는 중립적인 ‘알리기’에 충실하려는 기자로서의 소신과 신념은 신뢰감을 주는 믿음직한 사회인으로 성장하게 해주었다. 무엇엔가 몰두하는 열정이 인생을 사는 데 큰 힘이 되어주었다.

단대신문이 창간 100주년 되는 날까지 이어지기를 바란다.

기본에 충실해야 한다

안영혁 동우
32기

나의 단대신문 시절 기억에 남는 일 중 하나는 경상도 사투리를 고친 일이다. 취재활동에서 겪은 어려움으로 서울말을 써야겠다고 생각하고 집에 돌아와서 교사 출신인 하숙집 주인의 도움을 받아 서울말을 배웠다. 그리고 혼자 방에서 반복 연습해서 다음 학기부터는 크게 어려움이 없었던 것 같다. 당시 한남동 하숙집에는 전국에서 올라온 다양한 사투리들로 시끌벅적했고 사투리를 자랑처럼 떠들어댔는데 나는 다행히 일찍 고치게 되어 후에 서울에서의 사회생활에 도움이 된 것 같다.

또 하나의 추억은 당시 신문사 기자라고 하면 교내에선 친구들 사이에 인기가 있었는데 내 글이 신문에 나오는 날이면 하숙집 아주머니께서도 읽어보시고 팬이 되셔서 특별대우를 해주셨다. 특식 반찬을 주시거나 밤늦게 귀가해도 다른 학생들과는 달리 저녁을 챙겨주셨다. 그래서 나는 졸업 때까지 하숙을 옮기지 않았다.

내가 대학을 졸업하고 군복무를 마치고 금융기관에 입사한 것은 1982년이다. 주식과 채권 업무에 관련된 증권 업무, 펀드 운용과 관리 업무 등 투자신탁 업무를 담당했다. 그 후 IMF로 인하여 뜻하지 않게 대명레저산업으로 회사를 옮기게 되었다. 처음에는 경영기획 업무와 재무관리를 담당하였으나 홍천 비발디파크 본부장을 맡으면서 전혀 새로운 경험을 하게 되었다. 340만 평 부지에 3천여 실의 콘도와 골프, 스키, 워터파크 오션월드, 승마 등 아시아 최고의 복합리조트 시설을 갖추고 있는 곳으로 겨울 스키장과 여름 오션월드 시즌에는 3천여 명의 종업원을 움직이는 책임자로서 그 무게감은 실로 막중했다.

대학에서 법학을 전공했고 유학을 가 MBA를 한 것이 경영자로서 이론적인 도움이 되었지만 결국 일상에서 벌어지는 모든 현상들은 직원들과 더불어 몸으로 체험하고 겪음으로써 터득해나가야 했다. 옛날 단대신문사 시절 편집회의 때 늘 강조해왔던 5W1H, 정확성과 객관성, 무관의 제왕으로서 요구되고 강조되었던 덕목들이 경영자로서 고민할 때 늘 상기되었던 것 같다. 훌륭한 리더가 되기 위해서는 자기희생과 도전정신이 무엇보다 필요한 덕목이 아닌가 생각해본다.

또한 도시생활을 하는 우리 모두에게 여가활동이 필수인 오늘날 도움이 될까 해서 내가 겪은 경험을 여기서 간단하나마 소개해보고자 한다.

우리는 여가시간을 이용해 평소 하고 싶었던 여행을 하기도 하고, 레서 스포츠를 즐기기도 한다. 이러한 여러 가지의 여가활동을 레저활동이라고 할 수 있는데 레저의 본질은 개인에게 주어지는 여가시간을 효율적으로 활용하여 휴식을 즐기고, 즐거움과 추억을 만들어가는 동시에, 궁극적으로는 자기 삶의 가치를 높이는 것이라 할 수 있다. 이러한 관점에서 볼 때 레저경영은 '여가의 경영' 혹은 '시간의 경영'이 아닌가 생각한다.

따라서 레저활동은 우리에게 주어진 여가시간을 효과적으로 분배해 사용함으로써 주어진 시간에 가장 합리적인 방법으로 자기만족을 성취할 수 있도록 설계하는 것을 목적으로 한다. 이를 위해 레저 경영자는 스스로 제반 환경을 조성하고 선 경험을 하여, 필요한 지식을 습득하고 자기 것으로 만드는 것이 중요하다. 이러한 경험을 바탕으로 레저 관광객들이 이를 소상히 체험할 수 있도록 전달할 수 있어야 한다.

대명리조트 경주의 한 직원은 본인이 알고 있는 경주가 아닌 진짜 '경주'란 어떤 곳인지 다시 생각해보았다. 많은 사람들이 수학여행지로서, 문화유적 도시로만 알고 있는 경주의 또 다른 새로운 점은 없는지 자세히 살피기 시작했고 사진을 찍으며 유심히 보았다. 경주는 계절에 따라, 시간에 따라 특색을 가진 공간이 많아 관광지로서 뛰어난 매력을 가지고 있었다. 이러한 자료를 모아 권역별 경주 투어 지도를 만들기 시작했고, 연휴나 주말 교통체증이 심한 곳을 피해 테마별 여행을 즐길 수 있게 특별한 지도를 만들었다. 또한 경주 유명 지역 100선을 뽑아 사진과 함께 설명을 곁들였다.

이것으로도 충분했지만 이에 그치지 않고 경주를 온전히 관광지로서 즐기고 느낄 수 있는 책을 발간했다. 『경주 休(휴)』라는 제목에서 느낄 수 있듯이 경주를 온전히 즐기며, 휴식을 취할 수 있게 도와주는 책자이다. 본인이 경험한 바를 글로 엮어서 편하게 사진과 함께 볼 수 있도록 구성했고 이를 리조트 객실에 비치하여 경주를 찾은 관광객들이 마음껏 즐길 수 있도록 해주었다. 이러한 행동이 레저를 경영하고 만들어가는 사람의 자세라고 할 수 있다.

뿐만 아니라 우리는 여가활동을 하면서 아름다운 경치에 훌륭한 시설 그리고 편안하고 친절한 서비스를 늘 기대하고 멋진 추억을 만들어보고 싶어 한다. 그래서 나는 관광객에게 최상의 서비스를 제공하는 것이 언제나 최고의 목표이고 과제였다.

비발디파크 고객의 말씀(Voice of Customer)에 올라온 글인데, 고객서비스에 감동한 한 여성 고객의 자제분이 사연을 올려 알게 된 사실이다. 스키를 좋아하고 즐겨 타는 한 여성 고객은 항상 스키장을 다녀오면 마음과 표정이 밝았다고 했다.

자녀들이 그 이유를 물어보니 먼저 본인이 좋아하는 스키를 타서 기분이 좋고, 더더욱 기분이 좋은 것은 스키장의 한 직원 때문이라고 했다. 어머니는 그 직원의 말과 행동에서 상쾌한 기분을 전달받은 것이었다. 그 직원은 어머니에게 슬로프 상태를 정확하게 얘기해주고, 재미있게 즐기시라며 언제나 파이팅 넘치게 응대해주었다. 또한 자주 방문하는 어머니를 항상 알아보고 인사를 전하며 딸과 같이 살갑게 대해주는 모습에 어머니가 감동한 것이다.

그러다가 며칠 후 어머니가 너무 상심한 표정으로 스키장에서 돌아오셔서 자녀들이 그 이유를 알아보니, 살갑게 서비스를 행하던 직원이 어느 날부터 보이지 않는다는 것이다. 그 직원이 그만둔 것 같다며 너무 낙심한 어머니는 스키장 가는 것이 즐겁지 않다며 실망하셨나. 사녀들이 수소문하여 알아보니, 그 직원은 집안에 사정이 생겨서 잠시 휴가를 다녀온 것이었고 다시 업무에 복귀하였다고 한다. 그 소식을 어머니에게 전해드리자 어머니가 너무 즐거운 마음으로 스키장을 다시 가셨다는 것이다.

그 직원을 다시 만난 어머니는 예전처럼 즐겁게 스키를 타고 돌아오게 되었고, 자제분이 어머니의 기쁨을 다시 찾아준 직원에게 너무 고맙다며 감사의 글을 고객의 말씀에 남긴 것이었다.

우리는 누구나 서비스를 받기도 하지만 해야 할 때도 있다. 서비스는 바로 고객에 대한 산뜻한 배려라고 생각한다. 서비스는 기본에서 시작하는 것이며, 기본이 충실하고 진정성이 더해질 때 최상의 만족을 얻어 낼 수 있다.

사람들은 '일'을 하면서 살아간다. 각자의 자리에서 가치를 창출하며 여러 생산물을 만들어낸다. 또한 사람들은 '쉬어가며' 살아간다. 일을 하다 지친 심신을 휴식과 여가를 통해 재충전하며, 새로운 에너지를 만들어낸다. 이렇게 살아가면서 사람들은 '즐거움'을 추구해간다. 스트레스도 받고 화가 나는 순간도 있지만 우리는 각자의 공간에서 즐거움을 만들어가며 발전해나간다.

인생에 있어서 행복한 삶이란 '일'과 '쉼', 그리고 '즐거움'이 어우러져 이루어지는 것 같다. 레저활동은 Life Value Creator다. 삶의 가치를 더욱 높여주고 행복과 즐거움을 만들어서 우리의 밝은 미래와 삶의 활력을 재충전해주기 때문이다.

42년째 종사하는 기자생활의 원동력은 단대신문

이병임 동우
33기

1976년 대학에 들어간 나는 4년간의 대학생활이 곧 단대신문사에서의 생활이었다.

국문과 학생임과 동시에 단대신문사 기자이던 나는 그 4년간 평생 잊지 못할 추억을 많이 쌓았다.

1980년 졸업 후 〈여원〉 잡지사 기자로 저널리스트의 삶을 시작했고, 1989년 미국으로 이주함과 동시에 〈뉴욕한국일보〉에 입사하여 현재 논설위원으로 일하고 있으니 학생기자 시절부터 따지면 42년째 '기자' 소리를 듣고 있다.

내가 대학생활을 시작한 1976년은 1970년대 초에 태동한 청년문화 세대가 붐을 이룬 시기였다. 나 역시 청바지, 생맥주, 통기타 문화에 익숙했고 청바지에 장발이 대부분인 신입생 환영회에서 양희은, 한대수, 송창식, 윤형주의 노래를 불렀다. 학교 길 건너 한남동 대학가의 민들레다방, 푸른 잔디, 14세기, 초원다방, 카페 가을 등에서는 뮤직 박스 안의 DJ가 신청곡을 받아 LP로 번안곡과 포크송 등을 종일 들려주었다. 선배들의 전폭적인 사랑을 받은 신입기자 시절도 좋았지만 2, 3학년이 되어 선배라면 무조건 따르고 위해 주는 후배들과 함께 무리 지어 신문사 일로 한남동 캠퍼스를 누비며 다니는 것이 좋았다.

'신문팔이' 배부 소녀가 되었지만
마냥 좋아서 뛰어다녔던 대학생활

1976년 신입기자로서 문리대, 사범대, 상대, 법대 사무실을 찾아 다니면서 "기사거리 없어요?" 하고 묻고 다녔다. 기자정신이 뭔지, 언론의 사명이 뭔지 아무것도 모르면서 그저 신문을 만든다는 자체가 좋아서 신이 나서 뛰어다녔다. 눈 뜨면 일어나 학교 갈 채비를 했고 학교에 도착하면 신문사로 갔으며 학과 수업에 들어가는 시간 외 대부분은 신문사에서 시간을 보냈다.

신문사 선후배들은 일이 끝나면 어떤 이유로든 한남동 골목에서 술을 마셨고 신입기자들은 그 자리에 참석하는 것이 당연한 줄 알았다(그 술값을 모두 모았으면 단대신문사 빌딩을 세웠을 것이다).

그리고 취재하고 기사 쓰고 선배들의 데스크 일이 끝나면 매주 목요일 조를 짜서 덕수궁 뒤 신아일보사로 신문을 만들러 갔다.

신문사 문선부는 지하에 있었는데 각 면 담당 선배들은 문선공 아저씨들이 눈앞에 켜켜이 쌓인 납 활자를 원고 기사대로 빠른 속도로 목판에 채자해서 판을 짜는 것을 보고 있었다. 우리 후배들은 시험 인쇄가 된 누런 시험지, 일명 '게라'지를 보며 잘못된 글자를 잡아내었다.

게라지가 나오는 틈틈이 다들 주머니 안의 동전을 모두 털어내 한 사람이 두 주먹 안에 넣고 흔들어 오른손이나 왼손에 있는 동전을 맞추는 게임을 하고 손등을 손가락으로 때리는 가위바위보 게임도 했다. 젊음은 언제 어디서라도 지루하고 힘든 시간을 재밌고 즐거운 시간으로 변화시킬 수 있는 힘이 있었다.

신문을 만든 다음 그 근처 중국집 원탁에 다 같이 둘러앉아 먹는 짜장면과 짬뽕 국물의 맛은 진하고도 달았다. 선배들은 고량주를 마시기도 했고…….

갓 인쇄된 신문이 학교에 도착하면 새로 생긴 서문보다는 학생들이 편하게 걸어오는 구문 앞에서 등교하는 학생들에게 신문을 나눠주었다. "신문 나왔어요", "신문 가져가세요" 하고 외치던 그때, 내가 동참한 신문이 나왔다는 것이 참으로 신이나 짓궂은 학생이 '신문팔이 소녀' 하고 외치기도 했지만 별로 개의치 않았다.

학생회관이 생기기 전 상경대 건물 3층에 있던 신문사에서 신입기자 시절을 보냈는데 신문이 나오면 외부로 발송하는 것은 1학년 기자들 몫이었다.

신문을 하나씩 일일이 접어서 주소를 붙이는 일이었는데 이 신문 접는 일이 고역이었다. 4면으로 나온 주는 괜찮은데 8면으로 나온 주는 두꺼워 접기가 힘들었다. 1학년 기자 대여섯 명이 나란히 앉아 신문을 접었는데, 어느 날 한 남자 기자가 벌떡 일어나 주전자 옆에 놓인 누런 사기 물컵을 여러 개 가져오더니 이걸로 접으면 한결 쉽다고 했다. 그 물컵을 받아 신문을 접으니 힘이 있어서 일일이 주먹 끝으로 신문을 접는 것보다 한결 쉬웠다(그런데 그 물컵을 나중에 잘 씻었을까?).

휘영청 달이 뜬 날은 신문사 사무실 안으로 달빛이 비치기도 했다.

이제 막 20대에 접어든 어린 청춘들은 도란도란 이야기를 나누며 킥킥 웃기도 하고 주소지를 서로의 얼굴에 부치는 장난도 쳐가며 그 지루한 시간을 즐겁게 만들었다.

학생회관이 완공되면서 6층 꼭대기에 단대신문사와 영자신문사가 위치했다. 그 수많은 계단을 하루에도 몇 번씩 오르락내리락하면서 대학시절을 보냈다.

70년의 세월이라니…
숱한 인생이 그 안에 담겨 있구나 싶다

학교 공부하랴, 신문 만들랴, 가정교사 아르바이트도 틈틈이 하면서 보낸 대학 4년은 허투루 쓸 시간이 잠시도 없었다. 총총 뛰어다니며 살다 보니 그 낭만적인 대학시절 동안 제대로 된 연애사 한번 없이 늘 발동만 걸고 말았다는 것이 아쉽긴 하다.

신문에 대해서 아무것도 모르는 백지 상태에서 그저 신문 만드는 일이 재미있고 그래서 덤벼들었던 단대신문 입사 1년 차 시절은 지금까지 살아온 인생 중 가장 정열이 뜨거웠고 의욕이 넘쳤던 시기였다.

이 시절이 있었기에 그 이후 40년 세월을 한국과 미국에서 살아오면서 어떤 고달프고 힘든 일도 견딜 수 있었다고 감히 말할 수 있다.

단대신문사 창립 70주년이라니? 참으로 많은 인생이 그 안에 담겨 있구나 싶다. 단대신문사 선후배로 한 번 맺은 인연은 소중히 다루어야 하고 귀하게 이어져야 한다. 이젠 나도 선배 축에 낄 텐데, 입사식 때 외치던 구호가 생각난다.

"선배는 신과 동격이다!"

"목소리가 유리창을 뚫고 나가도록 크게 외쳐!" 하고 소리치는 선배의 고함에 입사식을 처음 치르는 우리는 목소리가 긴장되고 얼어서 크게 소리 지른다는 것이 "선배는 신과 똥격이다"가 되기도 했는데……. ㅎㅎㅎ

1976년 그 시절, 입사 동기생들 이름을 한 명씩 불러본다.

남정식, 이혁(오래전 유명을 달리해 더욱 마음 아픈), 김길선, 윤성식, 이춘희, 신숙현, 김종효……. 그립다. 아무런 걱정이나 사심 없이 오로지 크게 웃기만 해도 되던 그 시절과 사람들이…….

단대신문사의 빛나는 발전을 기원합니다!!!

깨어진 꿈에도 값은 있는가?

김행철 동우
35기

#프롤로그

바람이 심해서 매산리는 더럽다.

그 동네 닭귀산 중턱에 판자로 대충 엮어 지은 누옥의 거실은 그래서 더 춥고 을씨년스럽다.

가졌던 꿈이 더러웠을까, 살아온 삶이 추웠던 것일까?

훌쩍 62세가 되어버린 삶은, 딱히 무엇 때문인지는 모르겠는데, 많이 어수선하다.

좀 더럽기도 하고, 가끔씩 춥기도 하고, 더러 아프기도 하고, 이따금 귀찮기도 하다. 지난 시간들을 돌이키기가 많이 싫은 것은 그래서일 테다.

창 너머로 멍하니 내려다보이는 저 매산리의 개발 안 된 더러움처럼, 그저 시간 속에 묻혀 흐르기만 해왔을 나의 꿈들, 이미 깨졌고, 가버렸고, 없어졌다. 단지, 한때 가지기만 했었던 그 꿈에도 값이 있을까?

#1. 우리가 지금보다 더 젊었을 때,
그때엔 보다 더 먼 곳을 바라보며 함께했지.
인간이 인간으로 더 아름다울 수 있는 그런 세상을 향해 함께했지.

청소를 한다고 했겠지만, 학생회관 610호는 늘 꾀죄죄했다.

가끔씩 '때리는 자의 슬픔'과 '맞는 자의 희열'이 교자하는 '줄빠따'의 파열음이 어두워진 창틀에 부딪히던 때, 약간의 소리가 있기는 했었지만, 그 방은 늘 침묵이었다.

혹시 꿈을 꾸었다면, 꿈은 그 침묵 속에서 움트고 있었겠다.

허구회가 던져주었던 꿈과 김수복 선배가 시로 외치던 '산청의 눈보라'가 같은 꿈이었을 듯하고, 염 선배가 늘 가르치던 '쟁이'의 염원과 남정식이 심어준 희망의 세상 또한 같은 꿈이었을 듯하다. 지금도 내 가슴에서는 그들이 주었던 꿈의 부스러기들이 가끔씩 발견되곤 한다.

스무 살이었으므로, 눈을 뜨기만 하면 보이는 지금 세상보다는 눈을 감아야 볼 수 있는 저 먼 미래가 늘 더 좋았었다. 기껏해야 원고지 몇 칸에 가둘 수밖에 없는 현실의 부르짖음보다는 세상의 모습을 마음대로 만들어갈 수 있을 미래가 늘 더 그리웠었다.

그래서 '빠따' 맞고 얼얼해진 엉덩이 주무르는 것은 희열이었고, 한남집 구석에서 들이켜는 소주 맛은 꿀맛이었다. 신문에 실리는 글자보다 빨간 줄 뒤집어쓰고 휴지통에 처박히는 원고지들이 더 많았지만, 그까이 꺼, 그것도 아름다웠다.

온통 꿈이었던 그 시절, 박정희가 십팔 년씩이나 정권을 틀어쥐고 있었던 게 조금 분노스러웠지만, 뭐? 매판자본이 노동자를 착취하고 있는 것도 조금 분노스러웠지만, 그게 뭐? 어용교수께서 새마을운동 어쩌고 주절거리시는 것도 걸쩍지근했었지만 그건 뭐? 그런 것과는 전혀 상관없이 세상은 그저 좋았고, 내 꿈도 뭉게뭉게, 아무 생각 없이 피어나고 있었던 모양이다.

인간이 인간으로서 더 아름다울 수 있는 그런 세상을 향해? 천만에, 그런 것과 상관없이 그냥, 그냥 그렇게…….

#2. 허나, 젊음만으론 어쩔 수 없는, 분노하는 것만으론 어쩔 수 없는,
생각했던 것보다 더 단단하고 복잡한 세상 앞에서 우린 무너졌지.
이리로 저리로 불안한 미래를 향해 떠나가고,
손에 잡힐 것 같던 그 모든 꿈들도, 음~ 떠나갔지.

가끔, 한남동에 나타나서 소주를 사 주시던 공군중위 고명호가 참 멋있게 보였었다. 그가 툭툭 내뱉는 진한 경상도 사투리는 때로 하느님의 복음처럼 들리기도 했었다.

"결심했어. 나도 공군장교가 될 테야."

박정희가 죽었다.

세상이 모두 뭔가를 향해 일제히 움직이고 있는 듯했는데, 편집장이던 나는 열애 중이었다. 대학이 문을 닫았고, 머리 벗겨진 누군가가 음모를 꾸미고 있다는 둥…… 시끄러웠었는데, 염세열과 남정식의 배웅을 받으며 진주행 고속버스에 올랐던 1979년 12월 12일 그날 밤, 대머리 새끼 일당이 대한민국을 먹었다.

공군장교가 되긴 되었는데, 고명호처럼 자랑스럽지는 않았었다. 입고 있는 군복은 늘 쪽팔렸었고, 군사독재의 언저리에서 밥 빌어먹고 있는 인생인 듯해서 고개를 들어도 고개를 숙여도, 그냥, 괜히, 부끄럽기만 했었다. 10년, 그렇게 10년을 근무하고 소령이었는데, 그냥 옷을 벗어버렸다.

고려증권 이강학 명예회장의 비서로 일했는데, 알고 보니 이 분은 독립군 때려잡던 일제 치안경찰 출신이었고, 같이 일하는 사람을 사람으로 보지 않고 노비로 취급하는, 소위 지배계층이었다. 또 때려치웠다.

민중을 위해, 약자를 위해 세상이 좀 돌아가주면 얼마나 좋을까 생각은 늘 했었는데, 세상을 그렇게 돌릴 힘은 내게 없었고, 그렇게 행동할 힘도 없는 채, 그냥 살 수밖에 없었다.

좀 더 벌기 위해, 돈과 돈을 가진 사람들 사이에서, 때로는 사기도 좀 치고, 때로는 슬쩍 범죄도 저지르고, 어떤 때는 힘없는 년놈들 등골도 후려치면서, 세상 그런 거지, 뭐 어때? 자위하고 있는 나를 봤었다. 부끄럽기 짝이 없었지만, 돌이켜보면, 나름 치열했고, 가열찼으며, 숨 가빴었다. 다들, 그렇게들 사는 세상이었다.

#3. 허나, 친구여 서러워 말아라. 살아온 날보단 살아갈 날이 아직 많으니.
후회도 말아라 친구여, 다시 돌아간대도 우린 그 자리에서 만날 것을.
젊음은 흘러가고 우리 점점 늙어간다 해도
우리 가슴 속 깊이 서려 있는 노래는 잊지 말게.

출발 시기는 달랐지만, 출발점은 단대신문이었다. 그곳에서 우리는 출발을 위해 닦았고, 기름 쳤으며, 충전했었다. 가늠했던 목적지가 달랐으므로 선택했넌 방향 또한 제각각이었지만, 출발점은 단대신문이었다. 그곳에서 우리는 읽고, 듣고, 배우고, 토론하면서, 준비했었다.

지금, 누구는 박정희를 찬양하면서 박근혜를 그리워하는 삶을 살고 있기도 하고, 누구는 다스는 누구 거냐며 쥐새끼를 때려잡자고 고함치는 삶을 살고 있기도 하다.

누구는 돈의 맛을 흠뻑 느끼면서 개돼지들의 아귀다툼인 세상을 내려다보며 즐기고 있는가 하면, 누구는 먹고살기 위해 아직도 그들의 성기를 빨아주는 삶을 견뎌내고 있기도 하다.

그러나 살아 있음은 최대의 축복이다. 어찌 되었건 간에 태어난 이유는 유지되고 있기 때문이다. 깨어지고 너덜너덜 추잡해지긴 했지만, 그래도 꿈 부스러기가 조금 남아 있음이 느껴지기 때문이다.

오른쪽부터 김종효(34기), 변호걸(35기), 김행철(35기) 동우

며칠간 눈이 내리더니, 바람마저 심해서 매산리는 더럽다. 그 동네 닭귀산 중턱에 판자로 대충 엮어 지은 누옥의 거실은 그래서 더 추운 모양이다. 노래패 꽃다지가 부른 '당부'라는 노래는 그래서 누옥에서 잘 울린다.

…젊음은 흘러가고 우리 점점 늙어간다 해도
우리 가슴 속 깊이 서려 있는 노래는 잊지 말게…

나 자신에게 속삭이며 전해주는 이런 당부……. 춥고 누추한 곳이라 그런가?

금년 겨울, 매산리는 유난히 춥다.

주인으로서의 의식을 심어준 그곳

김창숙 동우
36기

살아가면서 누구나 자신의 삶에 영향을 미치는 몇 명의 사람과 만나고, 삶을 변화시키는 몇 번의 기회를 맞이할 것이다. 내겐 그 중 하나가 단대신문과의 만남이었다. 1978년 3월 대학 입학과 더불어 첫 시작을 '만남'이라는 제목으로 단대신문에 투고했고, 운 좋게 그 글이 신입생으로 첫 문화면에 실리는 영광을 안았다. 이게 인연이 되어 단대신문과의 만남이 시작되었고 대학신문 기자로서의 생활이 시작되었다.

미대 학생으로서 컷부가 아닌 문화부 일반기자가 된 것도 이례적이었는데, 더욱이 미모의 세련된, 조금은 날라리 같은 여대생이었다는 것이 본의 아니게 사람들 눈에 호기심을 주기에 충분했을 것 같다. 여하튼 그렇게 신문사에 입사한 후 나는 계획에도 없던(?) 누구보다 치열한 대학생활을 시작했다. 누구도 내가 그 고난의 길을 견딜 것이라고 예견하지 않았다. 당시 편집장이었던 염세열 선배가 유일하게 나의 진가를 첫눈에 알아보고 지지해주었던 것 같다. 유난히 배움에 욕심이 많은 나는 미대생으로서의 성공과 기자로서의 역할에 충실하고 간간이 대학시절의 낭만도 놓치고 싶지 않아 늘 동분서주했다. 그래서인지 지금도 계단을 오를 때 한 계단씩 걷지 못하고 두어 계단을 뛰어다닌다.

내게는 고등학교 시절부터 꿈이 있었다. 글을 쓰고 싶었다. 그것이 소설이건 수필이건 시이건 어느 것이라도 상관없었다. 가슴속에 담겨져 토하고 싶던 언어가 내 속에 이글거리는 사춘기를 보냈다. 루이제 린저의 『생의 한가운데』를 밤새 읽었고 전혜린에 미쳐 그녀의 몇 권 안 되는 책들을 씹어 삼키고 슈바빙 거리를 그리워하며 독일 유학을 꿈꾸기도 하였다. 사르트르와 보부아르의 사랑에 빠지기도 하고 니체를 죽도록 사랑했었다. 헤르만 헤세의 『데미안』을 줄줄 외우며 나 자신이 싱클레어가 된 듯했다. 윤동주의 '서시'를 곱씹으며 오후 내내 교정 계단에 앉아 푸르른 하늘을 목 넘어가게 쳐다보곤 했다. 그리고 화가 천경자 님을 만나고 글과 그림을 함께하겠다는 욕심을 내며 미대에 진학했다.

그리고 운 좋게 신입생 오리엔테이션 강당에서 당시 염세열 선배님의 눈에 띄었던 것이다.

기자 생활 중 데모대에 앞장섰던 일 말고 여러 일들 중에 기억에 남는 것은 유안진 교수와의 인터뷰와 태교에 대한 단독 특집기사이다. 그분이 서울대로 가신 것을 나중에 알았고 더 친한 친분을 만들어놓지 못한 것이 아쉬웠다. 당시는 전혀 예측할 수도 없었지만 유 교수님과의 인터뷰가 나를 잠재적으로 지금 유아교육 전공 교육학 박사가 되는 데 영향을 주었을지도 모른다. 지금도 나는 강단에 설 때면 태교의 중요성과 예비 부모로서의 준비가 얼마나 필요한지를 신나서 이야기하곤 한다.

단대신문은 졸업 후 내게 좋은 직장을 선물하였다.

언론사 아나운서 자리와 당시 전매청 5급 공무원 자리의 추천이 들어왔다. 추천받은 언론사는 지방이어서 서울 촌년인 나는 엄두가 나지 않았다. 그래서 종로 5가에 위치한 전매청에 지원했고 운 좋게 판매촉진과 디자인실 별정직 5급 공무원이 되었다. 신문사에서 작은 사회생활을 경험했고 선배들 모시는 것에 훈련된 탓인지 직장생활은 순조롭고 재미있었다.

평소 싫증도 잘 내고 별 어려움 없이 살아온 내게 단대신문 4년의 시간, 정확히 3년 반은 소중한 만남이자 기회였다. 나 자신과 첫 싸움을 했던 시간이었고 내게 인내와 겸손을 선물하며 더불어 사는 삶과 공동체의 힘을 알게 해주었다.

그리고 학교에 대한 사랑과 감사를 자연스럽게 내 몸에 스며들게 해준 고마운 시간들이다. 그래서 지금 내게 모교 강단에서 후배들을 가르치는 것이 얼마나 축복된 일인지 모른다. 당시 총장님이셨던 장충식 이사장님, 그리고 신동순 사모님을 부모님처럼 따르고 가까이 모실 수 있는 것도 아마 내가 단대신문 기자였기 때문일 것이다.

단대신문은 내게 단국의 주인으로서의 의식을 심어주었고 모교에 대한 절대적 애착을 만들어준 내 삶의 중요한 만남이고 기회였다.

"고뇌보다 가볍게 운명보다 빠르게 그리고 우울을 향해서 뺨을 갈기듯 그렇게 시간 속을 달려야 한다"는 대학시절의 절규가 나를 다시 한 번 깨워낸다.

기필코 입사 원함

진천규 동우
36기

"기필코 입사 원함."

'나'라는 존재 자체가 단대신문과는 따로 떼어내 생각할 수가 없는, 그 모든 것이라고 할 수 있다. 그만큼 단대신문은 나의 삶에 있어서 시작과 끝이다.

1978년 봄, 만 19세의 풋풋한 청년에게 단국대학교라는 울타리는 그 무언가를 옭아매는 듯한 답답함이 있었다면, 어느 날 갑자기 내 앞에 나타난 단대신문이라는 묘한 물건은 칠흑같이 어두운 밤하늘에 떠 있는 신비스러운 새로운 생명체였다.

또 다시 시험을 쳐야 한다는 것에 대한 거부반응이 심하게 다가왔지만, 나의 '이상'에게 다가간다는 기쁨에 그것은 그리 큰 장애가 되지 않았다. 입사지원서의 맨 아래 '비고란'이 보였다. 무엇을 쓸까 망설이다 "기필코 입사 원함"이라고 써 넣었다.

그랬다. 그만큼 간절했다. '신문사'라는 이름이 마음에 들었고, '신문사'라는 곳에서 일을 하고 싶은 마음에 다른 그 어떠한 것도 눈에 들어오질 않았다. 간절한 마음이 하늘에라도 닿은 것일까? 합격이라는 말을 듣고는 눈물이 핑 돌 정도로 좋았다. 마치 온 세상을 다 얻은 듯 날아갈 것 같은 기쁨을 느꼈다.

40년 전의 일이지만 마치 엊그제 같은 감동으로 다가온다. 이렇게 나의 대학시절 4년은 단대신문으로 시작해 단대신문으로 마무리 지으며 꿈결같이 지나간다.

학생기자 시절 적지 않은 학생들이 소위 임기를 마치지 못한다. 학업에 더욱 충실하기 위해서 혹은 적성에 맞지 않아서 등의 이유로 도중에 그만두는 기자들이 더러 있다.

우리 단대신문도 마찬가지이다. 그러면 동료 선후배들이 갖은 방법으로 함께 이 길을 가자고 회유(?)하기도 하면서 서로의 정을 쌓아가는 것이 학생기자 생활의 재미이기도 하다. 그러나 나는 단 한 순간도 단대신문을 떠난다는 생각을 해본 적이 없을 정도로 즐겁게 기자생활을 했다. 그럼에도 불구하고 나는 단대신문에 대한 아쉬움과 후배들에 대한 말할 수 없는 미안함을 동시에 갖고 있다.

1978년 3월, 전국에서 처음으로 대학의 분교를 개교한 우리 대학의 천안캠퍼스 첫 입학생인 나는 4월 초 김세연, 송상섭, 황리연 등 동료 기자와 함께 한남동 단대신문에서 입사식 겸 합숙훈련을 마쳤다. 그리고 다음날 천안캠퍼스 산업학관 501호에 마련된 신문사 사무실에 와 보니, 아무것도 준비되지 않은 조그마한 공간뿐이었다. 거의 한 학기 동안 매주 한 번 내려오는 단대신문 포장지를 깔고 앉아 신문사 활동을 한 기억이 전부이다.

단과대학 '산업대학' 이름으로 5개 학과 450명의 학생으로 시작한 초기의 천안캠퍼스에서는 사실 '기사거리'가 거의 없었다. 나는 주로 안서동과 한남동을 오르내리며 신문사 생활을 했다. 두 번이나 왕복하는 것은 보통이었고, 가장 많게는 하루에 세 번 왕복한 기록을 세우기도 했다.

1980년 대학가에 불어닥친 '민주화의 봄' 시기를 거치면서 단대신문도 그 엄혹한 시절의 아픔을 고스란히 안고 있다. 나는 단대신문 최초의 해직기자라고 알고 있다. 나를 포함해서 37기 이인상 기자와 그해 수습기자로 들어온 39기 이경환, 옥광천 기자 등이 해직되었다.

1980년 개학과 동시에 서울 등 대도시에서는 거의 매일 학생시위가 벌어졌다. 종합일간지는 물론 대학 학보도 계엄사의 검열을 받던 시기였다. 서울에서 벌어지는 대규모 시위 사건은 거의 보도되지 못하고 때로는 하얀 빈칸으로 발행되기도 했다.

5월 중순 어느 날, 서울역에 수십만 명의 대규모 시위가 벌어지던 날에도 단대신문 기자 신분으로 사진취재를 했다. 남대문 근처에서 시위 군중 중의 한 명이 막혀 있던 시내버스에 올라타 제멋대로 운전하다 전투경찰 2명이 사고로 숨지는 현장을 바로 앞에서 지켜보기도 했다.

방독면도 없이 최루탄 가스가 자욱한 시위현장에서 사진을 찍다 사복경찰에게 연행당해 광화문 신문로파출소에서 조사를 받고, 당시 학생과장인 장석권 교수가 인보증을 서고 풀려난 적도 있다. 그때 취재한 필름 모두를 학교 신문사 압수수색 때 빼앗긴 것이 지금 생각해도 가장 아쉽다. 연일 쏟아지는 대자보 등 시위문건을 천안캠퍼스에 가지고 내려와 학생회 등에게 알리기도 했다.

제주도를 제외한 전국으로 확대된 5·17 비상계엄조치로 모든 대학이 폐교하고 일체의 집회활동을 금지한 무지막지한 조처가 내려졌다.

80년의 봄, 대학가의 시위가 봇물이 터질 때, 천안캠퍼스 학생회를 사주해 조용하던 학생들에게 시위를 주동한 혐의로 나와 이인상은 전국 지명수배를 당했다. 5월 18일, 경북 예천이 본가인 35기 변호걸 선배 집으로 피신했다. 선후배 동료 여러 명이 함께 며칠을 지냈다. 서울 우리 집에는 담당 천안경찰서 보안과 형사가 상주하다시피 하며 가족들을 괴롭히고 나의 행방을 쫓고 있다는 소식을 접했다. 그래서 서울 면목동의 먼 친척뻘 집으로 다시 옮겨서 계속 쥐 죽은 듯이 숨어 지냈다.

참으로 답답하고 참담한 시기였다. 광주에서 시민 봉기가 일어나자 공수부대 군인들이 출동해 부녀자를 이유 없이 죽이고 학생들을 무차별적으로 잡아 들이고, 이에 분개한 시민들이 파출소에서 무기까지 탈취해서 난리가 났다는 소문도 들렸다. 이루 말할 수 없이 나라가 어수선했다. 이런 모습은 영화 〈택시운전사〉에 잘 묘사가 되어 있다. 부산 외곽의 어느 검문소에서 내 이름을 보았다는 사람도 있었다.

두어 달을 계속 피신하던 중에 학교 당국과 경찰 보안과와 국군보안사에서 협의해 자수 형식으로 자진출두하고 기본적인 조사만 받으면 마무리하겠다는 약속을 받고, 당시 단대신문 국장으로 재직하시던 김수복 선배님과 함께 보안사로 걸어 들어갔다. 몇 주간 고생을 하다, 학생회 출신 1명만 재판에 회부되고 이인상과 나는 훈방조치라는 이름으로 석방되었다. 학생운동을 총괄한 국군보안사의 지시로 학교에서는 무기정학을 받았다.

그 뒤 신문사 사무실 근처에는 얼씬도 못하고 1981년 봄 정학이 풀리면서 학과생활만 할 수 있었다.

수습기자이던 이경환, 옥광천의 해직 사유는, 당시 학생과장 김재규 교수의 말에 따르면, 신문사 사무실을 압수수색하는 과정에서 소위 불온문서가 이들의 책상에서 가장 많이 나왔다는 천안경찰서 보안과 형사의 지적에 따른 것이었다.

매 학기가 끝나면 방학을 이용해 연수회를 떠났는데 1980년 겨울에도 단대신문은 설악산으로 연수회를 떠났다. 당시 주간 교수는 나와 이인상을 연수회에 참석하지 못하게 하였다. 그럼에도 불구하고 어린 마음에 일반 버스를 타고 물어물어 연수회를 진행하는 여관으로 찾아갔다. 휴대폰은 물론 '삐삐'도 없던 시절이었다.

눈물이 나도록 반가운 마음으로 선후배 동료를 만났으나, 주간 교수는 매정하게도 "지금 당장 연수회 장소인 이곳 여관을 떠나라"고 하였다. 얼마나 야속하고 섭섭하던지 40년 가까이 지난 지금까지 이런 처사는 아무리 곱씹어 봐도 이해되지 않는 아쉬움으로 남아 있다.

1980년 당시 1학년이던 39기는 이듬해 9월 14일 자 '본사사령'으로 40기 기자들과 함께 '기자'로 복직되었다. 그러나 나와 이인상은 끝내 복직되지 못했다. 1980년 4월 10일 자로 단대신문 사진부장으로 발령받은 나는 지금까지 퇴임사령을 받지 못해 영원한 '단대신문 사진부장'으로 남아 있다.

"기필코 입사를 원합니다."

1988년 2월 한겨레신문이 창간을 앞두고 경력기자를 모집했다. 초대 사장인 송건호 선생을 비롯한 면접위원 7~8명의 언론계 선배들 앞에서, "왜 한겨레신문 기자를 하려 하느냐?"는 질문에 내가 한 대답이다.

2년 전 시작한 경인일보에서의 기자생활은 경기도, 인천이라는 지역적 제한으로 인한 답답함으로 꽉 차 있었다. 그러던 시기에 새롭게 나타난 한겨레신문은 나에겐 또 다른 오아시스였다.

"책상을 탁! 하고 치니, 억! 하고 죽었습니다." 1987년 1월, 경찰 조사를 받던 스물두 살 대학생이 사망한다. 700만 명이 넘게 본 영화 〈1987〉은 6월 민주항쟁의 기폭제가 된 박종철 고문치사 사건을 둘러싸고 진실을 은폐하려는 세력과 목숨을 걸고 진실을 알리려는 사람들의 이야기를 다룬 영화이다. 당시 사건을 은폐하려고 하던 상부 지시를 무시하고 법대로 부검을 강행한 최환 부장검사와 당시 영등포교도소에서 복역 중이던 전직 동아일보 기자이자 민주화운동가인 이부영 선생이 옆방에 수감된 고문 경찰관들을 통해 사건의 진실을 알게 된 뒤 친한 교도관을 통해 천주교정의구현전국사제단에 전달하여 폭로하게 된 실제 사건을 소재로 하고 있다.

'6월 민주항쟁'의 산물이라고 해도 과언이 아닌 한겨레신문이 탄생되기 전까지 우리나라의 제도권 언론은 20여 년 동안 군사독재 정권의 시녀로 전락해왔으며, 스스로 권력과 야합해 권언유착의 풍토 속에 기자는 한낱 언론사주의 충실한 월급쟁이로 변신한 부끄러운 역사를 갖고 있다.

국민의 알 권리를 애타게 갈망하던 온 국민에게 새로운 희망을 안겨준 한겨레신문은 세계 역사상 그 유례를 찾을 수 없는 최초의 국민주 신문으로 1988년 5월 15일 창간된 신문이다. 온 국민의 전폭적인 지지 속에 창간주주 2만 7천여 명이 창간기금 50억 원을 모아 설립된 한겨레신문사는 그 소유구조에서부터 권력과 자본으로부터 편집권의 독립을 보장받게 되었고, 어둡고 암울했던 80년대 독재정권시대에 절망에 빠져있던 국민들에게 희망과 용기를 준 신선한 사건이었다.

내가 이러한 곳에서 원 없이 기자생활을 할 수 있는 계기가 된 것도 물론 '단대신문'이었다. 최근 여러 가지로 못마땅한 점이 있기는 하지만 한겨레는 앞으로도 민주, 민족, 통일의 3대 창간정신을 바탕으로 언론 본연의 의무와 책임을 다해 혼탁한 사회를 깨끗하게 정화하는 산소 같은 신문으로 거듭 태어나 한국 언론의 선봉이 될 것을 기대해본다.

"기필코 방북을 원합니다."

2017년 9월 말, 중국 심양의 한 호텔 로비에서 재미 언론인 선배들에게 단 1초의 망설임도 없이 한 말이다.

세계적으로 대북제재가 최고조에 달하고, 특히 북미 간 양 정상들의 말 폭탄으로 한반도에서 곧 전쟁이 일어날 것 같은 위기로 답답한 분위기를 이어갈 시기에 미국에 거주하며 활동하는 언론인들과 함께 '방북취재'를 계획하고 추진했다.

북쪽 당국으로부터 비자를 발급받고 열흘 정도의 일정으로 방문해 생생한 현장취재를 할 것을 기획하며 차근차근 준비하고 기대에 찬 마음으로 만났다.

그러나 미국에서 출발, 중국 심양에 도착해 함께 방북취재를 가기로 한 4명의 재미 언론인들의 얼굴빛이 무척 어두웠다. 트럼프 미국

대통령의 행정명령으로 2018년 2월 28일까지 6개월 동안 미국 시민권자들의 북한 방문을 금지한다는 발표가 나온 것이다. 그럼에도 불구하고 웬만하면 방북취재를 강행하려 했으나, 위반할 경우 10년 동안 여권을 압수한다는 조항에, 4명의 미국 시민권자 분들은 어쩔 수 없이 방북취재를 포기할 수밖에 없었다.

그러나 '대한민국 여권을 소지했지만 미국 영주권자인 진천규 선생은 어떻게 할 생각이냐'는 물음에 나는 생각할 것도 없이 단번에 "기필코 방북을 원한다"고 말했다.

이렇게 해서 2017년 10월 6일부터 8박 9일, 11월 10일부터 12박 13일 동안 평양은 물론 원산, 마식령스키장 등지를 비교적 자유롭게 다니며 깊숙한 취재를 할 수 있었다.

2010년 5월 24일 이명박 정부가 발표한 대북제재조치로 인해 아무리 인도적인 목적이라 해도 정부와 사전협의를 하지 않으면 대북지원을 할 수 없게 되었다. 그리고 남북교역도 전면 중단되었다. 우리 국민의 방북 불허도 주요한 내용 중 하나이다. 언론인들의 방북취재도 단 한 건도 허락하지 않았다. 2017년 5월 문재인 정부가 들어서고 나서는 인적교류는 허가해주고 있지만 북쪽에서 단 한 명의 남쪽 인사의 방북을 허락하지 않고 있는 것이 지금의 정국이다.

이러한 중에 대한민국 여권 소지자로는 5·24조치 이후 처음으로 방북취재를 할 수 있는 영광을 얻게 되었다. 학창시절 단대신문에서 배운 것이 밑바탕에 깔려 있음으로 해서 이루어지게 된 것이라고 자신 있게 말할 수 있다.

나에게는 새로운 꿈이 있다. 지난 70년 동안 남과 북의 국민과 인민들은 남과 북으로 갈라져 서로 다른 체제에서 서로 다른 생활을 하며 지내왔다. 두 세대 이상의 세월이 흐르면서 알게 모르게 서로 같으면서도 다른 삶을 살아오고 있다. 문화적 간극은 말로 표현하기 어려울 정도로 미묘한 차이가 있는 것도 사실이다.

채흥모 동우(20기, 우)와 함께

가장 오래 걸릴 수도 있는 '문화적 통일'을 앞당기기 위한 준비가 필요하다. 그래서 케이블 방송국 '통일TV'를 설립하는 새로운 꿈을 꾸기로 했다. 서로 다른 체제로 인한 주의, 주장은 제쳐두고 어렵지 않게 접근할 수 있는 역사물(임진왜란, 임꺽정, 수양대군, 계월향 등 우리가 그 내용을 익히 알고 있는 드라마)은 물론 자연 다큐멘터리(백두산의 사계, 금강산의 동·식물, 칠보산의 해칠보와 내칠보 등 많은 제작물), 각 지역의 다양한 토속음식 소개 등의 영상물을 손쉽게 접할 수 있는 케이블TV 방송사를 설립하려는 것이다. 북녘에도 우리와 같은 모습의 사람들이 우리와 같은 옷을 입고 우리와 같은 집에서 우리와 같은 음식을 먹으며 살아가고 있는 모습을 보여주려는 것이다.

통일운동의 새로운 불쏘시개가 되는 것이 나의 꿈이다. 나는 "기필코 '통일TV'를 설립할 것이다."

우리들의 분신,
단대신문을 가슴에 새깁니다

이인상 동우
37기

오래 전, 빛바랜 시절
당신과 만난
그날의 설렘을 지금도 기억하고 있습니다.

한마음,
한가족이 되고자 했던 인자한 모습이었습니다.
넉넉한 품과 따뜻한 웃음을 지닌 큰 바위 얼굴이었습니다.

1979년, 따뜻한 봄날
단대신문사 37기 입사식의 낯선 풍경은
아직도 귓가에 울립니다.
'단대신문을 사랑하러 왔다'는 당신의 일성은
수습기자인 우리에겐 큰 울림을 가져다주었고,
멈출 수 없는 열정과 신념의 띠로
그렇게 첫 인연을 맺었습니다.

우리의 손길을 필요로 하는 곳이 있다면
경부선을 따라 서울과 천안을 오가며
단대신문 가족과 함께한 동행
가슴에 가득 채워진 소중한 시간이었습니다.

한밤중에 집에 들어왔다가
새벽에 용수철같이 튀어나가는 사람,
그 집에서는 그들에게
'유령 같은 놈, 어둠의 자식들'이라 합니다.
그 시절 하루가 부족한 숨 가쁜 일상 속에서
우리들의 열정이 담긴 자화상은
40여 년이 지난 지금도 진심이 묻어납니다.

누구나 시련을 겪고 역경과 마주합니다.
그때마다 우리는 단대신문의 이름으로
머문 자리마다 우리가 믿었던 신념을 심었고,
우리를 믿어준 사람들을 지키려 애썼습니다.
지칠 줄 모르고 달려온 우리,
그렇게 사리 자리에 빛을 남겼습니다.

하지만
머물렀던 그 자리,
우리의 뒷모습을 돌아봅니다.

아무리 가까운 곳이라도
걸음을 옮기지 않으면 닿을 수 없음을 잊지 말아야 합니다.
수염이 뚫고 나오려면 10여 년이 걸리지만,
일단 뚫고 나오면 매일매일 자란다고 합니다.
단대신문은 그렇게 70년을 단국대학과 함께 성장하며
우리 곁을 지켰습니다.

우리의 열정으로 이끌어온 단대신문 70주년,
진심으로 축하합니다.
너무나 자랑스럽고 마땅히 축하받을 일이지만,
우리는 이제 더 높은 곳을 바라보아야 합니다.
그동안 단대신문이 이룩한 성과를 바탕으로
동문 중심의 사적인 틀에서 벗어나
사회적 가치와 공적인 역할에도 기여할 수 있도록 한 단계
성장하는 모습을 기대합니다.

그러기 위해서는 동문 모두
서로를 아끼는 마음,
배려하는 마음,
이해하는 마음을 통하여 하나 되는 힘이 필요합니다.

우리들이 행동을 할 때는 꼭 행동 뒤에 생기는
그늘이 있습니다.
'영과후진'(盈科後進)

물은 흐르면서 웅덩이를 만나면 뛰어넘지 않고
모두 채우면서 도도하게 흘러 대해로 나아갑니다.
물을 흐르게 해주는 것,
구석구석에 가득 채우지 못한 곳을 채우는 일은
쉽지 않은 일입니다.
하지만 그렇게 할 때 우리가 어려운 상황에 처해도
흔들림 없이
단대신문의 전통과 품격을 지키는 일이라 생각합니다.

모든 일이 '시작은 새벽처럼 서서히 밝아오지만,
끝 날은 해 떨어지듯 갑작스럽게 오는 것' 같습니다.
개인적으로는 저에게 올해가 직장에서 정년퇴임을
맞는 해입니다.
다행히도 한 직장에서 30여 년을 큰 격랑 없이
가족과 함께 서울에서 보내고,
덤으로 퇴임 직전 3년여 시간을
청정지역인 전라남도 영산강 포구에 있는
작은 도시 나주에서 호사를 누렸습니다.
그것도 3대가 덕을 쌓아야 할 수 있다는
혼자만의 넉넉한 여유로운
시간을 즐기고 마음까지 힐링하는 호사를 누렸습니다.

벌써라는 생각에 아쉬움이 지워지지 않습니다.
축복받은 생활과의 작별을 준비하기에는

충분하지 못한 시간인가 봅니다.

'길이 끝나는 곳에서 다시 새로운 길'이 시작한다고 합니다.
단대신문이 또 다른 커다란 발자국을
남길 수 있기를 기원하며,
우리들의 분신, 단대신문을 가슴에 새깁니다.

일러스트, 홍소미 동우(46기)

내 청춘은 아직 거기에 있다

유인식 동우
37기

1979년 인문계열로 입학해서 1983년 국문과로 졸업했다. 사실, 국문과 강의실은 4학년 때 한 학기 정도 갔을 뿐 1979년 3월 단대신문사에 입사한 이후에는 강의실이 아니라 신문사로 출퇴근했다. 신문사에서 취재하고 편집하고 발송하면서 세상을 살아가는 방법과 자세를 배웠다. 가난한 탓에 졸업하기도 전에 취업을 했다. 4학년 2학기부터 수필집 간행 전문 출판사에서 열심히 교열·교정보다가 한국방송협회로 옮겨 협회보를 만들던 중 이동희 교수님 추천으로 1984년 8월부터 교직생활을 시작했다. 사립학교인 문일고에서 16년 근무하고, 2000년에 공립으로 옮겨 수도여고, 서울고, 금천고를 거쳐 지금은 구로고에 재직 중이다.

> 저 봐 봄이 온몸으로 오르고 올라 / 헛디디며 미끄러지며 / 숨막히며 / 오르고 올라 / 저 정상 밑 벼랑에 / 기어이 몇 송이 에델바이스를 피어놓았다 // 지상에서는 아기가 / 섬마섬마로 / 섰다가 주저앉았다가 / 다시 섰다 // 내가 팔짱을 끼고도 충분한 하루였다
>
> (고은, 〈무제 시편203〉 전문)

'섬마섬마' 나를 일으켜 세우고 걷게 한 건 단대신문사다. 강의실에서 배우지 못한 것들을 신문사에서 신문을 만들면서 배웠다. 그곳에서 국어도 배우고 역사도, 인생도 배웠다. 수많은 칼럼과 논평을 읽고, 특집기사를 작성하기 위해 수많은 관련 책자를 뒤지고 논문을 들쳐보았다. 많은 사람들을 만났다. 그것이 생생하게 살아 있는 지식이었다.

당시 선배들은 모두 시인이고 문학평론가고 사회학자고 역사학자였다. 하루 24시간을 진드기처럼 붙어서 참 많이 배웠다. 술도 밥도 참 많이 얻어먹었다. 덕분에 지금은 팔짱을 끼고 여유를 부리고 있다.

무엇보다 일의 시종(始終)을 깨닫게 했다. 편집회의부터 취재, 편집, 교정, 발송, 배부에 이르는 과정을 3년 동안 매주 '빠따'를 맞아가며 혹독하게 훈련했다. 이렇게 배운 것은 몸이 저절로 기억한다. 어떤 일을 만나든 무슨 계획을 추진하든, 두려움이 없고 일사천리로 진행할 수 있는 것은 바로 그 경험을 통한 깨달음의 결과다. 그리고 지금은 이것을 어린 아이들에게 전해주고 있다. 34년째 국어교사로서 말이다.

1979년, 37기 수습기자 중 반이 일주일 만에 퇴사했다. 서울에서는 나와 김일수, 윤중화만 남았다. 우리는 엄청난 양의 노동을 했고 울면서 소주를 마셨다. 선배의 진두지휘 아래 통행금지 중인 한남 사거리에서 학생회관 610호까지 낮은 포복으로 기었다. 그해 10월 26일 대통령의 죽음을, 12월 12일 하나회의 군사반란 소식을 한남동 한진여관에서 들었다. '따까리' 시절은 그렇게 지나갔다.

1978년 범은정 옆 등나무벤치에서 뒷줄 한흥구(38기), 왼쪽부터 김일수(37기), 유인식(37기), 유한민(36기), 차영수(36기), 앞줄 변호걸(35기) 동우

1980년 '민주화의 봄' 때 한남동에서 서울역까지 시위대를 따라 동행 취재했다. 남대문에서 광화문까지 밀고 밀리며 최루가스로 눈물 콧물 흘리며 취재하던 기억이 생생하다. 그 당시 덕수궁 돌담길 옆 신아일보에서 조판, 인쇄를 했는데 와리스케(판매김, 레이아웃)를 마치고 문선, 조판을 하면 연판을 만들기 전에 임시대장 사본을 들고 시청으로 뛰어갔다. 처음에는 선배를 따라다니다가 혼자 가게 되었다.

시청 2층에는 계엄사령부 언론 검열관들이 수십 명 빙 둘러앉아 있었다. 영화, 연극 대본, 일간신문, 월간지, 대학신문 등 파트별로 2~3명이 한 조가 되어 검열했다. 출판, 집회의 자유가 제한되었던 시기였다. 주로 중위부터 소령 계급장을 단 젊은 군인들이었다.

대장을 들고 대학신문 파트 중 빈 곳을 찾아 검열관 앞에 앉으면 빨간 사인펜을 든 검열관이 1면부터 꼼꼼하게 읽다가 민주, 자율 등이 언급되거나 시위, 데모, 개혁 등 비판적인 내용이 나오면 어김없이 빨간 사인펜으로 기사를 빙 둘러치고 '돼지꼬리'를 표시하는 것이었다. 기사를 빼라는 것이다.

처음에는 단어, 구절이나 문장 정도를 빼라고 하더니 나중에는 아예 통째로 한 면을 다 들어내야 하는 경우도 있었다. 그러면 정말 공손한 자세와 표정으로 '요건 그런 의도가 아니고 이런 겁니다'라며 아양까지 떨면서 기사를 살리려고 노력하지만 그것이 받아들여지는 경우는 거의 없었다. 그저 죽은 자식 불알 만지듯 안타까워서 하는 허튼짓이었다.

그러면 바로 입구에 마련된 열 몇 대의 전화기 중 하나를 붙들고 '편집장님, 5면 통째로 잘렸어요' 하고 전하면 '더 비벼봐!'라고 한다. '안 돼요. 벌써 몇 번이나 비볐죠' 하고 보고하면 그제야 인쇄소에 있던 선배들이 미리 마련해둔 원고로 대체해서 다시 문선, 조판한다. 그 대장을 누군가 들고 시청으로 뛰어와 확인을 받아야 비로소 신문 인쇄를 할 수가 있었다. 참으로 험악한 세월이었다.

그러나 그것도 573호(1980. 5. 8)로 마감하고 빈 칸투성이로 교내외 민주화 관련 기사가 실렸던 다음 호는 끝내 인쇄되지 못했다. 검열받기 전에 연판까지 제작해놓았는데 삭제 당한 부분의 연판을 밀어버렸던 것이다. 신문사 캐비닛에 고이고이 보관돼 오던 그 신문 대장은 대학이 죽전으로 이사하는 와중에 어디론가 사라졌다는 얘기를 들었다.

그때 기사를 작성하면서 가졌던 자세는 '어떻게 하면 검열에 걸리지 않도록 쓸까?'였다. 그것이 '자기계엄'이다. 그 무서운 후유증이 아직도 머리 한구석에 남아 있다. 참으로 오랜 병증이다.

1980년 4월 6일 대학신문기자협회가 조직된 후 대학신문들이 똘

똘 뭉쳐 여러 방법으로 검열에 대응했지만 결국 5·17 계엄령 전국 확대조치 이후 교문은 굳게 닫히고 9월을 맞이하게 된다. 교문 앞에 탱크를 세워두고 무장 군인이 출입을 막을 때 신문사 동우들은 교문 앞에 얼쩡거리다가 술집으로, 다방으로 가서 시국을 걱정하고 울분을 토하며 하루하루를 보내던 시절이었다.

결국 단대신문 574호는 1980년 9월 25일에 나왔다. 제본을 찾아보니 574호, 575호에는 편집장 칼럼인 '백색볼펜' 대신 책 소식이 실려 있다. 그때 주간교수와 편집장이 시국 관련 글로 충돌하다가 결국 칼럼이 빠진 것 같다.

1981년 편집장 시절, 운 좋게도 600호(1981. 7. 13)는 특집호로 16면을 제작했다. 노산 이은상 선생의 '곰을 보거든'이라는 축시를 시작으로 대학신문, 대학교수에 대한 특집, 특별취재반의 전주 남원 현장 취재에 일석 이희승 선생의 칼럼도 실었다.

그런데 당시 가장 기억에 남는 기사는 601호(1981. 8. 31)에 게재된 졸업정원제 관련 내용이다. 전두환 정권의 국보위가 1980년 8월, 졸업정원제, 사립대 지방분교 설립 승인, 개방대 설립 등을 담은 교육개혁 시안을 발표했는데 그중 졸정제의 골자는 1981년부터 계열별 학과별로 졸업할 때의 정원을 정하되 입학할 때는 졸업 정원의 30%를 증원 모집하고 증원된 숫자에 해당하는 학생은 졸업 때까지 대학 자율로 규정을 정해 강제로 탈락시킨다는 내용이다.

1981년에 입학한 신입생들은 평소에도 도서관에 줄을 설 정도로 엄청나게 공부를 했다. 탈락에 대한 두려움 때문이었다. 그런데 문제는 졸정제의 핵심인 구체적인 탈락률에 대해서는 정부나 어느 대학도 발표하지 않고 있었다. 서로 눈치만 보고 정원제가 가져온 시혜를 누리고 있었다. 당시 군사정권은 시위를 막으려고 의도적으로 졸정제를 실시했다는 얘기도 있으나 오히려 늘어난 대학생 때문에 운동권 인재풀이 확충됐다는 후문도 있다.

졸정제를 실시한 뒤 한 학기가 지나고 학년별 탈락률이 얼마인지에 대한 궁금증을 해소하자는 취지로 교무처장과 인터뷰를 하도록 했다. 당시 대학은 학사경고의 상한선을 크게 높여 자동탈락으로 결정하는 방침을 굳히고 있는 듯했다. 인터뷰의 첫 질문은 '1학년이 탈락에 대한 위기의식 속에 생활하고 있다. 졸정제에 따른 탈락 시기와 방법이 구체적으로 정해지지 않았기 때문이다. 탈락 시기와 방법을 구체적으로 알려달라'였다.

그런데 교무처장은 '아직 정해진 바가 없다. 다만 3학년 진급 때까지 4학기 동안 18%가 탈락되고 6학기를 마치고 4학년 진급 시에 2%가, 졸업 시에 30% 중의 나머지가 탈락된다. 한 학년도가 끝난 후 다음 학기 등록 이전에 성적표와 함께 통보할 예정이다. 탈락자는 평균성적이 낮은 순으로 정하고 동점일 경우 구제하는 방향으로 계획 중이다'라고 답변했다.

언뜻 구체적인 탈락률을 제시한 것 같은데 언론에서 보도한 학년별 탈락률, 특히 1학년 때 얼마나 탈락하는지에 대한 언급이 없었다.

이 내용을 내가 원고 자체를 수정해서 인쇄소로 넘겼다. '1학년 때는 탈락되지 않는다'라고. 사실 나중에 드러났지만 1학년 때 탈락된 학생은 없었다. 그런데 문제는 당시 중앙언론사나 타 대학에서 아무도 언급하지 않았던 1학년 탈락률에 대해 우리 단대신문이 최초로 언급한 것이다.

'니들이 뭔데 탈락이 없느니 어쨌느니 하고 신문에 낼 수 있느냐'며 어디에선가로부터 전화가 빗발쳤다.

어쨌든 신문은 나오고, 이 사실이 문제가 되어 긴급 학처장회의가 열렸다. 학교에 출입하던 형사들이 찾아오고 당시 주간교수, 편집국장이 연서로 경위서, 사직서를 작성하고 편집장에 대해서는 징계위원회 개최가 예정되는 등 엄청난 후폭풍이 몰아닥쳤다. 처음 작성된 기사, 게라(교정지), 와리스케 등이 증거로 제출되었다. 나는 편집장으로서 기사 내용을 교열·교정할 수 있다고 강변했지만 인터뷰 당사자였던 교무처장이 언급하지도 않은 내용을 허위로 기사화했다는 책임은 모면할 수 없었다.

지금은 지나간 옛 추억이다. 그 일로 아무도 징계받지 않았지만 나에게는 많은 것을 느끼게 한 사건이었다. 제도가 갖는 문제의 핵심을 보게 했다. 무엇보다 후배를 감싸고 피해를 주지 않게 하려는 선배들의 후의는 잊을 수 없다. 나는 참 복이 많은 사람인 것 같다. 좋은 선배들을, 후배들을 만나고 평생 함께할 수 있다는 것이 참 행복하다.

1979년 겨울, 할머니집. 노래하는 이는 유인식(37기), 곡목은 '백팔번뇌'. 왼쪽부터 뒷모습 한흥구(38기)와 윤중화(37기), 맞은편에 김효성(30기), 진천규(36기) 동우

나는 단대신문에서 만들어졌다

박찬영 동우
39기

미국 작가 로버트 풀검이 '내가 알아야 할 모든 것은 유치원에서 배웠다'고 말했다면 나는 '나의 가치관과 경쟁력은 단대신문에서 만들어졌다'고 말한다. 그러니 내 삶의 회고에서 단대신문이 빠질 수는 없는 노릇이다. 단대신문 70년을 맞아 이렇게 고마움을 적을 기회가 주어지니 또한 감사할 따름이다.

경상도 중에서도 소백산 아랫자락에 위치한 영주 촌놈이 대구에서 고등학교를 무사히 마치고 서울생활을 꿈꿨을 때, 한남동이 나를 받아줬다. 삼겹살과 파절이, 그리고 치킨은 문화 충격이었고, 장발 더벅머리에 겨울 잠바를 걸쳐 세련미라고는 찾아볼 수 없는 무지렁이가 한남동 캠퍼스와 대치동 은마아파트(당시에는 서울의 끝자락일 뿐이었다)를 의미도 모르고 오갈 때, 단대신문 39기 수습기자 모집 공고를 마주치게 되었다. 나의 멘토이자 후견인 격인 둘째 삼촌이 세상을 읽는 눈을 밝게 해준다고 적극적으로 권하기에 학생회관 6층으로 뛰어올라가 지원서를 접수시켰고, 사고(社告)를 통해 합격을 통보받았다. 입사식이 있다 해서 당일 급하게 양복 한 벌을 사 입고(반도패션이라는 곳에서 반값 세일을 했던 것 같다) 참석한 입사식은 나를 헷갈리게 만들었다.

신문사를 거쳐 간 모든 선후배들이 경험했듯이, 입사식은 우리들에게 자부심과 사명감을 심어주는 배려가 눈에 띄었다. 그러나 담배 한 대 피우고 다시 자리 잡은 2부 순서가 내 머릿속을 마구 헝클어놓았다. '선배는 신과 동격'이라는 해괴한 논리에, 용팔이 사건 때나 봄 직한 물건들이 춤을 추는 것이 아닌가?

2부가 끝나니 다시 3부가 이어졌다. 학교 앞의 꽤 큰 식당에 자리를 잡았다. 선배 술잔이 비었다고, 소주를 7부로 따르지 못했다고(고등학교를 막 졸업한 놈이 술을 얼마나 마셔봤고 따라봤다고……. 당시 나는 7부가 무슨 뜻인지도 몰랐다), 밥 먹을 때는 개도 안 때린다던데 말로만 듣던 '원산폭격'을 군대에 가기 전에 체험해야만 했다.

'무슨 언론사가 이래? 이건 아니다. 분위기도 있고 하니 이 자리가 파하면 미련 없이 떠나자. 이왕 왔으니 술이나 실컷 얻어먹자' 하고 속으로 생각했다.

그런데 나를 또다시 헷갈리게 한 이벤트는 '야자타임'이었다. 이 이벤트로 악몽의 세 시간을 보상받았고, 또 다른 어떤 의미가 숨어 있는 듯했다. 선배들이 구석진 여관방으로 우리를 데려가 잠을 재워줬고, 해장술로 '쏘텐(쏘주&써니텐)'까지 대접받았으니…… 떠나는 일만 남았나.

이상한 것은 다음날 아침 학생회관 6층 단대신문사 책상 앞에 내가 앉아 있었다는 것이다. 지난밤에 나는 학생기자로 만들어지고 있었던 것이다.

1980년, '서울의 봄'은 세상을 제대로 읽을 눈도 없고 수습 딱지도

떼지 못한 나에게는 어리둥절한 장면이었으나, 덕분에 속성으로 기자의 모양을 갖추는 기회가 되었고, 한남동 자취방은 데드라인을 앞두고 밤새워 원고를 쓰던 사무실이었다. 교양 있는 주인아주머니의 눈총을 '단대신문 만들고 있어요'라는 설명으로 무사히 따돌리고, 가스레인지에 라면을 끓여 먹을 수 있는 배려도 받았다. 밤새워 조판하고 교정을 거쳐 윤전기가 돌아갈 땐, 그 감정을 산고 끝에 출산하는 아낙에 감히 비교하곤 했다.

약관의 나이에 '해야 한다', '할 수 있다', '안 되면 되게 하라'는 해병대 정신을 배웠고, '무에서 유를 창조한다'(원래 철학에서 따온 말인 듯하다)는 창업 정신으로 무장했고, '음지에서 양지를 지향한다'(어느 국가 기관에서 먼저 사용한 듯하다)를 교시(教示)로 알고 뛰어다녔다. 본관, 문리대, 법정대, 사범대, 공대, 나중에는 산꼭대기 석주선 박물관까지……. 나중에 깨달았지만 나는 이미 어마어마하게 무장되고 있었다.

졸업하고 군인, 공무원, 교사로 34년을 살아왔다. 어디서든 연설문을 쓰고, 책자 만드는 일을 독차지하여 맡아 했다. 솔직히 대접 좀 받으면서 일한 게 사실이다.

시골에서 서울이 좋다고 상경해, 이만큼이라도 평범한 가정을 꾸리고, 사회적으로는 비난받지 않을 만큼의 정의감으로 무장하고, 경제적으로는 소주 한 잔 마실 수 있는 형편은 되니 어찌 단대신문에 감사하지 않을 수 있겠는가? 그래서 '나의 가치관과 경쟁력은 단대신문에서 만들어졌다'고 말하는 것이다.

항상 지성과 현실의 조화를 가르쳐주신 권용우 교수님.

단대신문을 등지고 떠나고자 했을 때 온화한 어투와 자근자근한 논리, 가슴을 찌르는 협박으로 일갈했던 변호걸 선배.

긴장감 감도는 마감 시간 즈음에는 유머로 분위기를 쇄신시키던 최재선 선배.

한남동 자취방에서 삼양라면으로 때우며 1년간 합숙 특수 훈련을 시키면서, 아주 조금의 자만심이라도 싹틀 땐 무지막지한 단어로 재무장을 시켜줬던 유인식 선배.

문학과 감성으로 무장해 사회과학도인 나를 어리둥절하게 했던 김호성.

종교인이면서도 술자리를 항상 지켜주면서 개똥철학을 주고받던 배기홍.

아버지의 귀한 양주를 훔쳐서 먹여준 김철원.

지금 안방에서 자고 있는 아내 발상미(이 별명은 염세열 선배의 선물이다)와의 인연을 만들어준 금명숙.

성실함이 돋보여 선배들의 신뢰를 독차지하던 노운하 등등.

누구 하나 빠짐없이 땀과 눈물을 나눈 만큼의 그리움이 엄습한다.

27년 교직 생활을 접고 강원도 미시령에 조그마한 빌라를 얻어 세상의 웬만한 뉴스는 등지고 살고 있지만 단대신문만은 끊을 수 없는 연이다. 도적폭포에서 얼음물에 발을 적실 수 있으니 35년 전 신세를 갚을 양으로 올 여름 단대신문을 초대한다.

범부(凡夫) 아재의 회고라는 것이 원래 뻔하고 고리타분한 것이라 이해하고 읽어주신 선배 동료 후배님들에게 어색한 미소를 보낸다.

수 필 대

'88년 壇大新聞 동우회 정기총회
때:1988.11.12-13 곳:부산해운대한국콘도미니엄

정기총회
미니엄

大雄殿

帥

신문은
내 인생의 길라잡이

노운하 동우
40기

나는 낙동강의 본거지라 할 수 있는 상주시 낙동면 소재지의 강가 마을에서 4·19의거 2주 전쯤 태어났다.

부친께서는 일제강점기에 일본서 사회생활을 하시다가 광복 후에 귀국하셨으나 나름 특이한 면이 있었던 것 같다. 늦게 자식들을 보셨기에 또래 친구들의 아버지보다 훨씬 어른이셨고 농촌인데도 농사일을 못하셔서 할아버지가 일꾼들을 부려서 농사일을 했었다.

부친께서는 방앗간을 운영하시면서도 내가 초등학교도 들어가기 전에 천자문과 논어를 가르쳐주셨고 동네에서 유일하게 일간신문(조선일보)을 구독하는 집으로 소문나 있었다. 나는 이때부터 자연스럽게 신문을 읽어보면서 1만 몇천 호라는 지령을 계산해보고 너무도 오랜 세월이었다는 걸 느끼면서 2만 호 지령 시기가 엄청나게 아득한 것인 줄 알고 자랐다.

어릴 적부터 자연스럽게 접해온 신문은 늘 친숙했고 즐거움의 대상이었다. 부친께서는 아들이 판검사가 되어 사회정의를 바로잡아야 한다고 하셨지만 내 실력으로는 어렵다는 것을 진작 알고 있었다. 나는 언론이야말로 정의사회 구현의 첨병이라고 생각하고 당시 인기가 높았던 신문방송학과 진학을 두 차례나 시도하였으나 실패하고 주경야독의 길을 택했다. 남이 하지 않는 새로운 학문을 하고자 단국대 일어일문학과에 입학하였고 신문사에 입사하기로 결심했다.

이 시작이 현재의 나를 있게 한 첫 번째 선택지였던 것이 아닌가 생각된다. 입학 후 1학기에는 어차피 신문사에 입사한다면 영어를 배우면서 일할 수 있는 영자신문사에 입사지원서를 냈으나 떨어졌고 2학기에는 단대신문사에 노크해 입사하게 되었다.

그러나 신문사 또는 기자가 정의사회 구현을 위해 노력하는 것이 맞긴 해도 생각보다 고상하지도 않고 정의를 위한 막강한 파워 행사가 가능하지도 않다는 것을 느끼게 되었다.

입사식 때 '줄빠따'를 치고 맥주컵에 소주를 마시게 하고(어떤 친구는 졸도해서 하숙집에서 행방불명된 사건도 있었음) 마누라송을 부르는 등 여러 가지 상황이 내 성향과는 잘 맞지 않았던 것 같다.

그러나 여러 가지를 배우고자 하는 욕심은 있어서 신문사 생활을 계속 해나갔지만 목표는 교수직으로 향하고 있었다. 일본 유학 초청장을 받고 짧은 기간 회사(아남전자)에 취업해서 유학자금을 어느 정도 벌어서 떠나겠다고 생각했다. 그런데 그만 여차여차해서 계속 회사를 다니게 되었던 것이 현재의 나를 있게 한 두 번째 선택이었던 것 같다.

부친께서는 늘 정당하고 정의로운 일을 위해 노력해야 한다고 말씀하셨다. 그런 면에서 나의 신문사 생활은 정의를 부르짖고 여론 형성을 위한 정확한 정보를 제공하려는 몸부림이었던 것이다.

그런 가르침과 경험 덕분에 나는 무슨 일을 하더라도 정의로운 사회를 만들기 위해 노력하고 그 밀알이 되어야 한다고 생각하며 그러한 삶을 추구하려고 노력해왔고 현재도 노력하고 있다고 자부한다.

어린 시절부터 접해온 신문의 논조를 통해 알게 된 올바른 길과 정의로움을 되뇌며 살아온 것이 나에게 큰 버팀목이 되어주었고 나를 키워온 원동력이 되지 않았나 싶다.

각종 접대와 온갖 청탁은 물론 뒷돈 거래까지 횡행하던 1980년대에 구매업무를 담당하면서도 나 홀로 고고한 척 식사나 술자리는 물론 어떠한 접대도 받지 않으면서 버틸 수 있었던 것도 어린 시절부터 다져온 이러한 마음가짐이 있었기 때문이다.

그래서인지는 몰라도 그 당시 아남전자에서 최장수 구매업무를 담당하게 되었고 많은 성과도 낼 수 있었다. 이러한 나의 행동거지가 파나소닉 관계자들에게 동행할 수 있는 사람으로 인식되어진 것 같고 파나소닉코리아 설립 전부터 협조(입사) 요청을 받아 조인하게 되었고 현재의 내가 존재하게 된 것 같다.

파나소닉코리아에 입사한 지 10년 차인 2010년에 대표이사 사장에 취임한 후 동일선상에서 정의사회 구현을 위해 꾸준히 노력해가고 있는 나를 발견하고 과거의 신문이란 매체가 내 인생의 길라잡이이면서 정신적 지주가 되어준 것 같아 고맙게 생각하고 늘 감사하고 있다.

파나소닉코리아를 운영하는 나의 경영철학과 현재의 성취는 결국 어렸을 때부터 마음 깊이 자리한 정의사회 구현의 이념에서 시작된 것이다.

어릴 적 신문이 내게 일깨워준 것이 무척 컸기에 내가 이만큼 성장할 수 있었다. 요즘에도 나는 매일 4대 신문을 모두 읽으며 지혜를

구하고 있다.

이제는 TV와 같은 영상시대를 넘어, 온라인 모바일시대가 되었다. 이런 시대 상황에 맞춰 SNS를 통한 새로운 쌍방향 커뮤니케이션을 활용해 더욱 발전적으로 진군하는 우리들의 모습이 필요하다고 생각하면서 온고이지신(溫故而知新)을 생각해본다.

"아, 바로 이거다" 싶었던 곳

이종운 동우
41기

단대신문 41기로 시작된 언론과의 인연은 나에게 평생의 직업으로 이어지는 단단한 연결고리가 되어주었다. 단국대학교 경영학과 81학번으로 입학, 1988년 2월에 졸업하기까지 대학생활 대부분을 단대신문과 함께했던 것으로 기억된다. 지방(경북 김천)에서 고등학교를 졸업하고 서울로 올라온 시골 촌놈이 딱히 정 붙일 곳도 없고 이루고자 하는 특별한 목표도 없이 교내를 서성대고 있었다.

그런 어정쩡한 상황에서 우연히 접하게 된 단대신문 기자모집 공고를 보고 '아, 바로 이거다' 싶었다. 나는 곧바로 학생회관 610호로 올라갔다. 그 이후는 단대신문 가족 모두가 기억하고 있는 그런 대학생활을 나 역시도 경험했다.

단대신문을 통해 정말 많은 것을 얻었다. 참으로 감사한 일이다. 많은 사람들과의 인연은 무엇보다 소중하다. 함께 부대끼며 희로애락을 나눈 41기 입사 동기, '빠따'를 주고받으며 다져진 위아래 기수 선후배, 할머니집을 비롯해 한남동 여기저기를 기웃거리며 신고식을 통해 알게 된 고참 대선배님들(물론 이제는 대충 형님들로 통칭하지만), 그리고 신종한 국장님과 이동희·권용우 주간님을 비롯한 교수님들……. 이들 모두는 나에게 있어 큰 자산이고 자랑이었다.

또 하나, 당시 나는 스스로와 약속했었다. 비록 공부를 열심히 하지는 않았지만 1주일에 한 번 제작하는 단대신문은 반드시 임무를 완수하고, 일단 입사했으니 퇴임까지 중도하차는 하지 말자는 것이었다. 그 약속을 생각하며 3년을 버텼다고 기억한다. 이게 습관이 되었는지 지금의 직장도 신입사원으로 입사해 올해로 만 30년간 재직하고 있다. 요즘 젊은이들의 관점에서는 잘 이해되지 않을 수도 있겠으나 적어도 나는 이렇게 생각하고 살아왔다.

군 제대 후 복학생으로 학교에 돌아왔던 1987년은 6·29선언을 비롯한 국가적, 사회적 민주화의 물결과 함께 학원민주화를 주장하는 학내 구성원들의 요구와 목소리로 인해 몹시도 혼란스러웠다. 요즘 말로 취준생이 되어 대학생활 기간 중 도서관을 가장 많이 애용(?)했던 시기인 듯도 했다.

당시 국민일보·스포츠서울·세계일보·경제지 등 매체들이 많이 신설돼 언론사 입사를 목표로 열심히 공부했지만 녹록지 않았고, 수차례 낙방의 고배를 마시던 중 우연히 약업신문이라는 곳을 추천받아 입사하게 되었다. 이 회사는 1954년에 설립된 전문 언론사로 제약업 관련 기사를 주루 다룬다는 정도의 정보만 갖고 편집국으로 출근했는데 의외로 갖출 것은 다 갖춘 그런 언론사였다.

편집국, 광고국, 제작국, 업무국은 물론 전국에 지사보급소를 운영하는, 규모는 작지만 종합일간지 못지않은 조직과 운영체계를 갖추고 있었다. '그래, 이곳에서 딱 5년만 고생하자. 그리고 일간지로 가자' 하고 속으로 마음먹었지만 결국 30년을 근무한 처음이자 마지막이 될 것 같은 직장이 되었다.

단대신문 출신의 약업신문 기자는 내가 처음이었지만 이후로 유능하고 똑똑한 후배 두어 명이 입사, 같이 지내다가 일간 매체로 진출하기도 했다. 이 역시도 결국은 단대신문으로 맺어진 인연의 한 고리일 것이다.

약업신문에서 30년간 직장생활을 하는 동안 기자로 시작해 차장, 부장, 부국장, 편집국장, 이사, 주간을 거쳤지만 단대신문 3년 동안 수습기자, 정기자, 취재부장을 거친 3년의 과정이 훨씬 더 치열했고 열심히, 또 많은 것을 배운 기간이었다고 생각한다.

200자 원고지 한 장짜리, 1단 기사를 마감하기 위해 수차례 퇴짜를 맞고, 고치고 다시 고치고 결국에는 처음에 작성한 원고를 슬쩍 제출해 OK를 받아내는, 어쩌면 다소 모순되고 부조리한 상황이 결국 부족함을 채우고 자신을 되돌아보게 하는 그런 참된 트레이닝 과정이 되었던 것 같다.

2학년 때 특집·기획기사 마감 지시를 받아 취재계획을 세우고 현장 취재를 하는 과정과 3학년 때 경험하는 데스크(부장) 역할은 기성 언론사 못지않은 전문성과 엄중함을 갖추게 해주었다. 학교 졸업 후 신문과 잡지 출판과 관련된 이런저런 업무를 맡았을 때도 그 기간에 습득한 노하우가 그때그때 적절히 발휘되어 무난히 처리해내는 원동력이 되었던 것 같다.

단대신문 기자생활 중 기억나는 취재는 마산과 광주를 오가며 이 지역 학생운동의 역사를 되짚어본 것, 밤 12시 통행금지가 해제된 역사적인 날로부터 1년 후 국민생활 변화상을 살펴본 구미공단 현장취재이다. 그리고 승리보다 패배가 훨씬 많았던 단대 운동부의 축구·야구·농구 등 경기현장을 발로 뛰며 찾아다녔던 기억도 어제 일처럼 새록새록 떠오른다.

약업신문에 재직하는 기간 중 단대신문과 관련된 몇 가지 기억의 연결고리가 있다. 약학대학 신설을 위해 대학 측이 동분서주할 때 내가 미력이나마 힘을 보탤 수 있었던 것이 작은 보람으로 남아 있다.

전국 대학 중 20개 대학에만 약학대학이 있어 나머지 여러 대학들이 저마다 약학대학 유치를 위해 치열한 경쟁을 하고 있던 상황이었다. 나는 이런저런 칼럼을 통해 약학대학의 설립 필요성에 대해 강조하고 공청회 등에 참석하여 학내외의 긍정적 분위기를 띄우기도 했는데 다행히 그때 유치에 성공해 현재 단국대학교는 전국 35개 약학대학 중 한 곳으로 자리매김하고 있다.

당시 단대신문 후배 기자들의 요청으로 '화경대' 고정 집필을 맡고 있었는데 그때 한 칼럼의 마지막에 이렇게 썼다 "(…) 또 한 가지 바람이 있다면 나의 모교인 단국대에도 약학대학이 생겨 내가 현재 종사하고 있는 약업신문의 지면에 단국대 기사가 좀 더 자주 나왔으면 하는 것이다"라고(당시 화경대에 기고된 칼럼의 내용을 읽어본 장호성 총장이 요로를 통해 감사함을 전해오기도 했다).

이 글을 쓰며 신문사 시절을 추억하자니 예전 '탈수습의 변'을 쓰듯 새롭다.

사진작가의 꿈 못 버려 '단대신문'에 입사

김영남 동우
42기

1982년…….

해방 이후 처음으로 야간 통행금지가 해제되고, 장발 단속이 사라졌으며, 교복 자율화가 이루어지고, '어린이에게 꿈을, 젊은이에게 낭만을'이라는 캐치프레이즈를 내걸고 프로야구가 출범한 격변의 해인 1982년에 나는 청운의 부푼 꿈을 안고 단대신문 사진부에 지원하였다.

1971년 초등학교 2학년 때 내게 운명처럼 다가온 아사히펜탁스 카메라와의 첫 만남 때문에 한때는 중앙대학교 사진학과에 지원하여 어린 시절부터 꿈꾸어오던 작은 소망들을 하나씩 차근차근 이루어보려고 하였지만, 여러 가지 피치 못할 집안 사정으로 인하여 사진작가의 꿈을 접을 수밖에 없었다.

그렇게 태어나서 처음 겪어보는 감당하기 어려운 시련과 극심한 좌절 속에서 헤어나지 못하고 진로문제로 고민하던 중 숙명처럼 사진과의 인연이 다시 이어졌다. 중앙도서관 게시판에 붙어 있던 단대신문 수습기자 모집공고를 보게 된 것이다. 그 순간 나는 앞뒤 가릴 것 없이 무작정 사진부에 지원하여 4월 2일 자로 수습기자 발령을 받았다.

이 자리를 빌려 패기와 열정으로 격동의 시대를 함께 지내온 20여 명 동기들의 이름을 하나하나씩 불러보면서 잠시나마 1982년 꿈 많았던 그 시절을 추억하며 그리워해본다.

권항주 김승관 명준호 신인호 장칠순 정부영 정인원 장성자 염인숙 임장빈 김민태 김봉자 김영미 박남수 엄용수 이승구 채순옥 장석인 김석재 백관수…….

반백의 나이에 접어들어 동기들이 생각나고 무작정 이유 없이 보고 싶은 것은 나도 이제 나이가 들었기 때문일 것이다.

선후배 동기들과 뒷골목 할머니집에서 막걸리잔과 소주잔을 기울이며 선배들의 전설 같은 신문사 무용담을 들으며 하얀 밤을 지새우던 시절도 있었고 신문 발송비를 아껴서 이태원 앰베츠나이트클럽에서 맥주로 배를 채우며 광란의 밤을 함께하기도 했다. 그런 아련한 추억들도 이제는 기억 저편에서 그리움으로만 남아 있다.

흔히들 인생을 살아가면서 세 번의 기회가 온다고 한다. 그 기회는 사회에서 성공할 기회이거나 평생의 반려자를 만나는 기회 등 사람마다 다를 것이다.

나는 지금도 내 첫 번째 기회가 단대신문사에 입사하면서 시작되었다고 확신한다.

1982년 단대신문 입사

1986년 졸업(박정숙 이사장 공로상 수상)

1986년 대한치과의사협회 치의신보 입사

1993년 지금실과 결혼(슬하에 태현과 수현 2녀)

나는 참으로 단대신문과의 끈끈한 인연을 통하여 많은 빚을 지고 수없이 많은 것들을 누리면서 살아왔다. 1986년 당시 편집국장이신 신종한 교수님의 추천으로 대한치과의사협회 치의신보에 입사하여 언론인으로서의 삶도 살아왔고, 7년여에 걸친 사내 연애기간을 거쳐서 예쁘고 착한 각시를 얻어 결혼을 하고 자식도 얻게 되었다.

이렇듯 무척이나 고민이 많았던 젊은 시절에 기꺼이 내 인생의 터닝 포인트가 되어준 단대신문과의 소중한 인연이 있었기에 지금 이 순간도 한 치의 흔들림도 없이 꿈을 잃지 않고 당당하게 붉게 타오르는 태양을 마주 대하며 살아가고 있다.

그러면서 우리는 하나가 됐다

정종원 동우
43기

'지나친 비교는 스스로를 억압한다.'

지금은 뉴욕에서 콜택시를 몰고 있는 이의 생각이고 또한 한국인들의 자화상이다. 만족할 만한 상황에서도 비교하면서 긴장감을 풀지 못하거나 때론 다른 이들을 무시하기도 한다.

뉴욕 JFK공항에서 한인 손님들을 태우면 공항을 떠나기 무섭게 질문을 받을 때가 많다. "미국이 살기 좋아요?, 한국이 살기 좋아요?"

수도 없이 듣는 이 질문에 아직도 쉽게 대답할 수 없다. 그러나 대답하지 않으면 미필적 고의에 해당하는 '무시'가 된다.

"육체적으로는 뉴욕 생활이 힘들어요. 그래도 정신적으로는 여기가 편한 것 같아요." 이 답에 대부분 수긍하지만 일부는 '정신적'이라는 부분에 밑줄을 그어 자세한 대답을 요구한다.

"비교되지 않으니 편리한 거죠. 나쁜 일만 아니라면 무슨 일을 해도 한국보다 맘이 편하죠." 그래서 부연설명에 들어간다. "한국으로 치면 강북에 살아도 기죽을 필요가 없어요. 자동차도 대부분 형편에 맞게 사죠. 동부가 특히 그런 점이 장점인 것 같아요."

서부에 살았던 적은 없지만 캘리포니아에서 오신 분들의 얘기를 들어보면 '그쪽'은 상대적으로 주위를 의식하는 성향이 있다고 한다.

패션에 관심 있는 사람이라면 뉴요커의 옷차림이 너무나 다양한데서 놀란다. 사계절이 무색하고 자유분방하다. 디자인과 색상, 품질이 각양각색이다. '뉴욕패션'을 언급하면서 "과연 트렌드가 존재하는지 의문?"이라는 손님들의 얘기가 오가기도 한다. 물론 뉴욕의 패션을 알아보기 위해 출장 오는 분들도 많다.

중요한 점은 유행이 있어도 많은 사람들이 따르지 않는다는 점이다. 내가 혹은 우리가 좋으면 그만이다. 각 민족마다 옷 입는 성향이 많이 다른 것도 한몫을 하는 듯하다.

뉴요커들도 고급 차를 타면서 뿌듯해하고 사람들이 부러워하는 눈길을 즐기는 경우도 간혹 보지만 남의 차가 형편없다고 무시하는 것은 보지 못했다. 그러나 일부 한국인들은 자기가 소유한 것의 자부심이 지나친 것을 본다. 자동차, 집, 학력, 심지어 조상의 이력까지.

오랜만에 자판을 두드리는 뉴요커의 수다로 도입부가 길었다.

대학 졸업 후 한국에서 지냈던 생활을 생각지 않으려 했다. 과거를 생각하면 지금과 비교되니 그렇다. 소박한 삶이었지만 과거를 미화할 수도 있겠다 싶었다. 평범한 코리안 아메리칸의 삶들이 고단한 것도 그 이유일 것이다.

그러나 30여 년 전의 과거는 미화할 여지가 없다. 단대신문사의 학생기자는 힘들었고 조직생활과 선배들로부터 벗어나고 싶었다.

심하게 말하면 감옥 같은 곳이 단대신문사였다. 시간도 많이 빼앗겼지만 때론 의식의 강요당함을 느끼기도 했었다. 당시 『드레퓌스 사건과 지식인』을 읽은 후 상실감이 컸던 것이 기억에 남는다. 책이 문제가 아니라 독후감이 달랐기 때문이다. 발표회를 하던 날 정답은 예상하던 그대로였다. "진실은 죽지 않는다." 누군가 무엇을 느꼈냐고 하면 이렇게 답해야 했다. 그러나 나의 생뚱한 대답에 책을 제대로 읽지 않았다는 비판이 뒤따랐다. 내가 생각했던 신선할 것도 없는 답은 "위기상황에선 누군가의 강력한 힘을 필요로 한다"는 것이다. 지금 생각해보면 그 전에 읽었던, 아무런 저항도 하지 못하고 교수대에 걸릴 수밖에 없는 죽산 조봉암을 의식한 것이었고 반면에 드레퓌스의 구명운동을 촉발한 에밀 졸라의 노력은 능력으로 보였기 때문이다.

중고등학교를 다니면서 교과서보다 열심히 읽었던 게 신문이었다. 그러나 단대신문과 신문사의 부조화를 느꼈고 스스로의 능력 부족이 겹쳤고 학업에 정진하지 못하는 상황이 내게 갇혀 있다는 느낌을 주고 있었다.

그러나 돌이켜보면 대학생활 3년간 창살로 날아드는 새에 밥풀을 주면서 시간을 보낸 적은 없었다.

신문에 게재되는 교수님들의 논문을 보면서 식견을 넓힐 수 있었고 학부생들의 논문과 돋보이는 글들을 자극제로 삼을 수 있었다. 재주가 없었지만 일관된 '신문사랑'을 이어 졸업 후에 편집기자로서 지방지를 거쳐 스포츠서울로 갈 수 있었다. 또 편집기자협회 일을 보면서 세미나를 준비할 땐 학보사에서 원고청탁하던 경험이 교수 섭외에 도움이 되어주었다. 인터넷 시대에 접어들면서 감량경영으로 많은 이들이 신문사를 떠날 때에는 다행히 뉴욕으로 건너가서 신문을 만들 수 있었다.

특히 자본과 인력이 절대 부족한 뉴욕에서 무료신문 중 가장 인기 있는 스포츠서울NY를 만들 수 있었던 이유는 단대신문사에서 만든 내공 때문이라고 자부하고 싶다. 편집국장이라는 직함을 달고 있었지만 칼럼을 비롯한 기사를 쓰고 편집까지 하면서 제작했기 때문이다. 나는 이 기간에 좀더 '재미있는 신문'을 만들려고 노력했고 그 결과 한인 커뮤니티 소식에 지면을 많이 할애하는 다른 신문들과 차별화된 모습이 호응을 얻어 독자를 확보했다. 이후 미국의 부동산 버블이 꺼지고 한인 커뮤니티의 체력이 한계를 드러내면서 신문제작도 멈춰야 했던 점이 아쉬울 뿐이다.

단대신문사에서 배웠던 가장 큰 것 중 하나는 인내하는 것이다. 상황이 힘들어서 벗어나면 그 선택의 장점과 단점을 떠나 결과물을 얻을 수 없다. 과정은 당연히 묻혀버리는 것이라 아쉬워할 필요도 없게 된다.

여름방학을 이용한 단대신문사의 세미나는 가장 즐거운 추억 중 하나였다. 토론이 조금 지겨워 남필 형이 발표할 때 "그럼에도 불구하고"를 몇 번이나 말하는지 세기도 했었지만 국토의 곳곳을 돌면서 산 역사를 배운 것은 지금도 큰 자산으로 남아 있다고 자부한다.

몇 년 전 타 대학 출신으로 학보사에서 일했던 분과 식사하면서 그 자부심이 아직도 남아 있다는 얘기를 들은 적이 있다. 나 역시 마찬가지다. 어렵고 힘들던 때였지만 견디면서 단련했고 내가 미처 의식하지 못하는 것까지 많은 것을 얻었다고 생각한다.

해마다 3월이면 단대신문 입사식을 생각한다. 악다구니 쓰던 그때를 생각하면서 선배로서 입사식에 참석하는 모습을 잠깐씩 생각해봤다. 그러다 30년이 흘렀다. 그 악다구니는 선배들도 외쳤고 지금은 아들보다도 어린 후배들이 외칠 것이다. 그러면서 우리는 하나가 됐었다.

사막을 건너는 나침반

김인기 동우
43기

나는 자주 기꺼이 개가 되는 것을 주저하지 않았다

서울특별시 용산구 한남동(漢南洞)은 정지용의 시 구절처럼 '그곳이 참하 꿈엔들 잊힐리야'라는 주술과도 같은 후렴을 갖는 "향수"의 공간이다. 동시에 '고향에 고향에 돌아와도 / 그리던 고향이 아니러뇨 / (…) / 마음은 제 고향 지니지 않고 머언 항구로 떠도는 구름'으로 시작하는 "고향" 같은 장소다.

"향수"의 한남동은 청춘의 근원과 그리움이고, "고향"의 한남동은 그 상실과 깨진 마음이다. 그래서 한남동은 그리워서 차라리 버리고 싶은 고향이다.

지금도 눈을 지그시 감으면 '실개천' '얼룩백이 황소' '질화로' '짚벼개' '어린 누이' '맨발의 아내'와 같은 한남동 캠퍼스 곳곳의 풍경과 얼굴들이 떠오른다. 수묵화처럼 아련한 질감으로 펼쳐진다.

늦은 밤, 신문 배송 트럭의 화물칸에 올라타 남산 순환도로를 지나며 머리카락을 스치던 시원한 봄바람.(당시 단대신문은 한국경제신문 외간부에서 인쇄했다. 제작 시간을 맞추지 못해 본지 인쇄시간과 맞물리면 어쩔 수 없이 단대신문 인쇄는 뒤로 밀릴 수밖에 없었고 늦은 시간에 끝나는 경우가 많았다. 덕분에 신문을 싣고 학교로 오는 화물트럭을 얻어타곤 했다.)

500부씩 묶인 신문 뭉치를 어깨에 들쳐 메고 한 발 한 발 오르던 학생회관 6층 계단. 신문이 나온 후 외부 독자에게 발송하는 일은 1학년 수습기자의 몫이었다. 발송 작업을 마치고 먹던 자장면 맛이란!

범은정 앞에서 재학생들에게 신문을 배부할 때 신문을 받아보는 학생들의 웅성거림과 신문을 읽는 학생을 바라보는 일도 설레었다. 학생들은 단대신문을 받기 위해 줄을 서곤 했다. 신문에 띠지를 붙여 다른 학교 남자친구나 여자친구에게 편지 삼아 보내는 일은 당시 모든 대학 학생들의 소소한 즐거움이었다.

수업 시간에 늦어 학생회관 610호에서 사회과학관 301호 강의실까지 숨이 턱에 차오르도록 뛰어가던 일이 기억에 남는다. 나는 상경대학인이어서 주로 사회과학관에서 수업을 받았는데, 사회과학관은 신문사 사무실이 있던 학생회관에서 가장 멀리 떨어진 건물 중 하나였다.

또 엽차 한 잔 시켜놓고 앉아 있으면 단대신문 선후배 한두 명은 꼭 만나는 길모퉁이 2층 로뎀다방과 기사마감이 끝나면 통과의례처럼 들러 술잔을 기울이던 '개골목' 할머니집도 떠오른다. 왜 개골목일까? 이 집은 한남동 사거리에서 한남역으로 가는 골목길에 자리 잡은 작고 허름한 식당으로 골목에 접어들 때는 두 발로 걸어서 들어가지만 골목을 나올 때는 네 발로 기어 나온다고 해서 개골목이라는 이름이 붙었다. 나는 기꺼이 매주 한 번 개가 될 작정으로 그 골목을 들어서곤 했다.

사막을 걷는 것과 다르지 않은 인생길

변화의 시기에 있어서 인생이란 사막을 건너는 것과 같다. 내게 1983년 3월부터 1987년 2월까지 한남동은 작가 윤후명이 말한 것처럼 마음속의 '돈황'으로 가는 길에서 마주한 사막이었다. 폭압적인 시대 상황과 쓸쓸한 매일 매일의 삶 속에서 나는 마음 한편에 돈황을 품고 있었다. 저 머나먼 서쪽, 지도에서 짚어낼 수는 있지만 막상 길을 떠나면 알 수 없는 곤륜산맥과 천산산맥 사이에 낀 타클라마칸 사막. 하나의 꿈이 꿈의 이름으로 다른 꿈을 박해하지 않는, 그러나 '갈 수 없는 나라' 돈황을 향하고 있었다.

나는 지도와 여행 안내서를 들고 인생의 사막을 건너려 했다. 사막은 가혹했다. 끝은 보이질 않고 길을 잃기도 하며 오도 가도 못하는 신세가 되었다가 신기루를 좇기도 했다. 사막을 건너는 동안에는 언제 건너편에 다다를지 알 수가 없었고 한동안 제대로 길을 가는 듯하다가 다시 길을 잃는 과정의 연속이었다.

지도를 펴본들 모래언덕에는 이름이 없었다. 모래 언덕에 이름을 붙인다고 해도 이름을 인쇄한 잉크가 채 마르기도 전에 그 지도는 못 쓰게 될 터……. 나는 사막에서 길을 잃었다. 어떤 것도 도움이 되지 않을 때 내가 의지한 것은 단대신문이라는 나침반이었다. 이 나침반이 가리키는 것은 여정 자체였다. 방향이 맞으면 속도는 좀 늦어도 괜찮다고 알려주었다.

우리가 가고 있는 길이 지도엔 없다는 것과 묵묵히 참고 견디며 한 발을 내딛는 것이 여행의 출발임을 깨닫게 해주었다.

우연이 거듭되면 필연이 된다고 했던가? 우연히 단대신문 기자가 되었고 그 우연이 필연이 되어 지금까지 '활자 밥'을 먹고산다. 이젠 '팩트'를 외치던 신참 기자는 온데간데없고 '임팩트'를 찾아다니는 머리 희끗한 에디터만 남았다.

그럼에도 여전히 나는 사막을 건너고 있다. 아이를 돌봐야 하는 부모이자 사랑하는 사람과 이별을 준비하며 달라진 세상에 휘말린다. 아직도 사막 한가운데다. 하지만 지도가 없어도 괜찮다. 주머니 속에는 만지작거리는 나침반이 있다. 이 든든하고 변함없는 나침반 바늘을 따라가면 되니까.

"우리도 사막을 사랑했다. 인생에서 가장 좋은 시절을 보냈던 곳이 사막이었다고 말할 수 있을 만큼."

–생텍쥐페리, 『바람과 모래와 별들』의 「사막의 인간」 중에서

'빠따'와 꼬마 기자의 꿈

김학균 동우
44기

'내 살던 고향 떠나 우에 살꼬'.

1985년 2학년 때로 기억된다. 장장 신문 2개 면을 장식한 르포 기사의 제목이다. 사진기자 후배와 함께 버스를 타고 굽이굽이 돌아가 도착한 경북 안동시 임하면의 한 마을. 뉘엿뉘엿 저물어가는 해가 지평선을 향해 길을 재촉하고 있었다.

허기진 배를 부여잡고 파란 철판 지붕 집 앞을 지날 때였다. 촌로의 부부가 길을 막아서며 물었다.

"학생들 어디서 왔노?"

정감 있는 물음에 왜 이곳을 찾게 됐는지 비교적 상세하게 설명했던 것으로 기억한다.

곧바로 "시방 밥 먹을 참인데, 같이 먹자" 하시는 할머니의 한마디는 굶주림에 지친 우리에게는 구세주였다. 툇마루에 걸터앉은 지 그리 오래지 않아 할머니가 둥그런 밥상을 들고 나오셨다. 사기그릇에 담긴 이른바 고봉밥과 시래깃국, 김치, 고추장, 그리고 이름 모를 나물무침이 시각과 후각을 자극했다.

게 눈 감추듯 삽시간에 전쟁은 끝났다. 세상에 이렇게 맛난 음식이 있었는가? 그 이후 사회생활을 하면서 비싸다고 하는 산해진미를 먹어봤으나 그날의 그 맛과 비교할 수는 결코 없다.

꽤 배가 고팠던 모양이다. 얼마나 많이 먹었던지 식사를 끝낸 후 한동안 자리를 뜨지 못했다. 너무도 그립다. 친손자처럼 애틋하게 대해주셨던 그곳 어르신들과 맛깔났던 그 음식들 모두가 말이다.

그 어르신들이 33년이 지난 지금까지 살아계신다면 100살은 훌쩍 넘으셨을 것이다.

우리는 1970년대 초 안동댐이 들어서면서 고향 땅을 떠나 임하면으로 이주했건만 10년 후에 임하댐이 건설되면서 또 다시 삶의 터전을 옮겨야만 했던 수몰 지구 주민들의 애환을 담담히 담아내려 했었다.

단대신문 재직 기간 동안 이런저런 기사를 작성했으나 가장 기억에 남는 기사를 꼽으라면 당연히 이 르포 기사다. 대학신문 기자로서 다소 서툴고 부족했지만, 현장을 대하는 진지함과 열정, 그리고 패기만은 프로 못지 않았나 싶다.

만약에 대학신문 기자를 안 했다면 지금 나는 무엇을 하고 있을까? 대학 입학 때 꿈꾸었던 역사 선생, 아니면 공무원, 회사원, 셔터맨, 백수…….

또한 '대학 생활이 곧 단대신문'이었던 그 시절이 없었다면 오늘의 내가 있을까? 기억을 더듬어보면 과거에도 아주 가끔 이런 생각을 했던 것 같다. 그리고 이번 기회에 다시 '단대신문은 나에게 무엇인지' 스스로 묻고 또 물어보았다.

단언컨대 '단대신문'이라는 네 글자가 없었다면 언론계에 몸담지 않았을 듯싶다. 그렇게 저렇게 유수의 세월과 살다 보니 벌써 기자

명함을 내밀고 살아온 지 28년이나 됐다.

지금은 추억이 됐지만 살벌했던 기자 초년병 시절의 마와리, 선임들의 무시와 옥상 정강이 공격, 중도 퇴사 압력 등에서도 나름 꿋꿋하게 잘 버텼다. 생각해보니 다 단대신문에서 단련한 무시무시한 내공의 힘이다 싶다.

1984년 봄, 나는 단대신문 수습기자가 되었다. 사실 나는 같은 과 친구를 따라갔다가 얼떨결에 입사하게 된 케이스다. 장학금을 준다는 말에 혹해서 지원한 것인데 대학을 졸업한 후에도 지금까지 언론사 밥을 먹게 됐으니 연이란 게 꽤 의미심장하다.

1991년 2월, 나는 기성 언론사의 진짜 기자가 됐다. 입사 후 수습기자 6개월을 마치면서 이 신문사의 편집국장까지 가보고 퇴사해야겠다고 다짐했었다. 수습기자의 눈에 편집국장은 함부로 범접하지 못할 저 높은 곳에 있는 경외의 대상이었다.

그 신문사는 아니지만 나는 경인 지역 지상파방송인 OBS의 보도국장을 역임했다. 그것도 이례적으로 두 번씩이나 말이다. 4년 가까이 방송사의 보도 책임자 자리에 올라봤으니 나름 꼬마 기자 때 꾸었던 꿈은 이룬 것이리라.

34년 전. 들기름을 잔뜩 먹인 '참나무 빠따'. 입사식이라고 해서 태어나 처음으로 양복을 입고 갔는데, '줄빠따'를 맞고 부어라 마셔라 이어지는 소주잔에 진짜 죽는 줄 알았다. 생각만 해도 아찔하다. 그런데 수업시간에 피멍 든 허벅지가 터져 의자에 앉기조차 힘겨웠던 그 시절이 가끔 그리운 건 왜일까? 가까운 시일에 동기들과 만나 소주 한 잔 해야겠다.

나는 여전사가 되었다

주양엽 동우
44기

나는 순둥이였다.

누군가에게 나의 주장을 펼칠 줄도 몰랐고 싸움도 할 줄 몰랐다. 모든 걸 받아들이고 상대의 요구대로 해주는 것이 잘 사는 것이라고 생각하면서 살았다. 어려서 늘 나를 힘들게 했던 건 친구와 말다툼을 하고 나면 그 앞에서는 한마디도 못하고 돌아오는 순간부터 할 말이 생각나기 시작한다는 것이었다. 그래서 늘 연습했다. 다음번에 만나면 꼭 이 말은 해줘야지 하고. 하지만 번번이 연습했던 말은 상대를 대면하면 까마득해지고 난 또 억울해하며 집에 와서 몇 번이고 할 말을 연습하곤 했다. 그렇게 연습한 후 성공한 경우는 1% 정도였을 것이다. 그래서였을까? 나를 처음 만나는 사람마다 첫인상이 참 순해 보인다고 했다. 하지만 언제부터인가 그 말이 '참 바보 같구나'라고 들리기 시작했다.

"나는 여전사가 되었다."

사람들은 나를 보면 무슨 얘기든 거침없이 얘기할 것 같다고 말한다. 나를 처음 만나는 사람들은 내게 먼저 말을 걸기가 어렵다고 한다. 내가 사람들과 어울리기 어렵다고 하면 '설마 네가?' 하며 어이없어한다. 많은 사람이 모인 자리에서 할 이야기가 있으면 나더러 하라고 한다. 나밖에 없다면서. 그리고 훗날 얘기했다. 그때 처음 만났을 때 첫인상이 참 강해 보였다고. 그렇게 난 어느새 여전사가 되어 있었다. 신문사 생활 3년 이후부터…….

수습기자로 들어가 입사식 때 생애 처음으로 소주 세 잔을 마시고 힘들어했다. 그러나 대학교 3학년이 되어서는 365일 술을 마셨다. 단대신문 46년 역사상 처음으로 여자 편집장이 되면서부터였다.

우리 기수는 대학교 3학년이 되자 여기자 둘만 남았다. 훌륭해서가 아니라 어쩔 수 없이 맡아야 하는 일이었다. 모두들 최초의 여자 편집장이라 이야기했지만 밀려서 맡게 된 여자 편집장이었다. 남자 기자들이 대부분이었던 신문사에서 여자라고 해야 할 일을 하지 않을 순 없었다. 무서웠다. 매주 8면씩 신문을 찍어내야 하는 중압감과 남자 기자들을 이끌어가야 한다는 두려움이 가장 먼저였다.

겁이 나서 어쩔 줄 몰라 하는 나에게 선배가 말했다. 수성(守城)만 하라고.

수성이라……. 그땐 정확히 수성이 무슨 뜻인지 유추만 할 뿐이었다. 성을 지켜내라. 아무것도 하지 않아도 된다. 지켜내기만 하면 된다. 한편으론 다행이다 싶으면서도 자존심이 상했다. 겨우 수성이라고? 난 수성뿐 아니라 훌륭한 성을 만들어내고 말리라 생각했다. 단대신문사라는 성을 내가 더 멋진 성으로 만들고 말리라고 다짐했다.

그때부터 난 어설픈 남자로 살았던 듯싶다. 365일 술을 마시면서도 늘 휘청거리지 않고 걸어야 한다고 생각해 술에 맘껏 취하지 못했고 여자라서 부족하다는 소리가 들릴까 봐 전전긍긍했었다.

그렇지만, 결국 사달이 나고 말았다.

편집장 전용 칼럼인 '백색볼펜' 내용 때문에 체육학과 학생들이 시위를 하게 된 것이다. 멀리 체육관에서부터 학생회관 건물까지 수십 명의 체육학과 학생들이 구호를 외치며 내려왔다.

"주양엽은 물러가라. 훌라 훌라!!" "주양엽은 물러가라. 훌라 훌라!!"

학생회관 4층에서 듣던 그 구호 소리는 지금 생각해도 소름이 돋는다.

그 기사는 당시 총학생회장 선거 시 투표함을 탈취하는 상황이 벌어졌고 이와 유사한 상황이 국회에서도 일어났기에 '대학교라는 신성한 전당과 일반정치가 다를 바 없다'라는 내용이었다. 하지만 문제는 당시 총학생회장에 출마하는 학생이 체육학과 학생이었는데, 글 내용 중 체육학과라는 이름이 들어갔기에 체육학과 명예를 훼손시켰다는 것이었다. 그것이 그들에겐 잘못된 일이었던 것이다. 기사에 체육학과라고 학과를 밝힌 것.

그리고 흥분한 체육학과 학생들은 신문사를 점거하고 유리창을 깨면서 2박 3일 점거농성을 벌였다. 아! 내가 무슨 짓을 저지른 것인가. 아무리 체육학과를 비하한 것이 아니라고 설명해도 막무가내로 받아들이지 않던 그들. 학생회관 1층에 수십 명이 모여 나에게 사과를 요구하고 그 무지막지해 보이던 남학생들 앞에 서서 해명했던 일들……. 수치스럽고 수치스러웠다. 결국 사과기사를 신문에 올리는 것으로 마무리되었지만 난 수성은커녕 성을 위기로 몰아가고 있었다.

글 몇 자가 이렇게 큰 사태를 가져올 줄 몰랐다. 내가 쓴 글의 무게가 얼마나 무거운지 처음으로 알았다. 단대신문을 생각하면 잘했던 일들보다 그때 일이 떠올라 부끄러울 뿐이다. 30년이 지났지만 그때의 수치심은 가라앉지 않고 늘 난 죄인인 듯싶다. 성을 지켜내지 못한 성의 주인.

그렇게 어찌어찌 신문사 3년을 마친 이후 내 삶은 어찌 되었을까?

그렇다. 난 여전사가 되어 있었다. 남자들 속에서 여자 아닌 남자로 살면서, 어이없는 실수로 신문사를 위기에 빠뜨려가면서 난 어느새 두려울 게 없는 사람이 되어가고 있었다. 그때만큼 힘든 시간이 또 있으랴. 그때만큼 수치스러운 일이 또 있으랴. 난 세상에 나와 무슨 일이 다가와도 거침없이 뚜벅뚜벅 걸어가는 여전사가 되어 있었다.

어떤 삶이 좋은 것인지는 지금도 모른다. 대학 졸업부터 지금까지 30년을 여전사로 살다가 이제 다시 순둥이가 되어가는 느낌이다.

그렇게 사는 것도 나쁘지 않을 듯싶다.

영화 〈1987〉과 나의 1987

김명섭 동우
45기

저무는 2017년 세밑에 대학 2학년 딸과 함께 영화 〈1987〉을 감상했다. 마이마이 카세트와 공중전화박스, 청카바 백골단의 불심검문과 닭장차, 박종철과 이한열의 억울과 지랄탄 등 기억 너머 아련한 추억들이 새삼 떨림과 울분으로 되살아나서 훌쩍이고 말았다. 결국 단국대 후배가 된 딸에게 고이 가슴에 숨겨왔던 나의 1987년 체험담을 술주정처럼 쏟아낸 후 결심했다. 그리 내세울 건 없지만 부끄럽지 않은, 결코 잊을 수 없는 30년 전 내 스물한두 살의 세 장면을, '이제는 말하고 싶다'.

장면 1

1986년 2월 4일 서울대 도서관 앞 광장. 단국대 학생이 머나먼 관악산 자락 서울대에 서성이게 된 이유는 사학과 근대사반 2학년 모 선배의 '지령' 때문이었다. 서슬 퍼런 군사정권 시절 부득이 대학의 '착한' 기관지 역할을 강요받았던 단대신문사에 들어간 내게 '시국에 불평불만이 많은' 사학과 선배와 동기들은 '어용'이란 별명을 붙여주었다. 그런 불명예스러운 딱지가 거슬렸던 나는 '신문은 불편부당해야 한다'는 불문율을 어기고 사학과 운동권 선배가 주관하는 근대사반에 '암약'하는 길을 택했다. 이 모임에서 기껏 한완상 교수가 쓴 『민중과 지식인』과 깨인 젊은이가 되길 강조하던 리영희 교수의 『우상과 이성』을 읽다가 선배의 은밀한 '택'을 받은 것이다.

아직 겨울 공기가 매서운 2월 4일, 난생처음 찾아간 서울대를 서성이던 나는 오후 2시경 웅성대는 소리에 끌려 이른바 '범국민 개헌서명운동' 진행을 위한 전국학생연맹 집회 자리에 앉게 되었다. 대충 장충체육관식 투표가 아닌 직선제로 개헌하자는 생소한 얘기를 듣던 중 정문을 뚫고 경찰들이 쳐들어왔다. 순식간에 최루탄이 날아들고, 헬멧 쓴 청카바 백골단이 치고 들어와 건물로 들어간 학생들까지 패고 끌고 가니 시위대는 산길로 쫓기고 말았다. 나도 철망까지 쫓겨 올라가다 불현듯 '기자로서 닭장 경험도 글쓰기에 큰 도움이 되지 않을까' 하는 안일한 착각을 하고 만다. 다시 철조망을 내려와 순순히 백골단에 잡힌 나는 그러나 곧 숱한 발길질과 주먹다짐을 받으며 '크게 잘못된' 선택임을 깨닫고 후회하게 되었다. 하지만 이미 난 감히 국가시책에 딴죽을 건 '불순한 과격 학생'이 되어 60년 반공 가문에 먹칠을 하고 말았다.

대충 훈방 처리될 것이라는 순진한 기대와 달리, 직선제를 총 맞기보다 싫어한 정권은 겨우 2학년인 나를 비롯해 2백여 명의 학생들을 대량 구속시키고 말았다. 민주화의 고통을 잠시만 맛보려던 난 결국 용산경찰서에서 숱한 구타와 협박, 가택수색과 훈시를 받고도 모자라 서대문-서울구치소에서 잡범들과 1개월의 인생공부를 한 후 꼭 한 달 만인 3월 2일 한남동에 돌아올 수 있었다.

'전과자'가 되었다는 슬픔보다는 단대신문사에서 쫓겨날 것을 걱정하며 신문사에 올라가니 다행히 당시 편집간사인 변호걸 선배가 신문사에 남을 것인지 내게 물었다. 남겠다고 답변한 후 안도의 한숨을 쉬고 있을 무렵, 간사님 왈, "대신 더 말썽 부리지 말구! 근데 넌 나중에 편집장은 안 돼!!" 덕분에 나는 탈수습의 변을 멋지게 쓴 15명의 동기들을 부러워하며 내 석방기사가 실린 725호(1986. 3. 11)를 발송하는 걸로 만족해야 했다.

장면 2

1986년 9월 8일 월요일 저녁 6시, 학생회관 6층 단대신문사 기자실. 월요일 저녁 그 시간이면 인쇄소에서 조판작업을 마치고, 윤전소 옆 선술집에서 '쐬주' 한잔 빨며 휘발유 냄새나는 첫 신문을 기다려야 할 시간인데, 4면 특집기사만 남겨둔 채 주간교수와 학생기자 모두 학교로 철수하여 비상 편집회의를 해야 했다. 내가 쓴 기사가 문제가 된 것이다.

변호걸 선배와 신종한 편집국장의 각별한 당부와 주의에도 불구하고, 내 삐딱한 심사가 일을 그르친 것이다. 물론 2월 4일의 쓰디쓴 경험 이후 다시 신문사에 받아준 은혜에 보답고자 한 학기 동안 조신하며 근신한 것도 사실이었다. 탈수습의 변도 써보지 못한 채 정기자가 된 나를 위해 44기 주양엽·이경희 선배는 되도록 내가 사고 치지 않도록 많은 배려를 해주었다. 덕분에 나는 취재보다는 주로 원고청탁을 맡았고(덕분에 서울 시내의 웬만한 대학에는 다 가보게 되었다) 내가 쓴 글조차도 '특집부'·'조사부'란 이름으로 세탁해 싣거나, 심지어 동기들 이름을 빌려 나가기도 했다.

그러던 중 2학기가 개강한 9월 초, 나를 열받게 만든 일이 발생했다. '민족단국 9월제'라는 총학생회 주최 행사 도중 용산경찰서 전경들이 정문을 치고 들어와 교내에 최루탄을 마구 쏘아댄 것이다. 서울대에서 악몽을 겪은 닭장차와 백골단들이 다시 등장해 신성한 단국대학을 뿌연 살상용 최루가스로 섬멸하는 광경을 목격했다. 이를 취재하던 도중 나는 그들에게 나가라고 울부짖었다. 교내로 쳐들어온 사복경찰들에 의해 '파쇼헌법철폐투쟁위원장'이 연행되는 장면을 눈앞에서 본 나는 곧장 신문사로 돌아와 '국가보안법과 집시법의 문제점'이란 기사를 쓰기 시작했다.

어렵사리 원고마감을 거쳐 인쇄소에 가 교정지까지 받아 판형에 앉혔지만, 역시 변호걸 간사와 신종한 국장님 앞에서 브레이크를 당했다. 게다가 김상배 당시 학생처장님을 통해 날아온 대답은 "국가보안법을 기사로 다루는 것 자체가 국가보안법 위반"이라는 것이었다. 결국 이 건이 인쇄 중단 사태를 불러와서 모두 학교로 철수, 비상 편집회의가 열린 것이다. 그냥 그대로 발행해서 끌려가느냐, 한 주 발행을 중지하느냐 하는 심각한 회의 끝에 당사자인 내가 주제를 바꿔 다시 글을 쓰는 것으로 결론이 났다. 결국 홀로 밤새워 바꿔 쓴 기사는 국가보안법 얘기를 뺀 채, '집시법과 언론기본법의 문제점'이란 제목으로 활자화되어 세상에 나왔다(1986. 9. 9). 그래도 다시 잡혀가더라도 이번 기사만큼은 내 이름을 넣자고 우겨 이름 석 자를 박았으니, 스물한 살 젊음이어서 가능한 일이었으리라. 양엽·경희 선배, 속 썩여서 미안해요.

장면 3

1987년 6월 10일 오후 5시 50분 서울시청 광장 앞. 드디어 역사의 날, 역사의 현장에 나와 있다. 내 옆에는 갓 복학해 아직 혈기왕성한 41기 김남필 형과 수습기자 티를 못 벗은 47기 노병현과 송지원 후배가 있다. '기자는 불편부당해야 하니 시위에 참여하지 말아야 한다'는 불문율을 어긴 불온기자들이었지만, 어쩌랴 한 학기 신문도 다 만들었고 억울한 젊은이들을 수없이 죽인 이 정권을 더 이상 어찌 보고만 있으랴!

시청역 곳곳에 두꺼운 방패를 든 전경들이 보이고, 주위에 학생들로 보이는 젊은이들도 두런두런하며 서성대고 있다. 백골단에 또 쫓길 생각을 하니 여전히 오금이 저리고 떨렸지만, 아직 앳된 후배들이 초롱초롱한 눈빛으로 날 쳐다보고 있으니 움츠리고 있을 수만 없었다. 이윽고 시계가 6시를 알리자, 어디서부터인가 버스와 택시기사들이 "빠앙" 하고 경적을 울려준다. 골목에 숨어 있던 청년들이 하나 둘 인도로 나오며 소리치기 시작한다. "호헌 철폐, 독재타도!"

점차 청년들 인파가 늘어나더니 차도를 가득 메우기 시작했다. 우리 불량기자 4명도 인파 속에 끼어 같이 외치기 시작했다. "호헌 철폐, 독재타도!" 어느새 이 외침은 거대한 파도소리가 되어 울렸고, 신들린 노랫소리처럼 메아리가 되어 거리를 가득 메웠다. 곧이어 최루탄이 터지고 지랄탄이 하늘을 날았다. 백골단들이 이리저리 학생과 시민들을 잡으려 했지만, 워낙 많은 인파를 감당할 수 없었다. 나는 이번에도 잡히면 끝장이란 생각에 죽기 살기로 달아났다가 행렬에 돌아오기를 반복했다. 그동안 참아왔던 나의 울분과 분노와 열망은 눈물·콧물과 교묘히 섞이면서 거대한 메아리로 파도로 변해갔다.
"호헌 철폐, 독재타도!"

그렇게 6월 10일, 우린 어두운 역사의 터널을 지나며 새날을 맞기 위해 소리쳤고, 어느새 그날은 거대한 역사가 되었다. 30년이 지난 오늘, 난 그날을 다룬 영화를 스물한 실 딸과 함께 보면서 몰래 훌쩍였고, 그날 그 자리를 함께했던 단대신문 기자들을 그리워하고 있다.

1987년

노병현 동우
47기

1987년 3월 초, 찬바람이 부는 한남동 법정대 교정에서 하릴없이 서성일 때, 행정학과 2학년 김기덕 선배가 내게 말을 걸어주어 너무 기뻤다. 과 동기와의 관계는 약간 어색했고, 공강 시간에 뭘 해야 하는지도 모를 때였다. 나는 기덕 선배에게 방언 터지듯 많은 질문을 했다.

그 선배가 단대신문사에 대해 얘기해줄 때 나는 운명 같은 걸 예감했다. 내가 선택하는 것이 아니라, 선택받는다는 느낌 같은 거였다. 입사원서를 받으러 학생회관 6층에 자리한 단대신문사에 들어서는 순간 아주 오래된 거목을 마주하는 느낌이었다. 아주 느리게 흐르는 시간 속에서 선인들이 사는 듯한 신성한 공간 같은 느낌이랄까?

시큰한 몽둥이세례를 받으리라는 것은 진작 알았다. 아이스하키채로 죽을 만큼 많이 맞으면서 고등학교 시절을 견뎌온 나로서는 가벼운 매타작 정도를 생각했지만, 선하지만 강단이 있어 보이던 선배들의 눈매와 신성한 종교의식 같던 입사식의 중압감은 말 그대로 나를 주눅 들게 했다. 경이롭기까지 했던 신문사 입사식의 경험은 지금도 내 기억에 잘 저장되어 있는데, 그 이후 어디에서도 그런 분위기와 느낌을 가져보지 못했기 때문일 것이다. 이게 내가 선택한, 아니 선택받은 신문사의 길, 그 첫걸음이었다.

그 시절을 되돌아보면, 선택의 문제가 늘 나를 괴롭혔다.

가장 큰 하나는 촌부인 내 부친의 기대 때문에 내가 신문사 생활을 계속해야 하는가 하는 문제였다. 행정고시에 합격해서 남 보란 듯이 까만 차를 타고 귀향하는 것을 꿈꾸었을 내 부친의 기대는 결국 실망으로 끝났지만 말이다.

부친의 기대가 여지없이 무너진 건 1988년 대학교 2학년 전방입소 거부 때문이었다. 전방 사단에 1주일을 다녀오면 그 혜택으로 군생활 45일을 차감해주는 전방입소 제도인데, 나는 월요일에 입소하고, 화요일에 나왔다. 솔직히 고백하자면, 너-무-추-워-서-나-왔-다. 전방입소를 거부한 학생들이 학교에서 시위를 하고 있었다. 그런데 교련 교수들이 우리 집으로 "당신 아들이 학교에서 이러이러하니 데리고 가시오" 하고 전화를 한 모양이었다. 4월이었는데, 한참 농사 준비를 하던 부친이 6층 신문사로 나를 찾으러 올라오셨다. 지금도 부친의 눈빛을 잊을 수가 없다. 실망과 슬픔과 분노가 교차하는 그 눈빛을 말이다.

그다음 선택의 문제는 당시 한창이던 학생운동에 관한 것이었다. 내가 신문사에 재직하던 시절은 학생운동이 절정이던 1987년~1989년이었다. 물론 나는 학생운동에 관한 한 얼치기 종자였다. 과 선배나 동기, 후배 중에는 노동현장이나 운동에 투신했던 분들도 있던 시절이었다. 나는 어떤 일이든 그들을 돕고 싶었고, 하고도 싶었다. 그

런 내 모습을 보며 신문사 선배들이 걱정도 많이 했다. 그때 호걸 선배와 남필 선배의 진심 어린 충고가 많은 도움이 됐다. 그건 학생운동을 하고 말고의 문제가 아니었고, 삶의 자세에 대한 것이었다. 그런 귀중한 한마디 한마디가 지금 내 피와 살 어디에 더해져 지금의 나를 만들지 않았나 싶다.

기억에 남아 있는 일도 많다. 내가 3학년 편집장을 맡으면서 선배들께 신문사 전통이었던 '빠따'를 없애자는 제안을 했다. 당시 내 옆에 가까이 있던 호걸 선배, 남필 선배, 항주 선배가 기꺼이 윗 선배들과 커뮤니케이션을 해주었다. '빠따'가 없어진 것에 대해 두고두고 아쉬워하는 선배들도 있었지만, 대학문화의 변화를 몸으로 느꼈을 주변 선배들이 우리 신문사도 변화가 필요하다는 것을 공감해준 결과라고 생각한다.

신문사 생활을 시작했던 1987년에서 30년이 흘렀다. '벌써' 말이다. 신문사 시절을 되돌아보면 짧은 단편소설은 아니었던 듯싶다. 회한의 마음이랄까, 그때를 생각하면 마음 시리고, 아픈 기억도 분명 있다. 하지만 슬픈 동화 같은 이야기보다는 한세상을 같이 살아가는 동기와의 즐거운 이야기, 마음으로 안아줬던 선배와의 따듯한 이야기가 더 많다.

가끔 그 시절 동기를 만나 안부를 묻고, 시절을 걱정하고, 건강을 염려한다. 이젠 적당히 살도 찌고, 조금 게을러지기도 했다. 하늘처럼 존경했던 선배들과 동기들이 여전히 내 옆에 있어 행복하고, 그들 덕분에 치열히 살아갈 자신감을 얻는다.

단대신문에서 배운 것으로 지금까지 먹고산다

이명구 동우
48기

대학신문 때에 시작해서 아직도 '기자질'을 한다. '기레기'라 불리는 시대에 온라인 연예매체의 깊숙한 밑바닥에서. 나름의 의미를 찾으며 뉴스를 여전히 고민한다.

영화 〈1987〉의 흥행과 단대신문의 70주년은 아련히 과거를 더듬게 한다. 재수를 한 끝에 88학번으로 대학에 갔다. 87민주화 항쟁이 끝난 뒷자락에서 숱한 무용담을 들었다. 부채의식과 상실감을 적지 않게 느껴야만 하는 학번이었다.

단지 글을 쓰고 싶다는 막연한 생각과 장학금에 현혹돼 단대신문과 인연을 맺었다. 처음 마주한 것은 오랜 전통이라는 이른바 '빠따'로 불린 폭력이었다.

수습기자가 들어오는 입사식과 한 학기가 끝나는 종간식 때마다 집단폭력은 엄숙한 의식처럼 치러졌다.

'지금 겪어야 하는 육체적 고통은 세상에서 겪을 고통에 비하면 아무것도 아니다.'

틀린 말은 아니다. 하지만 맞는 말도 아니다. 고통은 미리 체험하거나 익숙해진다고 해결될 문제는 아니다. 시대는 변했고 '빠따' 역시 어느 순간 사라졌다.

돌이켜보면 방황의 크기가 작지 않았던 그 시절. 대학 3학년까지 꽉 채워야 하는 단대신문 임기를 온전히 마칠 것이라고 생각한 사람은 많지 않았던 것 같다.

미등록 제적, 대학졸업장을 따지 못했다. 대신 단대신문 임기는 운 좋게 마쳤다. 온전히 스스로의 선택이었다. 술로, 일당 좋은 막일 아르바이트로 시간을 보낸 대가였다.

누군들 자신이 산 인생과 시대가 격동적이지 않았을까. 단대신문 70주년을 맞는 지금 48기 동기 두 명은 가슴에 품어야만 했다.

한 명은 의료사고로 허망하게 세상을 떠났다는 소식을 군복무 시절 접했다. 또 다른 한 명은 모 신문사에서 근무 중 스트레스를 호소했던 기억을 마지막으로 연락이 닿지 않는다.

때론 즉흥적이고 때론 무모했던 그 시절, 지금은 상상할 수도 없는 많은 시간들을 선후배들과 함께했다. 아마도 그 시간들이 없었다면 분명 삶은 이 자리가 아니었을 가능성이 크다. 너무도 놀라웠던 사실은 당시 단대신문에서 겪었던 일들이 실제 사회에서 부딪힌 신문사와 거의 다를 바 없었다는 점이다. 절대복종과 수직적 의사결정.

단대신문 시절 기억에 남는 두 가지 장면이 있다. 하나는 수습기자 시절 선배들이 다소 사상적으로 민감한 내용을 신문에 연재하기 위해 고민하던 순간들이다. 또 다른 하나는 5·18 광주민주화운동 특집호를 제작할 때 1면에 게재할 사진을 두고 갈등을 빚은 일이다.

당시엔 그것이 왜 그토록 중요했을까? 답은 물음표로 남기고 싶다.

졸업예정자 신분으로 뛰어든 일간지 수습기자 생활은 직업이라는 무게만큼이나 힘겨웠다. 인내하지 않으면 직업을 포기해야 하는 길밖에 없었다.

정보가 손안에 널려 있는 지금도 기자가 되고자 하는 사람들의 가장 큰 착각 하나가 있다. 기자가 되면 자신이 쓰고 싶은 글을 마음대로 쓸 수 있다고 생각하는 것이다.

유감스럽게도 1인 미디어가 아니라면 기존 언론사 조직 속에서 그런 꿈을 이루기란 쉽지 않다.

부장, 국장, 사장, 사주의 한마디에 기사는 밸류나 팩트 유무와 관계없이 살고 죽는다. 수익이나 다양한 이해관계가 얽혀 있다면 더더욱 재고의 여지는 사라진다.

단대신문에서 배운 기자적 글쓰기는 지금까지도 오래된 틀처럼 흔적을 남기고 있다. 글쓰기의 기본은 크게 다르지 않음의 증거일 것이다. 다만 창작의 글쓰기를 희망한다면 기자는 좋은 직업이 아닐 수도 있다.

고백하지만 단대신문에서 배운 것으로 지금까지 먹고살고 있다. 아는 것이 글쓰기와 기자질밖에 없었다.

선배들의 전설적인 단대신문 입사경쟁률에 주눅 들었던 시절이 있었다. 그리고 어느 순간 대학신문에 지원자가 없어 곤란을 겪고 있다는 이야기를 들었다.

포털의 시대, 소셜미디어의 시대에 뉴스의 소비는 극대화되다 못해 정점을 찍고 있다. 그럼에도 소수 메이저 언론사를 제외하고는 상당수가 기자 구인난에 허덕이고 있다.

'우리가 돈이 없지 가오가 없냐?'

대학신문은 돈 걱정을 할 필요가 없다. '가오'라도 유지할 수 있는 최소한의 조건을 갖춘 셈이다. 덕분에 장학금과 원고료, 편집료의 금전적 혜택을 풍성하게 누릴 수 있었음에 감사한다.

반면, 주식회사로 이루어진 언론은 돈이 없으면 유지가 불가능하다. 언론에 공적, 사회적 기능이 있음을 모르는 사람은 없다. 다만 경제적 독립을 이루지 못하면 공허할 뿐이다.

대학신문 시절 '매체 혁신'이란 말이 유행했었다. 세로쓰기 신문의 문화를 가로쓰기로 전환시키는 데 아마도 대학신문의 역할이 작지 않았을 것이다.

한국 언론 역시 디지털 시대에 고민이 깊어지고 있다. 〈뉴욕타임스〉의 '혁신보고서'가 공개되고 '버즈피드'와 같은 매체가 주류 매체의 트래픽을 압도하기도 했다. 적어도 온라인 언론권력은 미국에서만큼은 재편되고 있다.

한국 역시 변화는 일어나고 있다. 박근혜 정권을 무너뜨린 주력 매체인 JTBC의 근원은 온라인을 기반으로 했다고 봐도 과언이 아닐 것이다.

다만 한국의 주류 언론은 디지털 시대가 아니라 그 이상의 위기에도 쉽게 붕괴되지 않을 것이다. 시장경제에 의한 것이 아니라 전통적 유착관계에 의해 기업들의 광고가 이어지는 한 언론권력은 변화하지 않을 것이다.

단대신문의 수혜자로서 70주년을 맞아 미래를 고민해보면, 대학신문 역시 답은 디지털에 있다. 메이저 언론과 포털과의 갈등이 촉발된 원인은 자신들의 뉴스가 다른 뉴스와 1 대 1의 동일한 대접을 받는 데 기인했다.

역설적으로 중국을 휩쓴 뉴스앱 '터우타오'는 인공지능을 통해 정보시장을 독점해나가고 있다. 핵심은 기존 언론사와 1인 미디어, 블로그에 관계없이 독자 중심으로 뉴스를 동일한 가치로 서비스하고 있기 때문이다.

과거 수십 년 전에도 미국의 대학신문은 지역에 특화해 단지 대학 내 신문이 아니라 그 이상의 역할을 하고 있음을 부러워했다. 오늘날 대학신문들이 포털과의 관계설정을 하기란 현실적으로 쉽지 않다.

대신 페이스북, 트위터, 인스타그램 등 소셜미디어를 중심으로 한 영향력 확대는 얼마든지 가능하다. 소셜미디어 플랫폼상에서는 주류 언론이나 대학신문의 콘텐츠가 1 대 1로 동일하게 경쟁할 수 있다.

기존 언론은 소셜미디어상에서 심각한 선택의 갈림길에 서 있다. '좋은 콘텐츠'의 함정에 빠지거나 '선정적 콘텐츠'의 유혹에서 자유롭지 못한 것이다.

대학신문은 적어도 '좋은 콘텐츠'에만 주력할 수 있다는 점에서 디지털 시대에 진정한 경쟁력을 갖는지도 모른다. 그것은 곧 자본으로부터 독립된 대학신문의 가장 큰 장점이다.

기자들이 언론을 소유한 운 좋은 매체에 몸담고 있는 만큼 나의 '기자질'은 앞으로도 계속될 것 같다. 손가락에 힘이 남아 있는 한 글도 계속 쓰게 될 것이다.

단대신문 역시 70년을 넘어 모바일 시대, SNS 시대 그리고 다가올 인공지능 뉴스 시대에도 발전을 거듭하길 기대한다.

마음으로 기억하는 추억

신선주 동우
50기

서태지와 아이들/신세대/노래방/압구정동/마이마이/모래시계/하루키/PC/걸프전/포스트모더니즘/에콜로지/게스/캘빈 클라인.

컬러 무지 티에 배기 핏 청바지 흰 양말에 흰 스니커즈…….

1990년, 단대신문 입사식 뒤풀이에서 나는 '일편단심 민들레'를 불렀었다. 스무 살 되던 그땐 좀 더 성숙해 보이고 싶은 열망으로 가득 찼었던 것 같다.

벌써…… 스물일곱 해 전의 일이다.

가장 낭만적이고 열정적이었던 그 시절을, 어쩌면……. 돌아갈 수 없기에 더 그리운 그 추억을 어떻게 잊을 수가 있겠는가?

그해 나보다 여섯 살 많은 큰언니가 빨간색 프라이드를 몰고 집에 들어왔고, 나보다 세 살 많은 작은언니가 대학에서 제적을 당해 집을 나갔다.

추억 소환

왠지 꼰대로 보일까 하는 두려움에(너들은 벌써 꼰대 인증 했겠으나 ㅋㅋ) 추억 소환 같은 건 하고 싶지가 않았다. 그 시절 여러 가지 이유로 나의 로망이었던 김명섭 선배가 먹고, 살아가고, 늙어가는 모습을 보고 싶지 않았다. 추억은 추억으로 남아 있을 때가 가장 아름답다는 나름의 논리도 있었다. 이런저런 핑계를 떠나서 나도 사는 게 너무 분주했다.

학교 다닐 때 머리는 수학공식을 기억하고 마음은 수학여행을 기억한다. 여행할 때 머리는 장소를 기억하고 마음은 사람을 기억한다. 시간이 흐른 뒤에 돌이켜보면 머리로 기억한 공식은, 머리로 기억한 장소는 흐려지지만 마음으로 기억한 것은 또렷하게 추억으로 떠오른다.

얼마 전 모르는 번호로 걸려온 전화 한 통. 그의 목소리…… 들어본 지 십 년도 더 지난 것 같은데 단번에 알아듣고야 만 추억의 힘!

오소소 소름이 돋았다. "신. 선. 주. 너를 생각하면 설악산이 떠올라." 사투리 섞인 변호걸 선배 목소리였다.

여름방학과 겨울방학 때마다 갔던 연수회. 설악산, 주왕산, 단양, 또…….

성의제 교수님, 신종한 교수님, 김수복 교수님, 변호걸 교수님, 그리고 많은 이름들…….

J에게

날이 어둑어둑해질 즈음 학교 앞 벤치에 앉아 서로 하늘만 보며 설렘만이 가득했던 그 날, 기억나니?

'내 인생에서 단대신문은 무엇인가?'

이런 요상한 주제로 글을 쓰고 있어. 단대신문 경력 덕에 졸업 후 밥벌이를 하러 들어간 신문사 생활 2년 남짓, 그 이후로 처음 받아본 원고 청탁인 거 너도 알지? 펜대 놓은 지가 언젠데…….

갑자기 그때 그 시절 치기가 발동했는지…… 나도 모르게 전화기에다 대고,

"저, 정답 알아요! 제 인생에 있어서 단대신문은 '첫사랑'이예요."

냉큼 대답을 해놓고선 눈물 찔끔 나게 후회했어. 그때나 지금이나 변덕스러운 건 똑같지. ㅎㅎ

그러고 나서 전화를 끊었는데…… 눈이 오려는지 따끔따끔 눈앞이 흐려지더라.

그때 최루탄 꽤나 마셨었는데……. 겁이 많은 난 요리조리 잘도 피해 다녀서 닭장차 같은 건 타지 않았지. 너와 취재 다니던 그 많은 장소들 중에 나는 왜 부산대만 자꾸 생각나는 걸까? 그때 시퍼렇게 날이 서 있어서일까? 폭우 속에 치러진 전대협 출범식이었지. 지독하게 뜨겁고 선연했던 그날, 한밤의 꿈은 아니었을까…….

그리고 방북기자단. 한 편의 블랙코미디로 막을 내렸었지. 그날 동기 방미정과 술을 진탕 마시고 울고불고 인사불성이 된 무거운 나를 업고 넌 한남동 언덕배기 교정을 올라갔었어. 그때 너의 머리카락을 부드럽게 날려주던 밤바람도 기억이 난다.

세월은 흐르고 달려 언니는 끝내 학업을 포기하지 않았고 지금 한양대 부교수로 있어.

내 편지 몰래 뜯어보던 네 누이 소식도 궁금하다.

이 진부한 일상 속에 자지러지는 행복이나 기쁨이 없다 하더라도, 나는 이 무사한 하루하루의 순환이 죽는 날까지 계속되기를 바라고 그것을 행복으로 삼기로 했다.

오늘도 내일이 오면 한 잔 막걸리 같은 추억이 되겠지.

"막걸리는 / 아침에 한 되 사면 / 한 홉짜리 적은 잔으로 / 생각날 때마다 마시니 / 거의 하루 종일이 간다" (천상병, '막걸리' 중에서)

친구야~ 언제 막걸리 한잔하자.^^

잃은 것도 얻은 것도 많았던 단대신문,
그러나 다시 들어가라 한다면 "NO"

민주영 동우
51기

오래전 알고 지내던 분 중 금융상품 판매의 대가(大家)가 있다. 보험이나 펀드 등 금융상품을 팔아 올리는 수입이 월 1억 원이 훨씬 넘고 자신이 월급 주면서 쓰는 비서가 두 명이나 된다. 이 분은 월요일부터 목요일까지만 일하고 금요일에는 도서관에 가서 하루 종일 공부한다. 그리고 주말은 온전히 가족과 지낸다고 한다.

이 분과 성공한 과정에 대해 이야기를 나눈 적이 있다. 그는 예상과 달리 내 눈을 마주 보지 못할 정도로 부끄러움을 많이 탔다. 그러면서도 내게 삶의 태도에 대해 당부할 때는 고지식할 정도로 원칙적이었다. 그가 대학을 졸업하고 나서 영업 전선에 뛰어든 계기는 실제로 '배가 고팠기 때문'이라고 했다. 일찍 아버지가 돌아가시고 홀어머니께서 가족의 생계를 책임지셨기 때문에 장남인 그가 무거운 책임감을 가질 수밖에 없었다. 그가 영업을 하겠다고 하니 어머니께서 세 가지 이유를 들어 반대했단다.

첫째, 영업을 하려면 부끄러움을 몰라야 하는데 성격이 내성적이어서 부끄러움을 많이 타므로 안 된다. 둘째, 주변에 부자가 없어서 도움을 받을 데가 없다. 셋째, 영업을 하려면 말을 손바닥 뒤집듯이

해야 하는데 고지식해서 거짓말을 못한다는 이유였다.

하지만 그는 이 세 가지가 오히려 성공하게 될 수 있었던 이유라고 했다. 첫째, 내성적인 사람이라도 그의 스타일로 친구를 만들 수 있었다. 둘째, 주변에 부자가 없어서 처음부터 모르는 사람들에게 영업을 해야 했다. 아는 사람에게 영업을 했더라면 금세 영업할 곳이 떨어져 포기했을 것이다. 셋째, 일반적으로 영업을 잘 하려면 거짓말을 할 줄 알아야 한다고 생각하지만 실은 그 반대이다. 영업에서 성공하는 데 있어 정직함이 가장 중요하다. 결국 다른 사람에게 단점으로 보였던 것이 그에게는 성공의 요인이었다.

부질없는 질문이긴 하지만 만일 대학시절로 돌아간다면 단대신문사에 또 다시 들어갈까 생각해본 적이 있다. 그에 앞서 다시 대학시절로 돌아가고 싶지도 않다. 불확실한 미래로 대학시절 내내 불안해하면서 고통스러웠기 때문이다. 그럼에도 불구하고 다시 대학시절로 돌아간다면 세 가지 이유로 단대신문에 들어가지 않을 것이다.

첫째, 학교 공부를 소홀히 한 탓에 성적이 형편없다. 물론 신문사 생활을 한다고 해서 반드시 성적이 떨어진다는 상관관계는 없다. 하지만 대학생활의 대부분을 신문 만드는 데 할애한다면 공부할 시간이 상대적으로 줄어들 가능성이 높다. 예를 들어 2학년 때 매주 금요일마다 열렸던 강기훈 유서 대필 조작 사건의 재판 취재 때문에 금요일 오후 수업은 항상 빠져야 했고 결국 F학점을 받았다. 그리고 군대에 있는 동안 부족한 학점으로 한 학기를 더 다니게 되는 악몽에 내내 시달려야 했다. 이 악몽은 현실이 돼 실제로 한 학기를 더 다녀야 했다. 게다가 졸업할 때 대기업 입사 원서는 언감생심이었다.

둘째, 인생의 꽃다운 대학시절 기억이 다람쥐 쳇바퀴 돌듯 단대신문사 생활밖에 없다. 편집회의－취재－원고마감－편집 및 교정－신문배포 및 평가로 이어지는 매주 반복되는 단순한 생활이었다. 대학시절을 되돌아볼 때 신문사를 빼놓고 보면 아무것도 없을 정도여서 한편으로 아쉬움이 크다.

특히 연애를 많이 못해 본 게 가장 아쉽다. 같이 이야기하고 술 먹어본 '여자사람'이라고는 신문사 선배나 동기, 후배뿐일 정도다. 신문사에서 본 여자사람 빼고는 기억에 남는 여자사람이 없다는 게 매우 후회스럽다.

셋째, 지나치게 술을 마시며 정신과 몸을 너무 많이 소진했다. 거의 매주 신문 제작을 마치면 뒤풀이를 핑계로 술집으로 달려갔다. 군대에서 휴가 나왔거나 제대해 복학한 선배들과도 종종 술을 마셔야 했다. 입사식과 수련회 등 행사가 있는 날에는 집에 가는 걸 포기해야 했다. 3학년 부장시절에는 코앞에 있는 하숙집에도 들어가지 못하고 주변 여관 등을 전전하며 술을 마신 날이 헤아리기 어려울 정도로 많다. 지긋지긋할 정도로 술을 마시면서 젊음을 소진하지 않았나 하고 후회한 적이 있다.

인생을 어떻게 살 것인가
기준을 마련할 수 있었던 소중했던 시간

단대신문 시절로 돌아가고 싶지 않은 이 세 가지 이유가, 따지고 보면 오히려 오늘날 나 자신의 삶에 큰 원동력이 됐다면 지나친 비약일까?

첫째, 비록 학점은 형편없지만 학점을 대신해 치열하게 살았던 단대신문 시절은 인생을 어떻게 살 것인가 기준을 마련할 수 있었던 소중한 시간이었다.

이런 경험 탓에 대학시절은 학점이나 스펙을 만드는 시간이 아니라 삶의 철학을 만드는 시간이어야 한다고 생각한다. 철학은 어려운 것이 아니라 세상을 바라보는 일관성 있는 관점이다. 내게 단대신문 시절은 신문을 매개로 많은 사람들의 삶과 만날 수 있었고 치열하게 고민을 나눌 수 있는 시간이었다.

그 결과가 형편없는 성적표에 기록돼 있지는 않지만 가슴 속 깊이 남아 삶을 어떻게 살아가야 할 것인가에 대한 방향타가 되어주었다. 현재 금융 투자업을 하고 있는 내가 생각하는 삶의 기준은, 내가 하는 일에서 여러 사람의 삶과 재정에 도움이 돼야 한다는 것이다. 그러기 위해서는 당사자의 입장에서 고민하고 정직해야 한다고 믿는다. 이러한 노력 덕분에 언감생심이었던 국내 최고의 대기업에도 입사해 원하는 만큼 다녀봤다.

둘째, 다람쥐 쳇바퀴 도는 듯한 단순했던 단대신문 생활이었지만 이 덕분에 나의 대학생활은 사실 다양하고 풍성했다. 신문을 매개로 구로공단 노동자부터 대통령 후보까지 다양한 사람들과 만나 인터뷰하며 그들의 삶을 엿볼 수 있었기 때문이다. 많은 연애를 해보지 못했고 비록 짝사랑으로 끝나긴 했지만 치열하게 사랑도 해봤다. 그리고 결국 지금의 아내도 신문사에서 만난 아주 착한 후배이다. 신문사를 통해 평생의 배우자를 만났으니 더 이상 연애에 대해 아쉬움을 가질 수 있으랴.

셋째, 지나친 술로 인해 몸과 마음을 소진했지만 지나고 보니 그때 우리는 술만 먹은 게 아니었다. 술자리에서 나눴던 선배, 동기, 후배들과의 정은 평생 떼려야 뗄 수 없는 관계의 깊이로 이어졌다. 나이를 먹을수록 느끼는 것 중 하나는 사람의 관계는 숫자가 아니라 깊이라는 것이다. 수없이 오고 갔던 술잔을 통해 우리는 서로를 알아가고 이해해갔다. 그렇게 이어진 관계로 인해 이제 단대신문사 선배, 동기, 후배라는 이름만으로 서로를 믿고 아무 사심 없이 서로를 노울 수 있게 된 것이라고 생각한다.

치열한 사회생활 속에서 단대신문 가족들처럼 항상 믿고 응원해주는 사람들이 있다는 것은 소중한 인생의 자산이 아닐 수 없다.

과도기만큼이나 빛나는 추억

양민정 동우
60기

2018년 무술년 새해를 맞아 서재를 정리하다 오래된 스크랩북을 꺼내 들었다. 빛바랜 신문 스크랩은 단대신문사 재직 중 내가 취재하고 촬영하고 인터뷰했던 기사들을 오려 모은 것으로, 잊을 수 없는 추억 소환의 보물이자 뜨거웠던 나의 20대를 기리는 소장품이다.

특히, 맨 앞장을 차지하고 있는 "단대신문사 수습기자 모집" 공고와 수습기자 딱지를 떼고 드디어 받은 "사고"는 지금 봐도 설레는 마음을 감출 수가 없다.

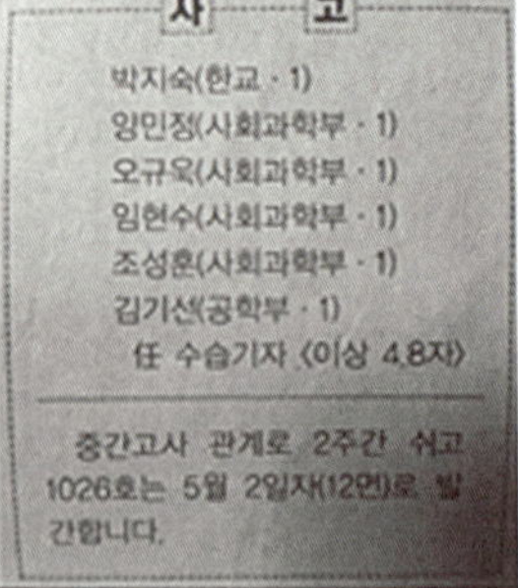

사 고

박지숙(한교 · 1)
양민정(사회과학부 · 1)
오규옥(사회과학부 · 1)
임현수(사회과학부 · 1)
조성훈(사회과학부 · 1)
김기선(공학부 · 1)
任 수습기자 〈이상 4.8자〉

중간고사 관계로 2주간 쉬고 1026호는 5월 2일자(12면)로 발간합니다.

단대신문사는 갓 상경한 여대생의 일상을 새로운 만남과 특별한 경험들로 가득 채워주었다. 내가 쓴 원고의 수가 늘어날수록, 하나씩 빈칸을 채우듯 그렇게 삶을 채우고, 자존감을 높이고, 자신감도 불어갔다. 그리하여 현재 몸담고 있는 PR업(業)에서도 좋은 성과를 낼 수 있는 밑거름이 되어주었다.

내가 입사한 2000년도는 밀레니엄 학번이라는 호칭과 함께, 단대신문도 여러모로 과도기를 겪던 시기였다. 단대신문은 매주 12면으로 증면했고, 컬러 르포가 실리기 시작했으며, 디지털 카메라를 도입하기 전 암실을 사용한 마지막 기수이기도 하다.

필름 빨리 감는 법을 가르치겠다며, 가장 배고픈 시간에 중국 음식을 시켜놓고 암팩에 양손을 넣어 롤을 감는 순으로 음식을 먹게 했던 사진부 선배의 교육은 필름카메라와 함께 과거의 유물이 되어버렸다. 현상, 인화를 위해 물을 떠 오라는 선배의 명에 따라, 추운 겨울 한남동 이부대 건물 1층 화장실에서 3층 신문사까지 물통을 나르던 기억도 지금은 웃음기 머금게 되는 추억이 되었다. "신문사에 공주는 없다. 너도 물 떠 와!"라며 단호하게 소리치던 선배 목소리가 아직도 귓가에 울리는 듯하다.

편집회의 시간이면 각자 취향(?)에 따른 아이템을 제안하기 바빴는데, 그중 내가 가장 좋아했던 코너는 "사라지는 한국 문화"라는 르포였다. 개인적으로 관심이 많던 주제이기도 했지만, 취재를 빙자하여 방방곡곡 다니다 보면 마치 유력 일간지 기자가 된 듯 어깨가 으쓱으쓱했다.

처음으로 맡은 르포의 주제는 '천연염색'이었는데, 선배와 함께 청량리에서 시외버스를 타고 경기도 포천 고모리에 위치한 염색장을

찾아갔다. 첫 르포의 설렘만큼이나 흩날리는 염색 천들의 천연빛깔이 어찌나 아름답던지! 한참 시간이 흘렀음에도 그 선명한 색상은 뇌리에 남아 있다.

이후에도 전통줄타기, 빨래터, 손수레 등 다양한 아이템을 찾아다니며 취재를 했는데, 그중 가장 기억에 남는 일화는 동기 넷이 함께 취재를 떠났던 일이다. 장작불 때는 부뚜막을 찾아 무작정 강원도행 버스에 몸을 실었던 철부지 기자들은 우여곡절 끝에 산속 오두막에서 노부부를 만나 취재도 하고 따스한 밥 한 끼를 얻어먹었다. 요즘같이 험한 세상에선 감히 기대하기 어려운 순수함과 정이 남아 있어 가능했으리라.

행복의 방법도 경험을 통해 알아간다고들 한다. 낯선 사람들과 새로운 곳에서, 동기 및 선후배와의 갈등 속에서, 그리고 한 주 한 주 신문을 완성하기 위해 노력했던 시간 안에서, 그 순간들과 값진 경험들이 있었기에 지금의 나는 행복하다.

나의 삶에 빛나는 추억과 훌륭한 선후배를 선물한 단대신문에 무한한 감사와 존경을 보내며, 70주년을 진심으로 축하한다.

단대신문은 내게 끈기를 선물해주었다

오규욱 동우
60기

단대신문은 나에게 많은 '첫 경험'을 준 곳이다. 기자라는 직함을 처음 달게 해준 곳도, 마감이 주는 부담감을 처음 알게 해 준 곳도 단대신문사이다.

물론 마감은 지금도 괴롭다. 이 글을 쓰는 순간도 말이다. 10년 넘게 기자라는 타이틀을 가지고 일하고 있으면서도, 마감이 부담스러운 건 여전하다. 알면서도 피할 수 없기에 더 힘든 것도 같다. 새로운 글을 쓸 때마다 흰 화면을 어떻게 채워야 할지 몰라 가슴이 답답해지고, 괜히 물을 마시러 일어서고, 또 그 순간을 회피하고 싶은 마음에 힘들 때가 많다. 세월이 흐르고 경험이 쌓여도 변하지 않는 걸 보면 나는 타고난 기자가 아닌 건 분명하다.

지금도 마감을 생각하면 가장 먼저 떠오르는 장면이 있다. 아마 3학년 취재부장이 된 후 첫 번째 혹은 두 번째 마감날이었던 걸로 기억한다. 당시 3~4명의 인원으로 12면 지면을 마감해야 했다. 단신, 인터뷰, 현장르포에 분석기사까지 기사 분량은 왜 그리 많았는지, 돌이켜보면 그땐 어떻게 혼자서 그렇게 많은 기사를 썼는지 모르겠다.

그날은 조판을 하루 앞둔 일요일이었다. 신문사가 있던 낡은 이부대학 건물 3층. 석유난로를 켜고 컴퓨터 앞에 앉아 모니터를 바라보면서 한숨짓던 모습이 떠오른다. 창가에는 어느덧 해가 기울고 있는데, 써놓은 기사보다 써야 할 기사가 더 많아 마음 졸이던 그때가 떠오른다. 아마 단대신문사 입사 후 후회를 가장 많이 했던 날로 기억한다. 처음 신문사 가입을 권유했던 동기를 속으로 원망하기도 했었다.

'아, 이렇게 마감시간을 넘기면 어쩌지? 신문조판을 못하는 건가? 도대체 왜 난 기사를 빨리 못 쓰나? 아니 왜 신문사에서 들어와서 사서 고생을 하나? 진작 그만뒀으면 좋았을 텐데.'

머릿속은 이런 생각으로 가득해 정작 기사는 한 줄도 못 쓰고 한숨만 짓던 모습.

당시에 어떻게 마음을 다잡았는지는 정확히 기억이 나지 않는다. 아마도 종이컵에 커피믹스 한 잔 타서 마시며, '그래 이번 한 번만이다. 한 번만 더 하자. 일단 이번 마감만 넘기고 그만둘지 생각하자' 하며, 넘겼던 것 같다.

그날 밤 창문 틈 사이로 불어오는 겨울바람에 시린 손을 불어가며, 한 줄 두 줄 문장을 써 내려가던 모습이 떠오른다. 어느덧 기사 하나를 넘기고, 다음 기사로 넘어갈 수 있었다. 마감할 수 있겠다는 안도감도 들었다. 어느덧 마지막 기사의 리드를 쓰면서, 문득 시간이 꽤 흘렀다는 것을 깨달았다. 도대체 몇 시간을 한 자세로 앉아 있었는지 목덜미가 뻣뻣하게 저려오며, 갈증이 밀려왔다. 그제야 한쪽 얼굴이 따가운 것도 느꼈다. 뻐근한 목을 돌려보니 창문으로 들어오는 환한 빛을 볼 수 있었다. 그리고 마치 욕조에 몸을 담근 것처럼 따스한 햇볕에 눈을 감고 있었다.

수능 공부할 때도 새워보지 않은 '날밤'을 그때 처음 새워봤다. 그 사실을 깨닫는 순간 알 수 없는 뿌듯함이 밀려왔다. 몇 시간 동안 앉아 있었는지 기억나지 않지만, 내가 이렇게 집중할 수 있다는 사실이 놀라웠다. 아마 그 순간, 어쩌면 내가 기자라는 직업을 가질 수도 있겠다는 생각을 처음 해본 것도 같다.

세월이 지난 지금도 가끔 그때의 기억을 떠올린다. 특히 마감에 지칠 때면, 그날의 장면을 떠올린다. 지금도 마감에 대한 부담감은 피할 수 없지만, 적어도 이제는 어떻게 극복해야 하는지 나름의 방법을 터득했다. 특별한 방법도 아니다. 비결은 묵묵히 참고 견디는 것이다. 돌이켜보면 나에게 끈기를 가르쳐준 곳도 단대신문사이다.

덕분에 부족한 영어로 기사를 써야 했던 어려움도, 네덜란드에서 유학하며 부딪혔던 난관도 극복할 수 있었다. 다시 기자로 돌아온 지금도 포기하고 싶은 일이 생길 때마다, 밤새워 기사를 썼던 그 날의 기억을 떠올리곤 한다. 그러면 '그래 이번에도 잘할 수 있을 거야'라는 확신이 든다.

왼쪽부터 임현수(60기), 오규욱(60기) 동우

내 인생의
타이거 밤

길지혜 동우
61기

죽을 고비를 두 번 넘기고 큰 수술을 앞둔 할아버지는 말했습니다.

"내가 너무 오래 살았어. 평생 필 담배도 다 폈고, 하늘에 먼저 간 마누라 보는 것이 남은 소원이여."

텅 빈 담뱃갑 구석에서 돛대 하나 꺼내 들고 불을 지폈습니다. 벽에 붙은 금연 스티커에 보란 듯이 연기를 내뱉고는, 집은 니들 알아서 정리하라며 말끝을 흐리셨습니다. 저녁때가 지나 하나둘 7남매가 모두 모였습니다. 미운 정 한 번 더 주고받은 셋째 딸이 창밖을 보며 말을 내뱉습니다.

"평생 징글징글하게 속 썩이더니 또 볼 작정인교? 울 어매는 아부지 피해서 멀리 도망갔소. 하늘에서 좋은 데 여행 다니고 있단 말이오. 만날 생각일랑 꿈도 꾸지 말고 여기서 곱게 늙은 할머니나 만나든지 말든지……."

수술 잘될 거니 걱정하지 말란 말을 그렇게 나누는 사이입니다. 같이 늙어가는 것일지도요. 수술은 예상보다 오래 걸렸습니다. 수술실 문이 열리고 수술대 위에 놓인 깡마른 바지랑대 같은 노인은 지쳐 잠

들어 있었습니다. 바람이 조금만 세게 불면 타다닥 소리 내며 쓰러질 것 같은 곧고 약한 부지깽이 같았습니다. 의사는 장남과 첫째 딸을 불러, 수술로 목숨은 부지했지만 올해 추석은 못 지내실 것 같다는 말을 전했습니다. 그 좋아하는 가을 곶감은 이제 누가 다 먹으려나요.

"아부지, 수술 잘됐다카니까, 이제 담배 좀 그만 피시고예. 일주일 정도만 회복 잘하면 퇴원할 수 있다캅니더."

아무도 그 이상의 말은 하지 않았습니다. 셋째 딸인 저희 엄마도 그 순간엔 어떤 말도 더하지 않았습니다. 한마디라도 더 하면 눈물이 나와 부지깽이를 태워버릴 것 같았기 때문일까요. 제 한 몸 아끼지 않고 산 둘째가 힘을 써 1인실로 각별히 모셨고, 명절에도 제대로 얼굴 못 보여드린 다섯째는 더 애써 몸을 닦아드렸습니다. 암세포가 몸을 완전히 점령하고 있는데도 까슬까슬한 흰 턱수염은 자랐습니다. 면도도 해드렸습니다. 당신은 이미 알고 있는 것 같았습니다. 공장일을 한 시도 놓지 못하는 여섯째가 여기 와 있는 이유를.

당신은 뜨거운 여름을 보내고 있었습니다. 몸에 붓기가 좀 있지만 한여름에도 입맛이 돈다며 좋아하셨습니다. 맏며느리가 주말마다 해다 주는 간장게장이 목요일만 되면 동날 정도였으니까요.

할아버지는 마당에 평상을 만들었습니다. 평상을 반 정도 가릴 만한 감나무 아래에 앉아 라디오에서 흘러나오는 지나간 뽕짝을 듣곤 했지요. 짜장면도 시켜 드셨습니다. 주말마다 부지런히 찾아온 막내딸은 평상에 앉은 아버지를 보면서 눈물을 흘립니다. 내년 여름에도 앉으려면 평상을 튼튼하게 만들어야 된다는 아버지 말이 자꾸 머릿속을 맴돌아서겠지요.

심장 수술이어서 할아버지 가슴 한가운데엔 칼자국이 선명히 남아 있었습니다. 태국 여행에서 돌아오자마자 약국에서 산 타이거 밤 두 통을 들고 할아버지를 찾아뵈었습니다.

"근육통이 있거나 뻐근한 데 바르시면 돼요, 할아버지. 파스 같은 거예요."

일명 호랑이 연고. 외국에서 손녀가 사 온 연고는 당신에겐 만병통치약이었습니다. 받아들 땐 뭐 이런 것을 다 사 왔냐고 멋쩍어하시더니, 일찌감치 한 통은 온몸 구석구석 쑤시는 데에 바르고 계셨습니다. 늘 입고 계신 조끼를 벗어 옆에 두고, 셔츠를 올리시더니 칼자국에 연고를 듬뿍 발라 문대셨습니다. 야윈 가슴팍에 연고를 문지를 때마다 갈비뼈가 드르륵거리는 소리가 났습니다.

"아이고, 시원타."

이 약으로 당신의 심장까지 완치된다면 얼마나 좋을까. 그렇다면 수백, 수천 개는 사드릴 수 있는데 말입니다. 할아버지는 결국 두 통을 다 쓰시고, 할머니를 만나러 먼 길을 떠나셨습니다. 가족들이 유품을 정리하는 동안 뚜껑 덮인 컵에 반쯤 남은 물과 빈 호랑이 연고 통을 오랫동안 바라봤습니다.

단대신문은 내 인생의 타이거 밤이다. 삶의 위안이다. 갓 스무 살에 마주했던 치열한 고민의 시간은 그것이 설령 서툴고, 지나고 보면 담배연기처럼 사라질 그 무엇이라 해도 지금의 나를 만들어준 불씨 같은 것이었다.

나는 세계를 여행하며 글을 쓰는 여행 작가의 삶을 살고 있다. 낯선 이와 허물없이 이야기 나눌 수 있는 용기, 위기 상황에서 나오는 순발력을 단대신문에서 배웠고, 입을 다물지 못할 세계의 절경보다 그저 사람 사는 냄새를 더 좋아하는 것도 내가 단대신문사에서 4년을 보냈기 때문일 것이다.

떠나고 보면, 아무리 멀리 가도 결국 내 마음속을 걷는 것이 여행이라는 걸 알게 된다. 내 마음속엔 신문사에서 사람들과 울고 웃었던 추억이 아주 크게 자리하고 있다. 삶에 시칠 때면 그 기억을 꺼내어 바른다.

아버지에게 소개받은 단대신문

최정빈 동우
66기

꿈 많고 어리숙하던 대학생이 어느덧 '서른 즈음에'라는 노래가 더 어울리는 나이가 되었다. 사회에서는 경제적인 활동을 한창 해야 하는 나이이다. 그런 내게 단대신문은 자신감과 책임감을 배운 곳이다. 마치 진짜 사회생활을 경험하기 전에 작은 사회를 경험해볼 기회를 주는 곳, 그곳이 단대신문이였다.

단대신문에 들어가게 된 건 아버지의 영향이 가장 컸다. 아버지께서는 단대신문 32기로, 학창시절에 겪은 다양한 경험에 대해 종종 말씀하곤 하셨다. 단대신문 기자로 활동하면서 사진 찍는 재미에 빠지기도 하셨고, 그 경험과 실력으로 방학 때는 스키협회 보도부장을 맡기도 하셨다는 얘기 등은 내가 단대신문에 빠져들기에 충분했다. 신입생이 되고서 단대신문에 지원해보지 않겠느냐는 아버지 말을 들었을 때는 반드시 단대신문 기자가 되고 싶다는 열망이 가득 찼다. 그렇게 단대신문 66기로서 열정 가득한 학보사 생활을 시작했지만, 학기 중 단대신문 기자로 활동하는 것은 그리 호락호락한 일이 아니었다.

강의 및 과제와는 별개로 공강 시간 틈틈이 학내 행사를 취재해야 했고, 여차하면 기획 보도나 외부 취재를 위해서 강의를 빠지는 일도 허다했다. 주간 신문이라는 것은 그런 것이었다. 월요일에 조판, 화요일에 배포, 수요일~금요일에 취재, 토요일에 마감 기획 회의로 다람쥐가 쳇바퀴 돌듯이 그렇게 매주 새로운 신문을 만들어야 했다.

단대신문은 공과 사 사이에서 외줄을 타는 법을 처음 터득하게 해준 곳이었다. 반복되는 사이클 속에서 맡은 기사마감 기한을 지키는 책임감을 배우고 함께 어려움을 나눠가는 동지들이 있는 따듯한 곳이었다.

그 시절로 돌아가서 다시 단대신문 기자가 되겠냐고 묻는다면 나는 어김없이 하겠다고 말할 것이다. 지금 생각하면 학기 중 개인 공부에 전념하지 못해 주변에서 쓴소리도 많이 듣고 힘든 순간도 있었지만, 단대신문 기자 생활이 지겹다는 생각은 단 한 순간도 해본 적이 없는 것 같다.

장학금이 내게 큰 힘이 되기도 했지만, 단대신문 기자로서 경험할 수 있는 다양한 경험이 내겐 큰 자산이 되었던 것 같다. 다양한 동문들을 인터뷰할 수 있는 기회를 직접 만들고 만나는 일은 간접적으로 그들의 경험을 나눌 수 있는 소중한 시간들이었다. 학교 안에서, 학교 밖에서 동문들은 다양한 분야에서 고군분투하며 그들의 삶에 충실하고 열심히 살아간다. 그들을 통해 무한한 열정을 보고, 꿈을 보고, 노력을 엿볼 수 있었기에, 더 열심히 단대신문에 애정을 가질 수밖에 없었던 것 같다.

취재 과정 중에 수많은 멘토들을 만나, 좋은 점은 좋은 점대로 안 좋은 점은 안 좋은 점대로 교훈을 얻을 수 있었다. 어디에 가서 학습비를 내고서도 배울 수 없는 값진 경험을 단대신문 안에서는 대학생이라는 열정과 패기로 마음껏 펼칠 수 있었던 것 같다.

학교를 졸업한 지 벌써 7년이 되어가고, 아버지 또한 까마득한 과거에 학교생활을 하셨지만 우리 부녀에게는 항상 단대신문이라는 공통 대화 소재가 있다.

동시대에 함께 단대신문 기자 활동을 한 것은 아니지만, 아버지 또한 그 시절 단대신문에 열정을 쏟은 꿈 많은 청년이었으리라. 요즘은 아버지와 함께 속해 있는 단대신문 단톡방이 신기하기만 하다. 다양한 연령대의 대선배들이 함께하는 단톡방의 존재는 신문물에 잘 적응한 어른들의 모습을 보는 것만 같아서 새삼 멋지기도 하다. 특히 아버지와 단대신문 선후배라는 게 더 실감 나고 신기하게 와 닿는다.

이렇게 다양한 연령대가 함께하는 단톡방이 있을까 싶기도 하다. 대선배들이 비록 수줍음이 많은 후배들이 반응이 없어도 용기 있게, 열심히 살고 있노라 톡으로 알려주실 때면 선배님들을 응원하고 싶은 마음이 한가득 올라온다.

단대신문. 이 네 글자에 우리들의 추억과 젊음이 차곡차곡 담겨 어느덧 70주년이 되었다. 세대별 문화와 모습은 약간씩 다를지언정 단대신문과 함께 열정 하나로 꿈 많은 대학시절을 보냈다는 공통점이 있다. 그 시절 마감을 지키던 책임감, 동기들과 함께했던 수많은 고민의 밤, 따뜻하게 세상을 바라보던 순수함을 우리는 지금 얼마나 가지고 있을까?

단대신문 70주년을 맞이하여 다시 한 번 그때 그 시절의 나로 돌아가 본다. 그 순수한 열정을 이 글을 읽는 모든 단대신문 선후배님들이 다시 한 번 떠올려보는 순간이 될 수 있으면 좋겠다.

잊을 수 없던 첫 기사, 인생의 터닝포인트가 되다

이건호 동우
69기

군대를 전역한 후 남들보다 조금 늦은 나이에 시작한 단대신문사 기자. 학과 동기들에게 학보사에 들어갔다고 쑥스럽게 얘기를 꺼내는데 누군가가 대뜸 억울한 일을 당했다는 얘기를 해왔다. 학교 도서관의 근로장학생으로 뽑혔는데 그만 억울하게 잘렸다는 것이다. 좋은 내용이다 싶어서 신문사 첫 편집회의에서 아이템을 발제했다. 모두들 "말도 안 된다"며 반신반의했다. 일단 취재해보기로 하고 편집장과 함께 도서관에 갔는데 그 말이 사실이었다. 국가근로장학생이란 것이 새로 생기면서 기존 근로장학생의 자리가 없어져 배치가 보류됐다는 것이다.

지금 생각해보면 정말 말도 안 되는 일이 벌어진 것인데 기사는 매우 완화되어서 나갔다. '이것이 학보사의 한계인가'라는 생각도 조금은 들었지만 '세상에는 정말 억울한 사람이 많은가 보다', '진짜 기자가 되면 정말 보람찬 일을 할 수 있겠구나'라는 생각이 더 많이 들었다. 지극히 호전적이었던 나의 기자생활은 이 첫 경험으로 시작되었다.

이후로도 비판적인 논조를 유지한 나의 기사 성향에 당시 권항주 국장님이 많이 힘들어하셨다. 어느 날은 신문에 안 좋은 기사가 실린 부서의 직원이 신문사로 찾아와서 공식적인 항의문서를 보내겠다고 했다. 내가 쓴 기사에 언급된 직원이 계약직인데 그 기사 때문에 그만둬야 할 수도 있다는 말을 들었다. 그제야 '내가 무슨 짓을 한 건가' 하면서 그 분에 대한 걱정이 앞섰다. 그럴 때마다 단기필마로 막아주셨던 권 국장님 덕에 의미 있는 기사들을 많이 쓸 수 있었다.

학교 건물의 하자보수 관련 기사는 평생 잊지 못할 기사일 것이다. 죽전캠퍼스로 이전한 후 시공업체에서 하자보수를 무료로 해주는 기간이 얼마 남지 않은 상황이었다. 그런데 건물 곳곳에서 균열이 발생하고 장마철에는 빗물이 건물 안으로 쏟아진다는 민원이 많이 발생했다.

이 건을 파악해보고 싶었으나 어디서부터 시작해야 할지 몰라 국장님과 선배들에게 의지해 방향을 잡고 취재를 시작했다. 먼저 건축학과 교수님을 모시고 균열 부위의 문제점을 점검하고 학과 사무실을 돌며 어떤 문제가 있는지 확인했다. 가장 중요한 것은 시공업체가 파악하고 있는 전체 하자보수 건수를 알아내는 일이었다. 그들이 쉽게 알려줄 리 없었다. 하지만 수차례 시공업체의 사무실을 방문해 기사의 의도를 설명하고 설득한 끝에 전체 건수를 확인할 수 있었다. 이 모든 게 일주일도 안 되는 시간 동안 이뤄졌다. 기사는 1면에 대문짝만하게 실렸고 사진은 학보사에 안 어울리는 준프로 사진기자였던 상만이가 곧 무너질 것 같은 건물 풀샷을 화려하게 찍어 실었다. 조판하는 날 '내가 이렇게 큰 기사를 썼구나' 하고 느끼며 벅찬 감동이 밀려왔다.

당연한 일이었지만 뒤는 별로 좋지 않았다. 업체에서 항의전화를 해왔고 후속기사는 보류됐다. 그 기사가 학교에서 꽤 문제가 됐다고 들었다. 신문사와 내가 문제아로 찍히는 것 같은 기분이었다. 그래도 값진 경험이었다.

힘들지만 재미있었다. 제보도 많이 들어왔고 나를 당황시킬 만큼 호전적인 후배들도 들어왔다. 몇 명 안 되는 기자가 쓰기에는 단대신문 12면은 너무나 광활했기에 많은 기사들은 뻔하고 뻔한 기사들로 채워지기도 했다. 그럼에도 새로운 기획을 하고 학생들에게 필요한 기사를 쓰기 위해 고민했다.

총학생회장 선거를 앞두고는 한 면을 통으로 두 후보들에 대한 심층 인터뷰로 다뤘다. 신문이 나오고 며칠 뒤 건물 벽에 인터뷰 면을 통으로 붙여놓고 학생들이 읽고 있었다. 남들이 내 기사를 찾아서 읽고 있는 모습을 보는 것은 큰 보람이었다.

최근에 회사 일로 신문사 후배를 만난 적이 있다. 이제는 각자의 자리에서 예상치 못했던 새로운 일들에 전념하고 있지만 자연스럽게 신문사 얘기가 나왔다. 이제는 웃으며 얘기하지만 그 시절 정말 힘들었다는 이야기를 나누었다. 신문사 생활은 '월화수목금금금'이라며 오죽하면 중간고사나 기말고사 기간이 되면 신문이 안 나온다고 좋아할 정도였다고 말하며 우리는 웃었다. 원고료를 너무 많이 받아 신용카드를 만들려고까지 했다는 내 일화에 또 웃었다. 왜 그렇게까지 열심히 했는지도 잘 모르겠다며 계속 웃었다.

안타깝게도 사회에 나와 보니 학보사 경험이 중요한 스펙은 되지 않았다. 면접관들은 영어 점수나 자격증에 더 관심이 많았다. 억울하지만 나의 값진 경험을 이해시키기는 쉽지 않았다. 그런데 회사에 들어가서는 달랐다. 학교에서 매일 아이템을 찾고, '빠르고 정확하게'라는 모순된 지시를 따르며 일했던 습관이 지금도 여전히 몸에 배어 있었다.

부끄러운 자랑이지만 현재 다니고 있는 직장에서 큰 기획을 도맡아 하고 있다. 이 분야에 경험도 적고 전문적으로 공부한 적도 없던 내가 이런 위치를 맡을 수 있었던 것은 힘들었지만 많은 것을 배울 수 있었던 단대신문에서의 경험 때문이 아닐까 싶다.

대학시절 구체적인 꿈이 없었던 내게 뚜렷한 방향성을 갖게 만들어준 단대신문이지만 2011년 임기를 마치고 나니 이제는 연결고리가 희미해지는 느낌이다. 하지만 안간힘을 써가며 고비고비를 넘었던 그때의 열정 넘쳤던 기억들은 추억을 넘어 지금의 나를 지탱해주고 있는 것 같다.

끝으로 올바른 언론의 길을 알려주셨던 강내원 전 주간님과 기자는 항상 공부해야 한다고 말씀하시던 권항주 국장님께 깊은 감사의 마음을 전하고 싶다.

PRESS

4부

단대신문 연혁과 동우 명단

연혁은 보관하고 있는
단대신문 창간호부터 현재까지 전 신문의 지면을
일일이 살펴서 주요 사항들을정리했다.
_임현수 동우(60기)

단대신문 70년 연혁

단국대학교	월	일	년	월	일	단대신문
• 재단법인 단국대학 설립 인가 • 설립자 장형 이사장 취임	11	1	1947			
• 서울특별시 종로구 낙원동 282번지에서 2개 학부 5학과 정원 960명으로 개교 • 설립자 조희재 여사 영면		3				
• 초대 학장 장도빈 선생 취임		30				
• 제1회 입학식 휘문중학교에서 거행	12	3				
• 단국대학 학생회 조직		8				
• 병설 단국전문학관 개설 인가 (서울시)	3	31	1948	3	1	• 檀大學生新聞 창간(월간 4면) -발행인: 박종만(학생회 문화부장), 편집인: 박영순 -발행소: 서울시 종로구 낙원동 282 단국대학학생회 문화부 -창간사, 단국대학을 세우고 나서(장형 이사장), 단국대학 설립의 의의(장도빈 학장), 단국대학설립취지서, 단국대학 탄생기 등 대학 설립과 관련된 중요한 사료가 게재
• 단국대학 부속 교외대학 통신교육부 설치	4	1		4	1	• 檀大學生新聞 제2호 발간(이후 사료 없음)
• 단국전문학관 전문부 제1회 졸업식 중앙중학교에서 거행	6	25				
				10	31	• 檀大新聞 창간(월간 4면) -편집 겸 발행인: 김정실(부학장) -발행소: 서울시 종로구 낙원동 282 재단법인 단국대학
				11	30	• 檀大新聞을 檀大學報로 제호 변경, 제2호 발간 -제125호(1961. 3. 11)까지 檀大學報로 제호 유지
				12	17	• 檀大學報 제3호 발간, 이후 발간 중단
• 서울시 성동구 신당동 52번지 4호 (주)조선전기 조선전업협화장으로 교사 이전	12	26	1949			
• 제2대 학장 김정실 교수 취임	1	16	1950			
• 6·25전쟁으로 인한 무기 휴교	6	25				

단국대학교	월	일	년	월	일	단대신문
• 피난지인 부산에서 전시연합대학 개강(당시 연합대학에 편입)	2	18	1951			
• 단국대학 총동창회, 피난지 대구에서 발족	7	30				
• 제1회 졸업식, 대구 덕산국민학교에서 거행	9	29				
• 제3대 학장 이선근 박사 취임	11	24	1952			
• 부산에서 서울특별시 성동구 신당동 교사로 복교	8	31	1953			
• 충남 홍성군 갈산면 동성리와 서산군 고북면 봉생리 소재 염전에 대한 염조 허가	7	2	1954			
• **교가(장도빈 작사, 김동진 작곡) 제정 및 발표회**	2	9	1955			
• **제4대 학장 이훈구 박사 취임**		19				
				4	20	• 7년 만에 檀大學報 제4호 발간(월간 4면) -발행인: 장형(이사장), 편집인: 이훈구(학장) -발행소: 서울특별시 성동구 신당동 292-10 단국대학 내 단대학보사 -사설 첫 게재
				5	15	• 檀大學報 제5호 발간 -비매품 명시 -당국의 정식 인가를 받아 대판 4매 및 외부 원고료 및 컷료 최초 결정 공고 (게재분에 한해 교수·사회인사 논문·평론 200자 1매 당 200원, 학생원고 논문·평론 200자 1매당 오십 원, 시 1편당 500원, 컷 1행 당 20원) -"대학사회만평" 신설
				11	15	• 檀大學報 제11호 발간 -편집인을 윤택중(학장)으로 변경, 인쇄인에 이종흡(전 학장서리)
				12	15	• 檀大學報 제13호 발간 -편집부장 이두영, 총무부장 김유봉을 제호 하단에 기재 • 본사 주최 제1회 전국 대학 학생작품 현상 모집 -논문·평론, 단편소설, 시·시집, 수필·꽁트
• 한남동 교사 정초식	2	3	1956	2	15	• 檀大學報 제14호 발간 -편집부장 이두영 부임 -구매료 1부 40원 책정 시작

단국대학교	월	일	년	월	일	단대신문
• 제5대 학장 윤택중 교수 취임	3	22	1956			
• DANKOOK 영문 표기 문교부에 등록	6	1		6	1	• 檀大學報 제20호 발간 -제호 디자인 수정 -지상(紙上) 최초 본사 인사: 지도위원 한태연 교수 외 1인 / 편집부 기자 김명복(법 1)
			1957	1	15	• 檀大學報 제33호 발간 -신춘 현상 학생작품 모집(본교 재학생 대상) -지상 첫 견습기자 모집 공고
				5	1	• 檀大學報 제38호 발간 -본지 배부카드 발행 -신춘 현상 학생작품 결과 발표
					11	• 檀大學報 제39호 발간과 동시에 월3회로 증간(1, 11, 21일자 순간)
• 한남동 신교사 입교식	6	17		6	21	• 檀大學報 제43호 발간 -편집국장 이두영, 총무국장 김남근 부임
• 서울특별시 용산구 한남동 산8의3 신축교사로 완전 이전	7	12				
	3	14	1958	3	1	• 檀大學報 제58호 발간 -편집인을 고병국(학장)으로 변경
				6	1	• 檀大學報 제65호 발간 -주간직 신설, 초대 주간에 이두영
• 대학원 개원식	10	25				
• 檀大學報 제65호 발간 -주간직 신설, 초대 주간에 이두영	11	3				
• 재단법인 백남학원 인수 병합, 백남중·고교를 부속 중·고교로 발족		12				
			1959	5	11	• 檀大學報 제85호 발간 -주간 이두영, 편집국장 김상배 부임
• 백남중학교를 단국중학교로, 백남공업고등학교를 단국공업고등학교로 교명 변경	7	27		7	1	• 檀大學報 제90호 발간 -주간 공석, 편집국장 김상배 체제로 운영

단국대학교	월	일	년	월	일	단대신문
			1959	11	11	• 檀大學報 제97호 발간 -네컷 연재만화 신설(Mr.송)
				12	11	• 檀大學報 제100호 발간(8면 발행) -단국문학상 창설(제1회)
• 4월혁명 가두시위에서 머리에 총상 입고 투병하던 김성수 학생 사망	5	30	1960			
				7	11	• 檀大學報 제110호 발간 -편집인 김기석(학장)으로 변경 -주간 김상배 체제로 개편 -제2회 단국문학상 시행
• 7대 학장 김기석 교수 취임	8	11				
				9	11	• 檀大學報 제113호 발간 -주간 김상배, 편집국장 김종률 부임 -신문 정가 표기가 사라짐
• 도서관 개관	11	11		11	11	• 檀大學報 제118호 발간 -제2회 단국문학상 입상자 발표
• 1부대학 폐쇄	2	9	1961			
				4	1	• 檀大學報에서 檀大新聞으로 제호 변경(제126호) -인쇄인을 김용호로 변경
				7	20	• 檀大新聞 제135호 발간 -社告: 주간 김상배 씨, 편집국장 김종률 군 부득이한 개인사정으로 사임
				9	11	• 檀大新聞 제136호 발간 -발행 겸 편집인을 김기석으로 변경 -편집국장 김종률 부임
				10	1	• 檀大新聞 제137호 발간 -발행인 장형, 편집 겸 인쇄인 김기석으로 변경 -제3회 단국문학상 시행
• 군사정부, 폐교령 발표(1962학년도 신입학생 모집 금지)	11	13		11	11	• 檀大新聞 제141호 발간 -제3회 단국문학상 입선자 발표
			1962	3	1	• 檀大新聞 제147호 발간 -속기사, 만화가, 삽화, 사진을 지상을 통해 모집하기 시작

단국대학교	월	일	년	월	일	단대신문
			1962	4	1	• 檀大新聞 제149호 발간 -본사 이전 알림: 실업초급대학의 개학으로 이전 본사 사무실은 가정학과로 사용되고, 본사는 3층(전 음악감상실)으로 이전
				5	1	• 檀大新聞 제151호 발간 -"화경대" 칼럼 1면에 신설
					11	• 檀大新聞 제152호 발간 -교시(진리, 봉사)를 최초 게재
				9	11	• 檀大新聞 제156호 발간 -발행편집 겸 인쇄인을 장형으로 변경 -주간 김상배, 편집국장 김규문 체제로 개편 -지면 개편 1면: 교수 논문, 2면: 교수 소논문과 기타 수필, 3면: 대학 기사, 4면: 학생작품 -견습기자 모집기간에 사진기자도 모집하기 시작 -본사 사무실 이전: 3층→방송실 사무실
					21	• 檀大新聞 제157호 발간 -야간부 독자를 위해 야간(오후 5시~7시)에도 배부
				11	21	• 檀大新聞 제161호 발간 -발행 겸 인쇄인을 장형, 편집인을 김용진(학장)으로 변경
• 제8대 학장 김용진 교수 취임	12	18				
• 장형 선생 대한민국건국공로훈장 서훈	3	1	1963	3	1	• 檀大新聞 제164호 발간 -편집국장 허응옥 체제로 개편
				4	11	• 檀大新聞 제168호 발간 -1부정가 5원으로 책정 발간
				5	1	• 檀大新聞 제170호 발간 -편집국장 허응옥 사임
			1964	1	1	• 제3종 우편물 인가
				8	15	• 檀大新聞 제189호 발간 -본사 편집실을 본관 3층(전 학생회실)으로 이전하고, 신문 배부는 편집실에서 하지 않고 정문 수위실에서 본사 총무부가 함 -투고함 설치: 백호정 휴게소, 학생과 우편함, 수위실 밑 본사 입구(2층)

단국대학교	월	일	년	월	일	단대신문
			1964	11	3	• 본사 주최 제1회 전국남여고교생 시조작품공모 당선자 시상식 -개교 17주년 기념식전 -국문학연구부와 공동 주최, 총 응모작 216편
• 설립자 범정 장형 선생 영면	12	30				
			1965	4	1	• 檀大新聞 제197호 발간 -빌행 겸 인쇄인 빅징숙으로 변경
				7	1	• 檀大新聞 제200호 발간(8면 발행)
				9	1	• 檀大新聞 제202호 발간 -전국 남녀고교생 시조작품 현상 모집
				11	1	• 檀大新聞 제206호 발간 -정가표시 폐지
• 제9대 학장 장충식 교수 취임	10	17	1966	3	21	• 檀大新聞 제212호 발간 -신문 상단에 첫 영문 제호 표기 (The Dan Dai Shinmoom)
				9	11	• 檀大新聞 제223호 발간 -본사 사무실 이전(본관 3층→본관 2층 동편)
					21	• 檀大新聞 제224호 발간 -본사·중앙도서관 공동주최 독후감 모집
				10	21	• 檀大新聞 제226호 발간 -편집인을 장충식(학장)으로 변경
				11	1	• 檀大新聞 제227호 발간 -발행인을 장충식으로 변경(편집인 겸) -인쇄인에 실제 인쇄업체 명기하기 시작 (산경신문사). 기존은 발행인이 겸직하거나 이종흡, 김용호 학장 등이 수행
• 종합대학교 승격 인가	2	10	1967	2	21	• 檀大新聞 제230호 발간 -종합대학 승격 관련 社告: 본보 활동과 책임 강화, 지면 혁신 등 -발행인, 총장으로 승격
• 초대 총장에 장충식 교수 취임	3	1		3	7	• 檀大新聞 제231호 발간 -주간(週刊)으로 단축하여 매주 화요일 배부하기로 함 (매주 금요일 편집마감, 매주 월요일 발간) -기자 수필 릴레이 코너 신설, 전일구 편집장 첫 집필 (편집장 직책이 지상에서 처음으로 등장)

단국대학교	월	일	년	월	일	단대신문
			1967	3	21	• 檀大新聞 제233호 발간 –"백색볼펜" 편집장 칼럼으로 신설
				4	18	• 檀大新聞 제237호 발간 –영문 제호 The Dan-Kook University Press로 변경하여 표기
				5	9	• 檀大新聞 제239호 발간 –〈사고〉 원고료 대폭 인상: 200자 원고지 1매 교수 70원, 학생 20원
				9	28	• 숭의여고 보도실과 푸른신문인클럽 결연식
			1968	2	28	• 퇴임기자에 첫 시상 –전일구 편집장, 성창용 취재부장
				4	16	• 檀大新聞 제237호 발간 –본사, 농구부와 럭비부 승리가 가사 모집 주관
				5	22	• 檀大新聞 제266호 발간 –본사 이전 알림: 본관 2층→본관 3층 동편
					31	• 본사 사진부, 5월 체전 단선녀 선발 사진 전시회 개최(~6. 4, 법정대학 앞 야외 테라스)
				9	12	• 제49회 전국체전 매스게임 서울운동장 현장 취재 –전교생 참가 행사
				11	6	• 檀大新聞 제278호 발간 –편집인 김용호(학장)으로 변경
					20	• 檀大新聞 제279호 발간 –〈본사 인사〉 편집지도위원: 박무성(학생처장, 상임위원), 이원석(교무처장), 지동식(출판부장), 김창은(요업공학과장) 논설위원: 공덕룡, 이원석, 윤은호, 이용성, 이규창 교수
				12		• 사진작품 현상모집 시상 –총 25점 출품, 금상: 조영근 "작업"
			1969	4	21	• 본사, 시와 사진전 개최(~4. 26, 본교 싸롱)
				8	24	• 1968년 10월 입사한 본사 오문수 기자 사망 –제주에서 수영하다 심장마비(본사 기자 최초의 변)

단국대학교	월	일	년	월	일	단대신문
			1969	9	1	• 檀大新聞 제293호 발간 –본사 오문수 기자 사망 관련 추도문(본사 기자 대표 배우석 편집장)
				11	3	• 檀大新聞 지령 제300호 발간(8면 발행) –본사 기자 방담: 김두환, 표문배, 한광수, 하종해, 채흥모, 박병국, 이태수, 박봉수, 이용남, 권완 –기고: 전 편집국장 김종률, 전 편집부장 성창용
			1970	3	1	• 본사 위촉 –편집지도위원: 장상호(상임위원, 학생처장), 고명원, 이광신, 이인수, 이문보 –논설위원: 이원석, 공덕룡, 김형보, 박무성
				4	12	• 대학기자 친선 배구대회에서 본사 감투상 차지(성대 운동장)
					21	• 檀大新聞 제308호 발간 –24기 수습기자 최종합격자 발표(최초로 기수 사용) 취재부: 유재남, 원건섭, 허구회, 안병석, 문종순, 사진부: 조승표, 컷: 김재훈
				5	21	• 檀大新聞 제310호 발간 –사진작품 현상모집
					25	• 제1차 대학신문기자연합대회에서 대학신문헌장 제정(1970. 5. 27. 공포)
• 미국 서던오레곤대학교와 MOU 체결	6	19				
				9	11	• 檀大新聞 제316호 발간 –편집인을 장상호로 변경
					21	• 檀大新聞 제317호 발간 –표문배 전 편집장, “대학신문 마지막 염원” 시리즈 집필(총 3회)
				10	1	• 본사, 우석신문사 전기자 초대 행사
					4	• 제6회 문화공보부장관배 대학신문 기자 배구대회(건대신문사 주최)에서 본사 최우수상
				11	16	• 1주간 총학생회와 생활캠페인 주관
			1971	4	1	• 檀大新聞 제326호 발간 –“미소실소” 신설

단국대학교	월	일	년	월	일	단대신문
			1971		11	• 檀大新聞 제327호 발간 -단대신문장학금 신설: 첫 수혜자 9명(이태규 편집장, 전창진 총무부장, 채흥모 사진부장, 허구회, 유재남, 박소춘, 김이현, 최인식, 김영창 기자)
• 충남 청양군 대치면 장곡마을과 자매결연	4	9	1972	4	12	• 본사와 홍보실 공동으로 '자매부락 장곡마을에 책을 보내자' 진행
• 대학 이전을 위해 매입한 내곡동 부지, 정부에 의해 그린벨트 지정	8	31				
				9	7	• 檀大新聞 제361호 발간 -1면 제호 밑에 발행인, 편집인, 주간에 이어 편집장 허구회 기재
			1973	3	13	• 편집국 공과대학 8층으로 이전
				8	30	• 檀大新聞 제387호 발간 -편집인을 공덕룡으로 변경
• 단국농민학교 설치(충남 청양군 대치면 탄광리)	11	12				
			1974	3	4	• 본사 이전(공대 전망대→상대 3층)
					7	• 檀大新聞 제399호 발간 -1면 제호 밑에 편집장 이름 다시 기재하지 않음
					14	• 檀大新聞 제400호 발간 -교내외 제반 사정과 에너지 파동에 의한 물가상승으로 기존처럼 4면 발행
				9		• 최세화 동문, 본사에 카메라 기증
					24	• 총장기쟁탈 제12회 매스컴 체육대회 본사 우승 -단대신문사, 영자신문사, 단대방송국이 축구, 농구, 소프트볼 경기
			1975	3	6	• 檀大新聞 제421호 발간 -편집인을 이현종으로 변경
				4	17	• 檀大新聞 제426호 발간 -편집인을 김유혁으로 변경
			1976	9	16	• 檀大新聞 제467호 발간 -본사 이전: 상대 3층→학생회관 610호

단국대학교	월	일	년	월	일	단대신문
			1976	11	4	• 檀大新聞 제474호 발간 -개교 29주년 특집 8면 발행
			1977	1	20	• 檀大新聞 제479호 발간(개교 30년 주년 신년특집 8면 발행)
				2	24	• 檀大新聞 제480호 발간 -편집인을 이중범으로 변경
				6	16	• 檀大新聞 제494호 발간 -개교 30주년 및 단대신문 500호 발간 기념 단대신문 학술상·문학상 제정(이후 매년 계속)
				6	30	• 檀大新聞 제496호 발간 -봉사활동 수기 현상모집
				9	15	• 檀大新聞 제500호 발간(12면 발행) -창간 이래 첫 12면 발행
				11	3	• 檀大新聞 제506호 발간(개교 30주년 특집 8면 발행) -제1회 학술상, 문학상 발표 -"주간기자석" 신설 • 檀大新聞 지령 500호 기념 및 개교 30주년 기념 보도사진전(~11. 7, 학생회관 3층 휴게실)
			1978	1	26	• 檀大新聞 제508호 발간(신년특집 8면 발행)
• 〈단국대학교 천안캠퍼스 산업대학〉 개교식, 천안캠퍼스 본관 준공	3	13		3	2	• 檀大新聞 제509호 발간(창간 30주년 특집 8면 발행)
				4		• 천안캠퍼스 개교로 천안지사 설치, 공동제작 발간
					20	• 제2회 단대신문 학술상·문학상 공모 -상금 총액 100만 원으로 증액
				5	22	• 보도사진전 개최(~5. 25, 학생회관 3층 휴게실)
			1979	3	1	• 檀大新聞 제538호 발간 -편집인 신방현으로 변경
				5	13	• 총장기쟁탈 제15회 매스컴 체육대회 주최, 본사 종합우승(사대 운동장)
					24	• 檀大新聞 제549호 발간 -제3회 단대신문 학술상·문학상 공모(평론부문 신설)

단국대학교	월	일	년	월	일	단대신문
			1979	10	21	• 제16회 교내 매스컴체육대회 본사 헤럴드와 공동우승
			1980	1	1	• 편집인 겸 주간 이동희 부임
					17	• 檀大新聞 제562호 발간 -〈사고〉 단대신문 창간 32주년 기념 5대 사업 발표: '혁명의 80년대' 첫 장을 연다, 1백 50만 원 고료 단대신문 학술·문학상 공모, 단국 32년의 증언 보도사진전, 문인 초청 강연회, 민족과 전통의 자취 그 현장을 가다
				5	1	• 檀大新聞 제572호 발간 -본사 선거 캠페인 "공정선거로 학원민주화 앞당깁시다"
					8	• 檀大新聞 제573호 발간 -본지 8면으로 증면 • 서울시내 14개 대학신문사 편집장 시국선언문 발표 -유신독재정권의 아성이 무너진 지금 민주주의는 다시 유보될 수 없다는 입장을 천명하고, 비상계엄 해제 요구 -대학신문 계엄검열 받지 않기로 함
					15	• 檀大新聞 제574호 발간(발간 못함) -8일 발표한 편집장 시국선언문 전문 실리지 못함
					17	• 제1회 단대신문 교양강좌 학생극장에서 개최(매달 정기적) -고려대 김우창 교수 강연 '문학과 사회'
				9	25	• 檀大新聞 제574호 재발간 -편집국장(직원) 김수복 부임
				10	16	• 檀大新聞 제577호 발간 -편집인을 예종덕으로 변경
				11	6	• 檀大新聞 제579호 발간 -편집국장 없음
			1981	1	8	• 檀大新聞 제584호 발간 -편집국장 신종한 부임
				3	30	• 檀大新聞 제589호 발간 -목요일자 발행에서 이번호부터 월요일자로 발행 시작

단국대학교	월	일	년	월	일	단대신문
			1981	7	13	• 檀大新聞 제600호 발간 -16면 특집호 발행 -〈사고〉 단대신문 결호를 찾습니다 - 결호 목록 수록(35개의 신문)
				10	8	• 제2회 단대신문 교양강좌(학생극장) -석홍원 스님 '일본이란 무엇인가'
				11	9	• 檀大新聞 제609호 발간 -신문 제호 하단에 서울과 천안 신문사 주소 병행 기재 시작
			1982	1	1	• 주간 권용우 부임
				4	19	• 檀大新聞 제620호 발간 -편집인에 권용우 주간 겸
				5	10	• 檀大新聞 제621호 발간 -편집지도위원 8명 위촉(임기 1년): 윤홍로, 황명수, 금동신, 한정연, 김봉구, 이재철, 김상배, 이동희 교수
				11		• 제2회 보도사진전 개최 -천안(11. 10~13, 인문학관), 서울(11. 16~20, 교직원 휴게실) -단대신문 501호(1977. 9. 22)~637호 (1982. 11. 8) 보도된 각종 사진 (보도사진 126점, 민족과 전통의 자취 56점 등 총 182점 전시)
			1983	1	3	• 檀大新聞 제640호(신년호) 발간 -최초 20면 발행
				7	25	• 檀大新聞 제657호 발간 -제7회 단대신문 학술·문학상 공모(상금 총 370만원)
			1984	1	2	• 檀大新聞 제669호(신년호) 발간 -이번호부터 제호를 제외한 헤드 단대신문 사체를 제작 사용(서예가 김창환 동문 헌필)
• 치과대학 교사 개관 및 부속 치과병원 개원	9	28				
			1985	1	4	• 편집인 겸 주간 임영재 부임
				2	1	• 『現代史上家選集』(단대신문 총서 I)
				3	4	• 檀大新聞 제698호 발간 -창간 37주년 기념 특집호 -인쇄소 변경(한국경제신문사→코리아헤럴드) 및 활자 크기 확대

단국대학교	월	일	년	월	일	단대신문
			1985	3	19	• 檀大新聞 제700호 발간 –지령 700호 특집 20면 발행 –본사 85년 4대 사업 제정: '단대신문 문화교실' 개설, 퇴계·율곡 도서관 건립기념 도서 모으기 캠페인, 제9회 학술·문학상 공모, '단대신문 총서 II' 출간 –화요일로 발행 요일을 변경
				4	2	• 檀大新聞 제701호 발간 –지령 700호 기념사업 일환으로 도서관 건립기념 도서 모으기 캠페인
					16	• 檀大新聞 제703호 발간 –본지의 학생배부를 학과 사무실에서 실시하기로 함
				5	21	• 檀大新聞 제706호 발간 –영문 제호 The Dan-Dae Shinmun으로 변경
				9	10	• 檀大新聞 제712호 발간 –배부방식 변경: 각 건물별로 배부대 설치
• 86아시안게임 스포츠과학학술회의 천안캠퍼스에서 개최	9	16	1986	9	1	• 『가능성과 당위성』(단대신문 총서 II) 출간
			1987	3	25	• 편집인 겸 주간 성의제 부임
				5	19	• 檀大新聞 제756호 발간 –만성 신부전증 환자 학우 돕기 모금운동 전개
				7	14	• 檀大新聞 제760호 발간 –제11회 단대신문 학술·문학상 공모(시행세칙 대폭 변경)
				11	3	• 檀大新聞 제767호 발간 • 개교 40주년 및 본지 창간 40주년 기념 응원가 공모(당선작 없음)
			1988	3	1	• 檀大新聞 제773호 발간 –창간 40주년 기념호(칼라 인쇄)
					19	• 단대신문 창간 40주년 기념식, 서울 리버사이드호텔에서 개최 –동우회, 장학기금 100만원 전달
				5		• 본사 등 언론 3사, 이부학관 3층으로 이전
• 88서울올림픽 스포츠과학 학술대회를 천안캠퍼스에서 개최	9	9				

단국대학교	월	일	년	월	일	단대신문
			1989	3	7	• 檀大新聞 제797호(창간 41주년 기념호) 발간 -이번호부터 양캠퍼스 보도면 분리 편집 (전국 대학신문 최초)
					28	• 檀大新聞 제800호 발간 -고정란 신설과 부대 사업: 문화강좌·문화패 초청, 단대신문 축쇄판 발간, 보도면 분리 제작 편집, 웅성웅성·제언 개편, 학과·서클 소식 재편성, 독자 광고란 신설
				4	20	• 檀大新聞 축쇄본 1호 발간
				9	12	• 檀大新聞 제812호 발간 -신문인쇄 옵셋 방식으로 변경
				12	12	• 檀大新聞 제819호 발간 -CTS 전산 제작 방식으로 변경
					30	• 檀大新聞 축쇄본 2호 발간
			1990	3	15	• 편집국장 변호걸(전 편집간사) 부임
				8	1	• 檀大新聞 축쇄본 3호 발간
• 서울시 서초구 내곡동 부지, 정부 고시가격으로 매각	10	11				
			1991	1	30	• 檀大新聞 축쇄본 4호 발간
				3	5	• 檀大新聞 제846호 발간 -창간 43주년 맞아 면체제 전면 개편: 지면의 특성화, 다양화, 대중화 중심
				8	1	• 檀大新聞 축쇄본 5호 발간
			1992	3	1	• 편집인 겸 주간 김수복 부임
				7	1	• 檀大新聞 축쇄본 6호 발간
			1993	3	9	• 檀大新聞 제896호 발간 -본사 '학교사랑' 기획광고 시리즈
				4	27	• 檀大新聞 제900호 발간 -지령 900호 기념 특집 16면 발행 -제호 디자인 변경 등 편집 개선 -면체제 개편: 세로쓰기에서 가로쓰기로 전환
				9	27	• 檀大新聞 제923호 발간 -발행인 윤홍로(총장)로 변경 -편집국장 권항주(직원) 부임

단국대학교	월	일	년	월	일	단대신문
• 단국대학교 의과대학 부속병원 개원	4	29	1994			
			1995	3	1	• 檀大新聞 축쇄본 7호 발간
				9	17	• 檀大新聞 제956호 발간 -단대신문사 세계경영 특파원팀 유럽취재기 연재(~961호)
• 제8대 총장 윤홍로 교수 취임	2	1	1996			
				6	5	• 檀大新聞 축쇄본 8호 발간
• 신캠퍼스 기공식(경기도 용인군 수지면)	7	19				
				10	15	• 檀大新聞 제958호 발간 -단대신문 학술·문학상 제20회를 맞아 시상부문 대폭 확대
• 동양학연구소 『한국한자어사전』 제4권 출간으로 완간	11	3				
			1997	3	4	• 檀大新聞 제963호 발간 -창간 49주년 기념 16면 발행 -발행인 조장환(총장)으로 변경
• 제9대 총장 조장환 교수 취임	5	1				
				7	10	• 본사 기자단, 호주 배낭연수(~7. 26)
				8	1	• 편집인 겸 주간 박원희 부임
• 대학법인 부도	3	6	1998	3	3	• 檀大新聞 제980호 발간 -창간 50주년 특집 24면 발행 -제호 디자인 변경(창간 50주년 기념 엠블렘 제작 사용)
• 제10대 총장 김도수 교수 취임	5	1				
				9	1	• 檀大新聞 제991호 발간 -발행인 김도수(총장)로 변경
				12	1	• 檀大新聞 제1000호 발간 -지령 1000호 기념 24면 발행
					17	• 단대신문 창간 50주년 및 지령 1천호 기념식 난파기념음악관에서 개최
• 전면 학부제 실시	3	1	1999	3	2	• 檀大新聞 제1001호 발간 -창간 51주년 기념 16면 발행 -격주 4면 증면, 주 12면(1, 12면 칼라)과 8면 번갈아 발행 시작 -제호 디자인 변경(본사 엠블렘 사용)

단국대학교	월	일	년	월	일	단대신문
			1999	3	16	• 檀大新聞 제1003호 발간 -현장르포 "사라지는 한국문화" 기획연재 시작
				6	1	• 檀大新聞 제1010호 발간 -발행인 장석권(총장대행)으로 변경
					29	• 편집인 겸 주간 강재철 부임
• 제11대 총장 김승국 교수 취임	9	1		9	7	• 檀大新聞 제1012호 발간 -발행인 김승국(총장)으로 변경
			2002	2	26	• 檀大新聞 제1063호 발간 -매주 12면 발행 체제 도입(1, 12면 칼라)
• 제12대 총장 이용우 교수 취임	5	1		5	7	• 檀大新聞 제1069호 발간 -발행인 이용우(총장)로 변경
			2003	3	4	• 檀大新聞 제1088호 발간 -명사칼럼 "정신의 힘, 삶의 가치" 연재 시작(약 3년여간 사회 각계 명사들 기고)
• 산학협력단 신설	8	4				
				9	2	• 檀大新聞 제1100호 발간
• 제13대 총장 김승국 교수 취임	3	1	2004	3	9	• 檀大新聞 제1112호 발간 -발행인 김승국(총장)으로 변경
				9	8	• 편집인 겸 주간 김혁수 부임
• 2004학년도 제2주기 대학종합평가에서 서울캠퍼스 교육 및 사회봉사영역 최우수	2	11	2005			
				3	1	• 檀大新聞 제1140호 발간 -12면 중 칼라 4면 체제 도입(1, 6, 7, 12면)
				4	5	• 檀大新聞 제1144호 발간 -발행인 권용우(총장대행)로 변경
• 제14대 총장 권기홍 교수 취임	5	4		5	10	• 檀大新聞 제1147호 발간 -발행인 권기홍(총장)으로 변경
			2006	7	1	• 편집인 겸 주간 강내원 부임
			2007	3	13	• 檀大新聞 제1193호 발간 -제호 디자인 변경(본사 엠블렘 미사용)
				5	8	• 檀大新聞 제1200호 발간

단국대학교	월	일	년	월	일	단대신문
• 서울캠퍼스에서 죽전캠퍼스로 대학 이전, 죽전캠퍼스 준공 및 이전기념식	8	30	2007			
	2	1		9	4	• 檀大新聞 제1205호 발간 -죽전캠퍼스 이전 후 첫 신문 발간 (서울캠퍼스 본사 죽전캠퍼스 학생회관 3층으로 이전)
• 개교 60주년 기념 자매대학 총장회의	11	1		11	6	• 檀大新聞 제1211호 발간 -개교 60주년 기념 특집호 24면 발행
• 제15대 총장 장호성 교수 취임	2	18	2008			
				3	11	• 檀大新聞 제1217호 발간 -창간 60주년 기념 특집호 24면 발행 -발행인 장호성(총장)으로 변경
				3	18	• 檀大新聞 제1218호 발간 -12면 중 칼라 6면 체제 도입(1, 3, 6, 7, 10, 12면)
				9		• 부속기관 단대신문에서 학내 언론사가 통합된 부속기관 단국미디어센터 산하로 직제 조정 -편집인 직제 폐지되고 단국미디어센터장 직제 신설(센터장 겸 주간 강내원 부임) -편집국장 직제 폐지되고 미디어총괄팀장 직제 신설(권항주 팀장 부임)
• 세계 최대규모 한자사전 『한한대사전』(전 16권) 완간	10	28				
			2009	3	3	• 檀大新聞 제1242호 발간 -제호 디자인 변경
				12	28	• 본사 포함 충남지역 5개 신문사, 대전일보사와 공동기획 협약식(대전일보사 대강당)
			2010	7	1	• 단국미디어센터장 겸 주간 지성우 부임
• 죽전치과병원 신설	12	6				
			2011	5	3	• 檀大新聞 제1300호 발간
				9	1	• 단국미디어센터장 겸 주간 김평호 부임

단국대학교	월	일	년	월	일	단대신문
			2012	4	27	• 단대신문 페이스북 친구 1천 명 돌파 기념 '독자와의 만남' 진행
				10	16	• 檀大新聞 제1335호 발간 -단대신문 학술·문학상을 제36회부터 단대신문 대학문화상으로 개편(학술상 폐지, 영상·사진부문 신설, 시·소설부문 유지)
			2014	7	1	• 단국미디어센터장 겸 주간 정재철 부임
				9	1	• 미디어총괄팀장 김남필 부임
			2015	1	5	• 본지 2014년 기획 연재한 "대자보, 그 후", 제6회 〈시사IN〉 대학기자상 대상 수상
				3	1	• 미디어총괄팀장 송덕익 부임
				4	10	• 온라인 홈페이지 개편
			2016	3	1	• 미디어총괄팀장 정진형 부임
				7	1	• 단국미디어센터장 겸 주간 강내원 부임
				11	3	• 檀大新聞 제1400호 발간
• 치과대학 부속치과병원 세종분원 신설	2	1	2017			
• 사회맞춤형 산학협력 선도대학(LINC+) 육성사업 선정 • SW중심대학 지원사업 선정	4	1				
				12	1	• 단국미디어센터장 겸 주간 전종우 부임
			2018	3	6	• 檀大新聞 제1437호 발간 -창간 70주년 기념 특집호 발행
					14	• 단대신문 창간 70주년 기념행사 개최 -오후 7시, 한국프레스센터 컨벤션홀 -기념도서 『나는 단대신문 기자다』 발간

단대신문 발간 현황

학년도	발간횟수	발간 호수	비고
1948	5	단대학생신문 1호(1948. 3. 1)~2호(1948. 4. 1) 단대신문 창간호(1948. 10. 31)~단대학보 3호(1948. 12. 17)	
1955	11	단대학보 4호(1955. 4. 20)~14호(1956. 2. 15)	
1956	20	단대학보 15호(1956. 3. 1)~34호(1957. 2. 5)	
1957	23	단대학보 35호(1957. 3. 5)~57호(1958. 2. 17)	
1958	23	단대학보 58호(1958. 3. 1)~80호(1959. 2. 21)	
1959	43	단대학보 81호(1959. 3. 4)~100호(1959. 12. 11)	101호~105호 결호
1960		단대학보 106호(1960. 5. 1)~123호(1960. 2. 21)	
1961	23	단대학보 124호(1961. 3. 1)~125호(1961. 3. 11) 단대신문 126호(1961. 4. 1)~146호(1962. 2. 1)	
1962	17	단대신문 147호(1962. 3. 1)~163호(1962. 12. 30)	
1963	18	단대신문 164호(1963. 3. 1)~181호(1964. 2. 11)	
1964	14	단대신문 182호(1964. 3. 21)~195호(1964. 12. 15)	
1965	15	단대신문 196호(1965. 3. 15)~210호(1966. 2. 1)	
1966	20	단대신문 212호(1966. 3. 21)~230호(1967. 2. 21)	211호 결호
1967	26	단대신문 231호(1967. 3. 7)~256호(1968. 2. 13)	
1968	24	단대신문 257호(1968. 3. 12)~280호(1968. 12. 4)	
1969	23	단대신문 281호(1969. 3. 11)~303호(1970. 2. 21)	
1970	20	단대신문 304호(1970. 3. 11)~323호(1971. 1. 1)	
1971	20	단대신문 324호(1971. 3. 11)~343호(1972. 2. 1)	
1972	24	단대신문 344호(1972. 3. 7)~367호(1972. 11. 30)	
1973	29	단대신문 368호(1972. 3. 1)~396호(1973. 11. 8)	
1974	22	단대신문 399호(1974. 3. 7)~420호(1974. 10. 31)	
1975	26	단대신문 421호(1975. 3. 6)~446호(1976. 2. 26)	
1976	34	단대신문 447호(1976. 3. 4)~480호(1977. 2. 24)	
1977	28	단대신문 481호(1977. 3. 3)~508호(1978. 1. 26)	
1978	29	단대신문 509호(1978. 3. 2)~537호(1979. 1. 18)	
1979	26	단대신문 538호(1979. 3. 1)~563호(1980. 2. 21)	
1980	22	단대신문 564호(1980. 3. 6)~585호(1981. 2. 26)	
1981	27	단대신문 586호(1981. 3. 5)~612호(1982. 2. 22)	

학년도	발간횟수	발간 호수	비고
1982	30	단대신문 613호(1982. 3. 1)~642호(1983. 2. 28)	
1983	28	단대신문 643호(1983. 3. 7)~670호(1984. 2. 20)	
1984	27	단대신문 671호(1984. 3. 5)~697호(1985. 2. 18)	
1985	26	단대신문 698호(1985. 3. 4)~723호(1986. 2. 25)	
1986	24	단대신문 724호(1986. 3. 4)~747호(1987. 2. 17)	
1987	25	단대신문 748호(1987. 3. 3)~772호(1988. 2. 23)	
1988	24	단대신문 773호(1988. 3. 1)~796호(1989. 2. 21)	
1989	25	단대신문 797호(1989. 3. 7)~821호(1990. 2. 20)	
1990	24	단대신문 822호(1990. 3. 6)~845호(1991. 2. 19)	
1991	24	단대신문 846호(1991. 3. 5)~869호(1992. 2. 18)	
1992	25	단대신문 870호(1992. 3. 3)~894호(1993. 1. 12)	
1993	21	단대신문 895호(1993. 3. 2)~915호(1994. 1. 18)	
1994	15	단대신문 916호(1994. 3. 1)~930호(1995. 1. 24)	
1995	15	단대신문 931호(1995. 3. 14)~945호(1995. 11. 21)	
1996	17	단대신문 946호(1996. 3. 5)~962호(1997. 2. 18)	
1997	17	단대신문 963호(1997. 3. 4)~979호(1997. 11. 25)	
1998	21	단대신문 980호(1998. 3. 3)~1000호(1998. 12. 1)	
1999	20	단대신문 1001호(1999. 3. 2)~1020호(1999. 11. 30)	
2000	20	단대신문 1021호(2000. 3. 7)~1040호(2000. 11. 28)	
2001	23	단대신문 1041호(2001. 3. 6)~1063호(2002. 2. 26)	
2002	24	단대신문 1064호(2002. 3. 12)~1087호(2003. 2. 18)	
2003	23	단대신문 1088호(2003. 3. 4)~1110호(2004. 2. 17)	
2004	28	단대신문 1111호(2004. 3. 2)~1138호(2005. 2. 15)	
2005	27	단대신문 1139호(2005. 3. 1)~1165호(2006. 2. 7)	
2006	25	단대신문 1166호(2006. 3. 7)~1191호(2007. 2)	
2007	27	단대신문 1192호(2007. 3. 6)~1216호(2008. 1. 1)	
2008	25	단대신문 1217호(2008. 3. 11)~1241호(2009. 1. 6)	
2009	26	단대신문 1242호(2009. 3. 3)~1267호(2010. 1. 5)	
2010	26	단대신문 1268호(2010. 3. 9)~1293호(2011. 2. 22)	
2011	25	단대신문 1294호(2011. 3. 8)~1318호(2012. 1. 3)	

학년도	발간횟수	발간 호수	비고
2012	22	단대신문 1319호(2012. 3. 6)~1340호(2013. 1.)	
2013	22	단대신문 1341호(2013. 3. 12)~1362호(2014. 1. 7)	
2014	22	단대신문 1363호(2014. 3. 11)~1384호(2015. 1. 6)	
2015	20	단대신문 1385호(2015. 3. 10)~1404호(2015. 12. 1)	
2016	16	단대신문 1405호(2016. 3. 8)~1420호(2016. 12. 6)	
2017	16	단대신문 1421호(2017. 3. 7)~1436호(2018. 1. 9)	

단대신문 축쇄본 발간 현황

구분	수록신문	발행일	발행인	편집인	기획	자료정리	인쇄
제1호	1948년~1965년 (창간호~200호)	1989. 4. 20.	장충식	성의제		변호걸 김남필	태환문화사
제2호	1965년~1973년 (201호~396호)	1989. 12. 30.	장충식	성의제	신종한	변호걸 김남필	태환문화사
제3호	1974년~1979년 (399호~561호)	1990. 8. 1.	장충식	성의제	변호걸	김인기 노병현	태환문화사
제4호	1980년~1983년 (562호~668호)	1991. 1. 30.	장충식	성의제	변호걸	김인기 이창호	태환문화사
제5호	1984년~1987년 (669호~759호)	1991. 8. 1.	장충식	성의제	변호걸	김인기 정태환	태환문화사
제6호	1987년~1990년 (760호~843호)	1992. 7. 1.	장충식	김수복	변호걸	강문순 김대식	태환문화사
제7호	1991년~1993년 (844호~900호)	1995. 3. 1.	윤홍로	김수복	권항주	이명구 이상래	단웅미디어
제8호	1993년~1996년 (901호~950호)	1996. 6. 5.	윤홍로	김수복	권항주	이상래	단웅미디어

역대 주간

구분	성명	소속	부임시기
1대	이두영		1958. 06
2대	김상배	국어국문학과	1960. 07
3대	이동희	국어국문학과	1980. 01
4대	권용우	법학과	1982. 01
5대	임영재	영어영문학과	1985. 01
6대	성의제	중어중문학과	1987. 03
7대	김수복	국어국문학과	1992. 03
8대	박원희	특수교육학과	1997. 08
9대	강재철	국어국문학과	1999. 06
10대	김혁수	도예과	2004. 09
11대	강내원	커뮤니케이션학부	2006. 07
12대	지성우	법학과	2010. 07
13대	김평호	커뮤니케이션학부	2011. 09
14대	정재철	커뮤니케이션학부	2014. 07
15대	강내원	커뮤니케이션학부	2016. 07
16대	전종우	커뮤니케이션학부	2017. 12

단대신문사동우회 명단

기수	입사년도	성명
1~6기	1948~1954	
7기	1955	김유봉 이두영 이진우 채광국
8기	1956	김명복
9기	1957	김남근
	1958	김상배 김종률
	1959	김태완
14기	1964	전낙근 전일구
17기	1965	강을수 성창룡 이규영
18기	1966	김두한 배우석 전영수
19기	1967	강대우 김헌수 표문배 하종해 한광수
20기	1968	김희복 박만기 방명순 백남경 이태규 임영식 채흥모
22기	1969	고선희 권완 박봉수 이용남 전창진 최인식
23기	1969	김희복 임영식
24기	1970	유재남 조승표 허구회
25기	1970	김영창 김이현 박소춘
26기	1971	심용상 연창만 이대원 이성균 이진호 차혜영 최석권
27기	1971	강석봉 김장욱 김효진
28기	1972	고명호 마광삼 박명희 박영보 박종훈 이명숙 장사한
29기	1973	김영희 김종숙 김학렬 김혁수 방성애 안옥련 이진호
30기	1974	김수복 김순애 김신대 김효성 모종수
31기	1974	박금희 양승호 오영숙 이갑용 이지홍
32기	1975	안영혁 염세열 신종숙 지교철 최용관
33기	1976	김길선 남정식 신숙현 이병임 이혁
34기	1976	권장승 김종효 박경득
35기	1977	김행철 박융덕 변호걸 안혜숙 이수인 이혜련 최종순
36기	1978	김창숙 김홍도 유한민 이경숙 송상섭 진천규 차영수 최재선 황리연
37기	1979	강준남 김영숙 김영환 김일수 유인식 윤중화 이윤정 이인상
38기	1979	김나영 김상택 류선미 한흥구
39기	1980	경매현 금명숙 김호성 박찬영 박현옥 배기홍 오세춘 옥광천 이경애 이경환 이상금 송병곤 전형연 조성욱 최성표
40기	1980	김철원 노운하 조강숙
41기	1981	김남필 김현숙 남정모 도익수 백란희 이양우 이용섭 이종국 이종운 이종숙 임혜숙 조정근 한영희
42기	1982	권항주 김민태 김봉자 김영남 김영미 김석재 박남수 백관수 엄용수 이승구 임장빈 신인호 장성자 장석인 정부영 정인원 채순옥

기수	입사년도	성명
43기	1983	강익 김인기 김종수 배철호 서인석 정인옥 정종원 조명덕 조민영 조한미 황운진
44기	1984	김정겸 김학균 윤여란 이경희 심세영 전숙희 조미숙 주양엽 홍유미
45기	1985	강성환 구길원 권복자 권은자 김명섭 김상범 마상호 박호성 서영원 송덕익 유희용 이경화 이금희 이민근 이창호 임관택 허순
46기	1986	강문순 김대식 김지연 박종아 양승인 여명원 이승진 임재훈 장현철 최홍규 홍소미
47기	1987	강상욱 곽노정 김용성 김진하 김창성 노병현 윤경주 이봉환 송지원 정미의 조성이 최정문
48기	1988	김양숙 김성일 박주엉 안순영 이명구 임병춘 신영헌 정태한 최성실
49기	1989	이민경 신수진 정규연 최은정 허정민
50기	1990	김성일 방미정 안순모 양택균 이우경 이상래 이정아 손주성 신선주 장문식
51기	1991	강수영 김병광 민주영 이은주 이현복 정성희 조은영 최민정 한동욱 황형희
52기	1992	김은정 김현옥 어정옥 우영미 최경자 최근주
53기	1993	윤병덕 이규민 이은숙 성유진 조혜원 추재현
54기	1994	김수희 박한순 백인영 백샛별 이진선 최봉철 허정숙
55기	1995	권석진 김도훈 김병윤 임준범 최수정
56기	1996	김정호 민지연 배민정 정윤수
58기	1998	곽경원 노민선 박성우 박지현 양하나 유경화 심선지 한승연
59기	1999	김성현 박은주 서순화 채규재 최은미
60기	2000	김진 양민정 오규욱 임지순 임현수
61기	2001	길지혜 박정길 신정아 진유미 허경진
63기	2003	방유미 이지희 장민정
64기	2004	조영리 허유나 홍혜승 황영아
65기	2005	유미란
66기	2006	김진성 이민경 신봉석 차윤단 최이슬 최정빈
67기	2007	김수연 박준범
68기	2008	강난희 강윤정 김유진 김정아 박선희 이상만 성정아
69기	2009	고민정 권예은 이건호
70기	2010	고우리 김상천 박윤조 서준석 이승제
71기	2011	김예은 서동주 이영은 조수진
72기	2012	김윤숙 민수정 이호연
73기	2013	금지혜 이다혜 이민지
74기	2014	권혜진 김보미 김아람 김채은 이용호 임수현
75기	2015	김수민 김태희 박다희 설태인 윤영빈 이상은 이시은 이영선 전경환
76기	2016	김한길 남성현 양민석 임수민 장승완
77기	2017	

※ 단대신문 기수는 공식적으로 1970년 24기부터 기수가 부여되어 오늘에 이르고 있다. 이 전의 기수는 이때 소급 적용되었음

※ 1기부터 20기까지의 동우는 단대신문에 나타나고 있는 기사와 동 시대 활동하였던 동우들의 기억에 상당 부분 의존하여 작성했음

※ 인명은 가다다순

이 책은 단대신문 쟁이들이 살아온 70년이라는 긴 세월에 대한 기록이다. 젊은 날 그들의 고뇌와 애환, 노동과 슬픔, 활자의 노래와 기억들을 반추하기 위해서 이 책을 기획했다.

3월, 봄 학기가 시작되면 수습기자 사령이 단대신문 1면 하단 한 쪽을 장식하고, 마왕의 손짓에 현혹되어 신문사 문턱을 넘는 순간 그들 모두 자신들의 의도와는 별개로 활자의 마력에 끌려 힘들고 고단한 젊음을 보냈다.

대학언론에 복무한다는 사명감으로 몸과 마음에 생채기를 내기도 했고, 정론을 펼친다는 명분 아래 많은 것을 빼앗기고 희생하기도 하였다. 그 오랜 상처가 아직도 다 아물지 않은 채 인생을 살아가는 이들도 있다.

그런 쟁이들이 만든 단대신문 70개의 성상(星霜). 그 누가 뭐라 하든 우리는 그 세월을 매우 자랑스럽게 생각한다. 단대신문 기자였다는 자부심은 그 어느 것과도 바꿀 수 없는 인생의 명예로운 메달이 되어 우리는 영원히 그것을 가슴에 매달고 살아갈 것이다.

그래서 책 제목을 “나는 단대신문 기자다”로 정했다.

이 책이 우리 동우들이 살아온 고단했던 삶에 작은 위안이 되기를 바란다. 자꾸만 퇴색되어 가는 옛날 옛적 그 끈끈한 정을 다시 나눌 수 있는 동기가 되면 좋겠다. 요즘 기별 없는 동우에게 안부를 묻는 계기가 되면 더욱 좋겠다.

이 책은 많은 동우들의 기금과 옥고, 사료 제공 등 열렬한 관심과 협조로 발간되었다는 점을 다시 한 번 밝힌다. 저 멀리 미국에서 사진 사료를 보내주신 이성균(26기), 장사한(28기) 동우께 각별히 감사드린다.

또한 이 책은 기수, 연대, 나이, 남녀, 직책, 양 캠퍼스 등에 지면을 공평하게 배분하고, 필자 표기에 있어서도 전·현직 직책이나 신분의 표기 없이 간명하게 기수만 적시한다는 원칙으로 편찬을 진행하였다. 동우 명단에 사료부족으로 누락된 동우도 있을 수 있다. 많은 이해 바란다.

그리고 무엇보다 김홍도(36기), 유인식(37기), 윤중화(37기), 김남필(41기), 백란희(41기), 구길원(45기), 김명섭(45기), 홍소미(46기), 허정민(49기), 김정호(56기), 양하나(58기), 임현수(60기) 동우들이 이 책을 편찬하기 위해 자료 수집과 정리, 옥고 마련에 많은 정성과 수고를 아끼지 않았다. 모두가 자신들의 책무인 양 고맙게도 묵묵히 큰일을 치러냈다. 그저 감사할 따름이다. 부족한 점도 많지만 최선을 다했다.

문득 "과거를 팔아 오늘을 살지 말고, 미래를 말하며 과거를 묻어버리는 것을 경계해야 한다"는 어느 시인의 한 구절이 떠오른다.

편찬위원장 변호걸(35기)

단대신문 70년 빛나는 기억들

나는 단대신문 기자다

초판 1쇄 인쇄 2018년 3월 7일
초판 1쇄 발행 2018년 3월 14일

지은이 단대신문사동우회

발행인 양문형
펴낸곳 타커스
등록번호 제313-2008-63호
주소 서울시 종로구 대학로 14길 21 (혜화동) 민재빌딩 4층
전화 02-3142-2887 팩스 02-3142-4006
이메일 yhtak@clema.co.kr

ISBN 978-89-98658-52-6 (03810)

• 값은 뒤표지에 표기되어 있습니다.
• 제본이나 인쇄가 잘못된 책은 바꿔드립니다.

이 도서의 국립중앙도서관 출판예정도서목록(CIP)은 서지정보유통지원시스템 홈페이지(http://seoji.nl.go.kr)와 국가자료공동목록시스템(http://www.nl.go.kr/kolisnet)에서 이용하실 수 있습니다.(CIP제어번호: CIP2018007008)